불안한 엄마 아빠 행복 레시피

불안한 엄마 아빠 행복 레시피

발행일	2023년 3월 2일

지은이	박종팔, 정미희, 안권순, 나영란, 권선애	그림	김야경
펴낸이	손형국		
펴낸곳	(주)북랩		
편집인	선일영	편집	정두철, 배진용, 김가람, 윤용민, 김부경
디자인	이현수, 김민하, 김영주, 안유경, 최성경	제작	박기성, 황동현, 구성우, 배상진
마케팅	김회란, 박진관		
출판등록	2004. 12. 1(제2012-000051호)		
주소	서울특별시 금천구 가산디지털 1로 168, 우림라이온스밸리 B동 B113~114호, C동 B101호		
홈페이지	www.book.co.kr		
전화번호	(02)2026-5777	팩스	(02)3159-9637

ISBN	979-11-6836-752-4 03370 (종이책)	979-11-6836-753-1 05370 (전자책)	

(주)북랩 성공출판의 파트너

북랩 홈페이지와 패밀리 사이트에서 다양한 출판 솔루션을 만나 보세요!

홈페이지 book.co.kr • **블로그** blog.naver.com/essaybook • **출판문의** book@book.co.kr

---

작가 연락처 문의 ▸ ask.book.co.kr

작가 연락처는 개인정보이므로 북랩에서 알려드릴 수 없습니다.

불안한 엄마 아빠
행복 레시피

박종팔 · 정미희 · 안권순 · 나영란 · 권선애 공저 / 김야경 그림

북랩

왜 엄마 아빠는 양육을 걱정하고 불안해할까?

엄마 아빠는 자기중심적으로 생각하고 타인과의 차이를 인정하지 않을 때 불안하게 된다. 그 '불안'은 타고난 기질과 성격, 환경에 의해 형성되고, 상대를 공격하고 경계하고 회피하게 한다. '불안'은 다양한 모습으로 나타나고, 다른 사람과의 관계에서 선명해진다. 행복한 사람은 자신에게 솔직하고, 다른 사람에게 이런 사람이 되라고 강요하지 않는다. 그 강요가 뜻대로 되지 않으면 우울하고 부정적인 감정까지 동반한다. 이런 불안은 시야를 좁게 하고 고집스러운 사람이 되어 관계를 악화시킨다. 불안이 심해지면 화나 분노가 되어 질병을 유발한다. 이런 불안을 어떻게 극복할 것인가?

A가 불안을 수용하고 용서하면서 끌어안아(Cuddling)준 사례다. 아는 엄마가 A에게 "딸과 아들이 잘되어서 좋겠네요. 어떻게 키웠어요?"라고 갑작스럽게 질문을 했다. A가 "다른 엄마들이랑 똑같아요. 저도 아이를 키우는 게 두렵고 불안했어요."라고 답하자 아는

엄마의 눈이 휘둥그레졌다. 자녀 교육의 대가인 천하의 A가 양육이 불안하고 두렵다니… 말도 안 되고 내숭을 떠는 듯 느껴졌다. 하지만 A는 하루하루를 노심초사로 살아왔는데 그런 말을 하다니 화가 치밀어올랐지만 꾹꾹 참았다. 아는 엄마는 왜 그렇게 봤을까?

A의 딸은 명문대학교를 졸업하고 미국 MBA 과정을 졸업했으며 현재 외국계 회사에 근무하고 있다. 아들은 미국 대학 경영학과를 졸업하고 현재 ○○기업체에 근무하고 있다. 이런 단순한 외적 학력만 보고 '양육의 마법'인 엄마처럼 본 것이다. 하지만 A는 살얼음판을 걷는 것처럼 불안했고 걱정도 많았고 눈물도 흘러야만 했다. A에게는 어떤 어려움이 있었을까?

A는 딸과 아들이 중고등학생일 때 남편이 경제활동을 못 할 정도로 건강이 악화되어 가계 경제에 대한 책임을 져야만 했다. 아이들을 어떻게 양육해야 하는지, 어떻게 살아야 하는지 고민에 빠졌다. 딸의 친구들은 고액과외를 받았고, 딸도 고액과외 팀에 합류하고 싶어 했지만 경제적인 여유가 없어 고액과외를 시키지 못했다. 언뜻 보면 문제없이 키운 것 같지만 딸의 뒷바라지를 못 해준 엄마의 입장에서 미안함과 죄책감에 시달렸다.

반면 아들은 초등학교 때 공부를 싫어하고 게임만 좋아했다. 게임을 못 하게 하는 과정에서 많이 불안했고 힘이 들었다. A는 어느 교수님의 강의를 듣고 자신을 돌아보라는 말에 충격을 받았다. 내가 뭘 잘못했을까? 깊이 생각해보니 아이의 욕구는 무시한 채 엄마의 일방적인 욕구를 강요한 교육에 반성을 했다. 남편은 아들과 같이 오락실에서 게임도 하고, 아들에게 컴퓨터 교육도 받게 했다. 그 후 아이는 학교에서 컴퓨터 경시대회 대표가 된 적도 있다. 교수님이 말한 의미를 깨달았다. 아들은 존중받고 싶은 욕구가 있었다. 그것도 모르고 부모의 욕구를 아들에게 투사한 것이다. 아들은 얼마나 힘들었을까? 이런 생각은 전혀 하지 못했다. 부모의 위장된 사랑이자 아이에 대한 소유욕, 즉 욕심이었다. 엄마의 무지였다. 지금 돌이켜보면 정말 미안하고 용서를 구하고 싶다. 쥐구멍에라도 들어가고 싶다.

또 중요한 것은 환경의 불안이다. A는 어려서 서로 다른 환경에서 자란 남편과 생각의 차이가 너무 커서 서로 탓하기만 했다. 이를 지켜보는 아이들 또한 불안했을 것이다. A는 자신에게 '해답'이 있음을 잘 모르고 배우자나 자녀 탓만 했다. 그런데 어떻게 자녀들을 잘 키웠을까?

A에게는 분명한 가치관이 숨어 있었다. 아이가 성취감을 맛볼 수 있도록 도와주었다. 자전거를 타고 가다가 넘어지려고 할 때 뒤에서 살짝 잡아주었다. 아이를 존중했고, 아이가 저항을 할 때는 한발 뒤로 물러섰다. 딸의 교육에 있어서는 국어 독해능력을 키워주었다. 어려서부터 책을 매주 2권씩 사주었다. 책을 가까이하다 보니 초등학교 6학년 때는 대학생들이 공부하는 책을 읽었다. 중1때는 전 과목 거의 만점을 받았다. 학원은 거의 다니지 않았다. 다만 입시 때 학원비가 저렴한 곳에 조금 다니게 했다. 가정 경제의 책임과 엄마

로서의 역할, 두 가지를 해내는 것은 힘든 일이지만 이를 악물었고, 어느 때는 참기도 했고 어느 때는 속으로 많이 울어야만 했다. 이것이 모성이고 부성이 아닐까?

저자들은 불안의 근원, 즉 언급된 A의 불안 극복 사례와 비슷한 경험을 직접 했거나 대학교육, 병원임상, 심리상담, 가정폭력상담, 육아교육, 지역아동센터 등 현장에서 간접 경험한 사례와 유사하여 모두 공감했다. 이 책은 전문가들조차 엄마 아빠가 되어가는 과정에서 느낄 수밖에 없는 불안의 원인을 심층적으로 파헤쳤다. "부모라면 누구나 불안이 있는 것은 마찬가지인데 왜 다양한 모습일까? 불안의 정체성은 무엇인가? 불안은 양육 현장에서 어떻게 나타나는가? 자그마한 불안이 쌓여서 어떻게 가정폭력이 되는가? 불안을 어떻게 해결할 것인가?"에 대해 연구를 했다. 이를 위해 심리학, 상담학, 유아교육학, 사회복지학, 인문학, 사회학 등을 망라한 관점에서 분석한 결과, 모든 인간이 양육에 대해 가지고 있는 기본적인 불안, 죄책감, 자존감과 관련이 있다. 또한 인간은 합리적인 것 같지만 비합리적이다.

이런 복합적인 요인들이 있기 때문에 결혼과 아이를 낳아 키우는 것은 결코 만만한 일이 아니다. 영아든, 미운 세 살이든, 유아든, 유년기든, 무조건 반항을 일삼는 중2 아이든 모두가 힘이 든다. 아이를 키우는 과정에서 내 안에 숨어 있는 불안은 어떤 상황이 되면

숲속에 있다가 사자처럼 쏜살같이 튀어나온다. 부모도 아이도 당황하게 만든다. 불안은 삶의 과정에서 새롭게 맞닥뜨리는 순간순간 계속 나타날 것이다. 그렇다고 불안이 부모를 파괴하지는 않으니 겁낼 필요는 없다. 그런 불안의 경험이 오히려 부모 자신과 아이를 더욱 강건하게 만들고 성장시킬 것이다. 불안 안에는 아이를 더 잘 키울 수 있는 잠재력이 있기 때문이다. 불안의 정체성을 알고 그에 대응하는 방법을 이해하게 된다면, 내 안에 숨어 있는 양육에 대한 놀라운 모성과 부성의 능력이 발휘될 것이다. 조물주가 세상을 다니면서 씨앗을 뿌릴 수가 없어 모성과 부성을 내려 보냈다는 말도 있다. 이것은 어떤 불안이 있어도 이겨낼 수 있는 엄마 아빠의 힘이다.

옛날에는 아이를 열 명을 낳아도 별문제 없이 잘 키웠다. 그런데 최근에는 한두 명을 키우기도 너무 버겁다. 양육이 단순한 부담의 차원을 넘어 쇼크 수준인 부모들도 있다. 이것은 심각한 문제다. 왜 이런 현상이 일어날까? 그것은 부모로서 당연히 마주쳐야 하는 불안으로부터 회피하거나 도망친 것이다. 부모라면 누구나 불안이 있다. 이것은 모성과 부성이 존재한다는 증거다. 부모가 불안과 당당하게 마주쳐야만 모성과 부성이 올바른 양육의 등대 역할을 할 것이다. 여러분들은 이 책을 읽는 동안 여러분 안에 숨어 있는 무의식의 불안들을 접하게 될 것이다. 이해가 되기도 하고, 창피하기도 하고, 죄책감이 들기도 하고, 바보 같기도 하고, 위로가 되기도 할 것이다. 이런 과정을 거치면서 "지금까지 나는 어떤 모습의 엄마 아빠

였을까? 어떤 가치관을 가지고 살 것인가?"라는 방향을 설정하게 될 것이다. 그런 생각과 고뇌로 이 책을 읽고 난 후에 부모로서 참된 자아를 발견하고 더 성숙한 부모가 되는 데 지침이 되었으면 한다. 똑같은 상황인데 어떤 사람은 불안해하고 어떤 사람은 불안해하지 않는다. 자신의 기질과 성격, 환경을 이해하면 그동안 왜 불안했는지 선명해질 것이다. 그렇게 된다면 저자들은 더할 나위 없이 큰 보람으로 여기겠다.

2023년 3월
공저자 대표 박종팔 외 일동

목차

불안을 기질과 성격으로 푸는 사랑의 관계기술

1

'불안' 질문을 던지며

불안을 기질과
성격 이해로 풀어가기

몸과 마음을
지치게 하는 불안

불안은 위험한 상태에 대한 반응이며 원인을 알 수 없는 내면의 주관적 감정의 충돌이다. 일상에서 어느 정도의 불안은 불가피하지만 실제 상황과 관련이 없는 불안이 지속되는 것은 감정에 이상이 있는 것이다. 20세기 철학자 마르틴 하이데거는 "불안은 인간이 우연적 존재임을 드러내는 여러 길 가운데 하나이며, 불안을 통해서 두려움이 생긴다."라고 했다. 불안이 증폭되면 몸과 마음을 병들게 한다. 이런 불안을 참지 못해, 상상하기조차 어려운 사건들이 신문에 끝없이 등장한다.

불안을 제대로 다루지 않으면 위험한 칼날로 변한다. 그 칼날은 다른 사람을 향할 수도 있지만, 대개 자기 자신에게로 향한다. 불안을 오래 방치할수록 칼날도 예리해져 몸과 마음에 사정없이 상처를 낸다. 불안이 조금 심해지면 화나 분노로 변하게 된다. 스트레스가 만병의 근원이라는 것은 이미 잘 알려진 사실이다. 불안도 마찬가지다. 불안을 다루지 않고 쌓아두거나 방치하면 각종 질병을 유발한다. 건강염려증, 히스테리, 강박증, 공포증, 정신분열증 등과 같은 마음의 병의 원인이 될 수 있다. 마음만 병들게 하는 것이 아니라 대사활동을 방해해 면역력을 떨어뜨리고, 몸의 취약한 부분을 공격해 몸까지 병들게 한다. 불안은 우리 몸과 마음을 공격해 삶의 질을 떨어뜨리고 행복한 미래를 앗아가는 치명적인 질병이지만, 노력하면 예방되어 건강하게 살 수 있다.

기질과 성격으로 본 불안 이해하기

가슴속의 불안이 우리 몸에 치명적인 불안으로 커지지 않게 하려면 '나'를 이해하는 것이 우선이다. 사람마다 불안이 생기는 원인이 조금씩 다르기 때문에 내가 어떤 사람인지를 알아야 불안을 효과적으로 다스릴 수 있다.

불안을 다스리는 첫걸음은 기질(temperament)이고, 기질은 성격의 한 부분으로서 개인의 정서적 반응이다. 기질이라는 말이 생소한 분들이 많겠지만 아주 오래전부터 존재한 학문이다. 의학의 시조인 고대 그리스의 히포크라테스(Hippocrates)는 우주의 4원소에 기초해 인간의 신체도 하나의 소우주라고 가정했다. 우주의 네 가지 원소인 불, 공기, 물, 흙에 대응하는 인체의 네 가지 중요 체액인 혈액, 황담즙, 점액, 흑담즙이 신체와 정신의 '상태'를 만들어낼 수 있다고 보았다. 개인에 따라 체액의 배합에 있어서 불균형이 있을 수 있고, 어느 한 체액의 비중이 커짐으로 인하여 개인의 성격이 결정된다고 했다. 이것이 인류 최초의 성격특징 이론이자 4체액설이다.

로마의 의사이자 철학자인 갈렌은 히포크라테스의 4체액설을 수정하여 새롭게 다혈질(sanguine), 담즙질(choleric), 점액질(phlegmatic), 우울질(melancholic)의 4기질로 분류하였다. 이 4개의 유기체는 다시 하나인 유기기체 일원으로 통합된다.

기질은 경락을 기준으로 인체를 하나의 유기체로 구성하는 학문이며 타고난 성격과 성향을 파악하도록 이끈다. 사람에게는 누구나 4개의 기질이 있다. 기질은 우리 몸을 연결해주는 생명 시스템인 경락을 통해 순환하는 에너지를 말하며, 어떤 에너지가 중심이 되어 있는가에 따라 4개의 기질로 구분된다. 그리고 내가 어떤 기질인지를 알면 불안이 마음의 병으로 진행되는 것을 막거나 이미 병든 마음을 치유할 수 있다. 또한 기질은 얼굴 형상으로 대략 구별이 가능하다.

① 기질은 'ㅇ△□S 중 ㅇ는 다혈질을 뜻하고, △는 담즙질을 뜻하고, □는 점액질을 뜻하고, S는 우울질을 뜻하고'와 비슷하여, 다혈질(ㅇ), 담즙질(△), 점액질(□), 우울질(S)로 표현한다. ② 기질은 '천인지(天人地) 중 천은 우주를 뜻하고, 인은 사람을 뜻하고, 지는 얼굴 형상을 뜻하고'와 비슷하여, 다혈질(천), 점액질(감정형 인), 우울질(이성형 인), 담즙질(지)로 표현한다. ③ 기질은 'DISC 성격유형 중 D는 주도형을 뜻하고, I는 사교형을 뜻하고, S는 안정형을 뜻하고, C는 신중형을 뜻하고'와 비슷하여, 다혈질(I), 담즙질(D), 점액질(S), 우울질(C)로 표현한다.

4개의 기질 중 다혈질은 에너지가 강한 사람이다. 기질을 알지 못

하면 왜 내가 한 가지 일을 꾸준히 하지 못하는지 스스로 납득이 안 되고, 왜 흥미를 잃는지 알지를 못한다. 운동을 시작해도 한 달 또는 두어 달 만에 다른 운동을 하고 싶어져서 계속 바꾸게 된다. 그렇게 끊임없이 종류를 바꾸는데, 그 이유가 다양성을 좋아하는 '다혈질'이기 때문이라는 것을 알게 되면 이해가 된다. 하지만 다혈질도 딱 맞는 운동을 만나면 꾸준히 할 수 있다. 걷기 운동을 1년 이상 계속할 수 있다. 마찬가지로 우울질은 완벽과 책임감이 강하고 자기 통제를 잘한다. 그래서 다른 사람 중 자신의 통제를 잘 못하는 사람을 매우 싫어하고, 불안해져 간섭이나 잔소리를 많이 한다. 대개 불안의 정도는 우울질이 가장 강력하고, 그 다음에 점액질, 담즙질, 다혈질 순이다.

누군가와 대화를 할 때 합리적으로 이야기하는 사람에게 더 끌리는 것도 기질과 관련이 있다. 우울질의 에너지가 강한 사람은 논리적이고 분석적이기 때문에 충분한 근거를 갖고 이런저런 경우의 수를 잘 따져보고 판단하는 것을 선호한다.

다혈질의 에너지가 강한 사람은 모험심이 강하고 열정적이고 긍정적인 편이다. 또한 사교적이고 동정심과 연민의 정이 많고 정서적으로 흥분이 빠르나 오래가지는 않는다. 착하다 보니 부탁한 사람을 미워하기보다는 '아, 나는 왜 이렇게 똑 부러지질 못할까?' 스스로 책망하며 속으로 불안을 삼킨다. 이런 경우도 기질을 이해하면 최소한 자신을 미워하지 않을 수는 있다.

담즙질이 강한 사람은 체내에 황담즙의 분비가 왕성하여 정서적

불안한 엄마 아빠 행복 레시피

으로 불안정하다. 냉소적이어서 차갑고 무뚝뚝하고 자기중심적이다. 목표 중심의 열정이 자신의 삶에서 제대로 실현되지 못할 때 욕구불만이 생기고 그것이 불안으로 표출된다. 그럴 때 자신을 돌아보고 자신을 충족시켜줄 욕구를 채워서 분노의 열정을 다시 긍정에너지로 전환한다면 삶에서 큰 성과를 이룰 수 있다.

점액질은 어느 한쪽 편으로 기울지 않고 중간에 있으면서 조정 역할을 잘하는 평화주의자다. 어느 긴장된 상황에서 어느 한쪽의 편을 들기가 곤란한 경우 유머를 던져서 긴장된 상황을 웃음으로 반전시키는 것을 잘한다. 그래서 주변 사람들과 관계를 잘한다. 객관적이고 중립을 지키다 보니 고집이 센 것처럼 보일 수가 있고, 게으르다는 말을 들을 수도 있다.

우울질은 흑담즙의 과다한 기능 때문에 슬픔에 잠기는 경향이 있다. 근심 걱정이 많으며 완고하고 착실하며 비판적이고 내성적이다. 본인에게 주어진 일은 완벽하게 해내는 편집증적인 성향이 있다. 감정과 정서가 불안정하고 의심과 변덕이 심하다.

불안을 푸는
열쇠는 인간관계

기질은 사람들과 좋은 관계를 유지하는 데 큰 도움이 된다. 불안의 상당 부분은 사람들과의 관계에서 생긴다. 상황 때문에 생기기도 하지만 그 상황 역시 대부분 사람과 연관되어 있기에 관계를 잘 풀면 불안할 일도 대폭 줄어든다. 기질을 통해 각 사람의 성격과 특징을 이해하면 관계를 원활하게 맺어나가는 데 도움이 된다.

관계가 틀어지는 이유는 대개 자기 입장에서 상대를 보기 때문이다. 기질 중 담즙질은 실행력이 뛰어나다. 그런 담즙질 입장에서 보면 세상에서 바쁜 일 없이 느긋하게 행동하는 점액질은 속이 터지게 만든다. 반대로 점액질 입장에서는 뒤돌아보지도 않고 불도저처럼 밀어붙이는 담즙질이 부담스럽고 싫을 수 있다.

이처럼 서로 모르면 오해하기 쉽고, 오해는 십중팔구 갈등을 유발하게 된다. 갈등이 클수록 불안도 커지는 것은 두말할 것도 없다. 하지만 나와 상대방의 타고난 성향, 기질을 알고 인정하면 불안이 적어진다.

불안은 나를 발전시키는 생명 에너지로 쓸 수도 있고, 나와 남을 해치는 흉기로 쓸 수도 있다. 불안을 생명 에너지로 쓰려면 나는 어떤 기질인지를 알아야 한다.

'불안' 질문을 던지며

'나'와 '너'의 다른 기질과
성격 이해하기

기질과 성격의
특징 이해하기

4개 기질의 경락 에너지는 모두 몸 안에 존재하지만 그중 좀 더 강한 에너지가 있다. 다혈질이 많을 수도, 담즙질이 많을 수도, 점액질이 많을 수도, 우울질이 많을 수도 있는데, 어떤 에너지가 많으냐에 따라 기질도 다르고 밖으로 드러나는 모습들도 다르다.

타고난 기질은 각기 생각하고 행동하는 것도 다르다. 이 다름을 인정하지 못하면 다혈질은 다혈질의 방식으로, 담즙질은 담즙질의 방식으로, 점액질은 점액질의 방식으로, 우울질은 우울질의 방식으로 생각하면서 오해한다. 오해를 풀지 못하면 갈등으로 번져 서로에게 깊은 상처를 남기기도 한다.

너와 나의 기질을 알면 서로 좀 더 쉽게 이해할 수 있는데 기질은 일차적으로 얼굴에도 드러난다. 기질이 대부분 얼굴까지 연결되어 있기 때문이다. 우선을 얼굴을 보고 기질을 구분하고, 얼굴만으로 확실치 않을 때는 말과 행동을 보면 된다.

눈이 크고 눈빛이 선하다면 다혈질일 가능성이 크다. 다혈질은 순수하면서도 종종 4차원 소리를 들을 정도로 엉뚱한 구석이 있다. 또한 현실보다는 대의명분을 중요시한다. 워낙 착하고 순수해 잘 속고, 이용당하기 쉽다. 행동이 빠르고 민첩하다. 다혈질은 눈에 보이지 않는 형이상학적인 것을 추구하고 창의력과 상상력이 풍부해 종교인이나 예술가들이 많다.

담즙질은 얼굴형의 눈빛이 매서워 다혈질과는 구별이 된다. 얼굴이 크고 턱이 발달되어 있다. 전형적인 담즙질은 눈이 작고 눈꼬리가 올라가 있다. 몸에 비해 얼굴이 비율상 크거나, 턱이 각이 져 있거나 발달했고, 코와 입도 발달했다. 담즙질 중에서는 코와 입이 시원스레 큰 사람들도 있다. 담즙질의 기질적 특징은 한번 꽂히면 뒤돌아보지 않고 몰아붙이는 것이다. 의지가 강해 웬만한 일에는 끄떡하지 않는 강인함이 있다. 담즙질은 가장 현실적이어서 눈에 보이는 결과물이 있어야 만족한다. 고집이 세서 타인의 말을 잘 듣지 않고 자기 뜻대로 한다. 담즙질의 특성을 가진 사람이 가장 잘하는 분야가 '사업'이다.

점액질은 얼굴형이 둥글거나 갸름한 것이 특징이다. 평소 계란형이거나 둥글다는 말을 들었다면 점액질일 가능성이 크다. 눈, 코, 입은 크지도 작지도 않다. 모두 그런 것은 아니지만 점액질은 대체로 쌍꺼풀이 없는 편이다. 눈 대신 귀가 발달해 소리에 예민하여 다른 사람의 감정을 잘 읽어주는 공감을 잘한다. 점액질은 유머감각이 있어 말을 잘하고, 한쪽으로 치우치지 않아 중재하는 방식으로 사람들과 잘 어울리고 조화를 이루도록 돕는다. 호기심이 많고 재미를 추구한다. 민첩한 사람이 보면 답답할 수도 있다. 감성이 발달하고 끼가 많은 연예인이 많다. 대표적인 연예인은 유재석이다. 공감을 잘 하는 상담가도 많다.

우울질은 생각이 많아 기분 나쁘지 않은데도 기분 나쁜 표정을 짓는 것처럼 보여 오해를 받기도 한다. 이성적으로 판단하고 논리적 이다. 우울질의 특성이 가장 잘 발달되는 분야는 판사, 교수, 연구원 등이다.

지금까지 가장 기본적인 4개 기질의 특성을 소개했다. 이 정도만 알아도 나와 상대가 어떤 기질에 속하는지 알 수 있다. 나와 상대의 기질을 아는 것만으로도 오해나 불안이 대폭 줄어든다.

기질은 나를 이해하고 다른 사람을 이해하는 데 꼭 필요한, 방문 의 열쇠와도 같다. 어느 한 에너지가 두드러지지 않고, 기질이 비교 적 비슷하게 있으면 혼란스러울 수도 있다.

기질 중 다혈질은 가장 외향적이고 긍정적으로 불안이 적고, 우울 질은 가장 내향적으로 부정적이고 불안이 많다. 담즙질과 점액질은 그 중간에 있다. 자신이 어느 기질에 속하는지를 알면 불안의 정도 를 대략적이나마 어느 정도는 쉽게 알 수 있다.

불안한 엄마 아빠 행복 레시피

기질의 다른 모습과 성격 비교				
구분	다혈질	담즙질	점액질	우울질
모습	• 눈이 큰 편 • 눈꼬리 처짐	• 코나 입 큰 편 • 턱이 발달 • 강한 눈빛	• 계란형 얼굴 • 둥근 얼굴 • 쌍꺼풀 없는 편	• 주름이 많음 • 인상을 찌푸림
기질 (성격)	• 순수하다. • 혼자 잘 논다. • 긍정적이다. • 쉽게 반응한다. • 급한 성격이다. • 유혹에 약하다. • 마무리가 약하다. • 호기심이 많다. • 자기중심적이다. • 정열적이다.	• 목표 지향적이다. • 단호하다. • 화를 잘 낸다. • 자기주장 강하다. • 복수심 강하다. • 조직적이다. • 일벌레다. • 타고난 지도자다. • 계획적이다. • 독립적이다.	• 재미있다. • 공감을 잘한다. • 압력을 잘 견딘다. • 배신하지 않는다. • 유머감각 있다. • 모방의 천재다. • 객관적이다. • 느리고 게으르다. • 평화를 만든다.	• 분석적이다 • 완벽주의다. • 나서기 싫다. • 예민하다. • 자기중심적이다. • 비판적이다. • 복수심 강하다. • 감정기복이 있다. • 냉정하다. • 겁이 많다.
대표 직업	• 교사 • 종교인 • 서비스	• 정주영 회장 • 강호동 • 기업가	• 유재석 • 신동엽 • 상담사	• 판사 • 교수 • 아인슈타인

건강한 모습과 건강하지 않은 기질의 비교		
구분	건강한 모습	건강하지 않은 모습
다혈질 (약한 불안)	• 순수하고 정직하다. • 자유분방하다. • 창조적이고 긍정적이다. • 상상력이 풍부하다. • 열정적이다.	• 약속을 잘 어긴다. • 포기를 잘한다. • 충동적이다. • 귀가 얇다. • 자기만의 세계에 빠진다.
담즙질 (중간 불안)	• 목표와 성취 지향적이다. • 근면하고 실천력이 강하다. • 현실적인 결과물을 만든다. • 한번 정하면 끝을 본다. • 일벌레다.	• 공격적이고 폭력적이다. • 주장을 해야 한다. • 교만하고 갑질할 수 있다. • 화를 내거나 분노를 잘한다. • 알코올, 성, 도박, 물질 중독이 많다.
점액질 (중간 불안)	• 경청과 공감을 잘한다. • 따뜻한 사랑이 많다. • 유머로 사람들을 하나로 만든다. • 인간관계가 좋다. • 웃음이 많다.	• 게으르다. • 은근히 고집이 세다. • "네." 하고 실천하지 않는다. • 분명한 목표가 약하다. • 답답할 때가 많다.
우울질 (강한 불안)	• 헌신적이다. • 충성스럽다. • 꼼꼼하다. • 일처리가 매끄럽다. • 사람들을 잘 챙긴다.	• 만족이 없다. • 간섭이 많고 짜증을 많이 낸다. • 눈빛이 우울하고 차갑다. • 끊임없이 분석한다. • 시기 질투가 많다.

02

불안의 모습이
각각 다른 기질과 성격

똑같은 상황에서 어떤 사람은 불안해하고, 어떤 사람은 불안해하지 않는다. 사람마다 본성이 다르기 때문에 불안의 정도가 다르다. 기질을 이해하면, 어떤 경우에 불안이 나타나는지 더욱 분명해진다. 불안을 유발하는 원인을 이해하면 그만큼 불안을 제어하기 쉬워지고, 심한 불안이 있을 때 불안을 낮출 수 있다.

양보해도 안 될 때 불안한 다혈질

다혈질은 착하고 순수해서 다른 사람이 부탁하면 거절을 못한다. 분명 부탁을 거절할 수 있는 상황인데도, 차마 "NO."라고 말을 못해 "YES."라고 말하는 경우가 많다. 그것이 순간순간 이루어질 뿐, 많은 고민을 하지 않기 때문에 불안으로 이어지지는 않는 경우가 많다. 또한 다혈질은 억울한 일이 있어도 바로 잊어버리는 편이다.

사실 다혈질은 기본적으로 감정이 무딘 편이다. 자신의 감정을 알아차리는 데 시간이 좀 걸리는 편이다. 한 박자 늦게 자신의 감정을 알아차리고 뒷북을 칠 수도 있다. 바보스럽게 보일 수도 있다. 어느 때는 사기를 당하고도 화를 내거나 분노하지 않는다. 자기감정에 무디다 보니 상처는 잘 받을 수 있지만 받지 않는 경우가 많다.

가깝게 지내던 60대 중반 어르신 중 전형적인 다혈질이 있었다. 심성이 착해서 어린이와 같이 맑은 영혼을 가진 분이었다. 표정이 밝고 얼굴색이 좋아졌다. 최근에 "좋은 일이 있으세요?"라고 물었다.

"아니에요. 몸 상태가 좀 안 좋아요."

"네, 어디가 아프세요?"

"대장암요. 고칠 수 있어요. 별거 아니어요."

할아버지는 별거 아니라고 하지만, 이야기를 들어보니 빨리 수술을 해야 할 입장이다. 지금은 암 초기라서 빨리 수술을 하면 완치가 되어 생활에 전혀 지장이 없다고 한다. 가족들도 빨리 수술을 해야 한다고 야단법석이다. 할아버지는 주위 전문가들과 자문을 구해봤다. 두 부류로 나뉜다. 한쪽은 빨리 수술을 해야 한다는 사람들이다. 다른 쪽은 수술을 하지 않고 고칠 수 있는 방법이 있다는 사람들이다.

할아버지는 식품으로 고칠 수 있다고 확신했다. 암을 치유하는 다양한 식품을 먹은 결과 현재는 암의 수치가 확 떨어졌다. 오히려 암에 잘 걸렸다고 한다. 암과 관련된 다양한 식품을 먹다 보니 신체

의 전반적 기능인 뇌, 고혈압, 당뇨, 시력, 간 기능이 더 좋아졌다고
한다. 대개 다혈질은 불안이 적은 편이다. 긍정적이고, 불안을 수용
하는 능력이 강하다. 물론 사람마다 불안이 큰 사람이 있을 수는
있다.

욕구대로 안 될 때 불안한 담즙질

담즙질은 주장을 강하게 한다. 자기주장이 강하다고 모두 남의 말
을 안 듣는 것은 아니지만 담즙질은 기본적으로 타인의 의견보다는
자기감정이 중요하다. 다른 사람들은 모두 "예."라고 해도 자신만은
"아니오."라고 말할 수 있는 강한 사람이다.

담즙질은 자기주장만 강한 것이 아니라 실천력도 강하다. 한번 목
표를 정했으면 누가 뭐라고 해도 밀어붙인다. 이렇게 눈에 보이는 결
과물을 만들면서 존재감을 느끼는 것이 담즙질의 특성이다. 이런
담즙질은 주로 자기 뜻대로 되지 않을 때 불안하다. 어떤 일이 계획
한 대로 되지 않을 때도 불안하고, 또한 기대했던 만큼 결과가 나오
지 않아도 못 견디고 불안하다. 게다가 타인들조차 자기 뜻대로 해
주기를 바란다.

세상에 자기 마음대로 할 수 있는 일이 과연 얼마나 될까? 어쩌면
자기 뜻대로 할 수 있는 일보다는 하기 싫어도 해야 하는 일들이 더

많을 것이다. 게다가 타인을 내 마음대로 할 수 있다는 것은 그야말로 어불성설이다. 가까운 가족이나 자식도 내 마음대로 하려고 해서는 안 된다.

담즙질의 성향을 가진 여성들이라면 가정에서 남편이나 자녀에게 집중하지 말고 자신의 일을 하라고 강력하게 권하고 싶다. 담즙질은 어떤 일을 해서 존재감을 느껴야 하기 때문에 돈을 직접 벌어야 한다. 내가 일을 만들고, 거기에 에너지를 쏟아부은 만큼 돈을 번다면 담즙질은 더할 나위 없이 행복감을 느낄 것이다.

이런 불타는 에너지를 가지고 일을 하지 않고 가정에서 남편이나 자식에게 집중한다면 어떨까? 남편이나 자식이 원하는 대로 따라주면 다행이지만 남편이나 자식도 담즙질이라서 하고 싶은 대로 하다 보면 갈등과 상처만 남는다. 담즙질은 남편이나 자식이 자기 뜻대로 되지 않아 불안하고, 가족 역시 불안하고 스트레스를 받는다. 가정폭력이나 학교폭력은 대개 담즙질과 담즙질 간 갈등의 산물인 경우가 많다.

담즙질은 욕구가 강해 욕구를 채우지 못하면 불안의 강도가 커져서 분노하기가 쉽다. 인간의 욕구는 식욕, 성욕 등 생존에 필요한 기본적 요구 외에도 다양한 욕구가 있다. 매슬로우는 인간의 욕구를 ① 생리적 욕구 ② 안전욕구 ③ 소속욕구 ④ 존경욕구 ⑤ 인지적 욕구 ⑥ 심미적 욕구 ⑦ 자아실현욕구 ⑧ 자아초월욕구 등 여덟 단계로 구분했다. 위로 올라갈수록 더 높은 수준의 욕구다. 기질은 모두 공통적으로 이런 욕구를 추구하지만 담즙질은 특히 생리적 욕구

불안한 엄마 아빠 행복 레시피

에 더 강렬하다.

대개는 낮은 차원의 생리적 욕구를 덜 중요하게 생각할 수도 있지만, 높은 수준의 욕구는 낮은 수준의 욕구가 채워지지 않으면 불가능하다. 생명을 유지하기 위한 기본적인 식사를 못 한 사람이 존경 욕구를 느끼기는 어렵다. 따라서 단계마다의 욕구는 모두 중요하다. 욕구가 강한 담즙질은 욕구불만을 느끼지 않도록 해야 몸과 마음이 건강하다.

강요받을 때 불안한 점액질

점액질은 소리에 민감하다. 아나운서나 연예인 중 상당수가 있다. 점액질은 대개 사회성이 발달해 사람들과 잘 지내는 편이다. 점액질은 자신의 감정을 잘 표현하고 감정도 잘 읽는다. 소리에 민감한 점액질은 목소리를 듣고 감정 상태를 알아차린다. 감정을 파악하는 것이나 소리를 듣고 분별하는 것은 같은 능력이다.

점액질은 소리를 듣고 분별하는 것만큼이나 말하는 것도 좋아한다. 하지만 사회성이 발달한 점액질 역시 하고 싶은 말이 있는데도 이런저런 상황을 고려해 할 말을 못 하는 경우도 많다. 점액질은 사리분별을 잘하기 때문에 사리에 맞지 않는 이야기를 하면 거슬린다. 하지만 점액질은 타인의 감정을 잘 읽고 배려심이 많은 편이라서 말을 하고 싶어도 못 하는 경우이다. 사람들과의 관계나 상대가 받을 상처를 고려해서 하고 싶은 말을 가슴에 품고 산다.

직장에서 불안한 일이 많다. 최근에 많이 좋아졌지만 그래도 직장에는 위계질서가 존재한다. 이해가 가지 않아도 위에서 시키는 대로 해야 하는 경우가 많다. 이런 상황에서는 아무리 점액질이라도 불안하다. 마찬가지로 거래처에서 '을'인 경우가 많다. 을이 하고 싶은 말을 다 하는 경우는 극히 예외적일 것이다. 거래를 하지 않아도 좋다는 각오가 있으면 몰라도, 상식적이지 않다고 속에 있는 말을 마음껏 할 수는 없다.

논리적이지 않을 때 불안한 우울질

우울질은 누구보다도 감각적으로 예민하다. 예술가들이 많다. 대개 사람들과의 관계를 잘하는 사회성보다는 독창성을 갖고 있는 편이다. 완벽하고 정확하다. 자존심이 강하기 때문에 책임감도 강하다. 어떤 일을 대충 넘어가려고 하거나 감성적으로 처리하는 것을 싫어한다. 다혈질이나 점액질과 갈등의 소지가 있다. 무시당하는 것도 싫어한다. 담즙질이 무조건 밀어붙이면 갈등의 소지가 있다.

우울질은 감성적이기도 하지만 논리적이고 이성적이다. 서로 의견이 대립되었을 때 합리적인 근거를 바탕으로 상대방을 설득하려 한

불안한 엄마 아빠 행복 레시피

다. 그런데 남의 말을 전혀 듣지 않고 자기주장과 고집을 피우는 사람과 말을 할 때 불안해한다.

03

기질과 성격 간의
궁합 보기

기질 간의 궁합은 대개 긍정궁합, 중간궁합, 부정궁합으로 구분해 볼 수 있다.

긍정궁합은 '다혈질과 담즙질'이다. 다혈질은 착하고 열정이 있고 담즙질이 벼락같이 내는 화도 받아준다. 담즙질은 능력 있고 추진력이 있고 자신의 까칠한 성격을 받아주는 다혈질에게 잘해주므로 비교적 불안이 적다.

중간궁합은 '다혈질과 우울질', '다혈질과 점액질', '우울질과 점액질', '담즙질과 점액질'이다. 기질의 강도가 중간이면 특별히 모나지 않게 유야무야 잘 지낼 수 있다. 하지만 기질의 강도가 극과 극에 있을 때는 갈등이 있고 불안이 많다.

부정궁합은 '우울질과 우울질', '다혈질과 다혈질', '담즙질과 담즙질'이다. 기질의 강도가 중간이면 의기투합해서 잘살 수도 있으나, 기질의 강도가 극과 극에 있을 때는 갈등이 있고 불안이 많다.

긍정과 부정 궁합은 '담즙질과 우울질'이다. 담즙질은 능력과 추진력이 있으니 섬세함이 부족한데, 우울질은 분석적이어서 담즙질의 부족함을 누구보다 잘 보충해줄 수 있다. 그런데 기질의 차이가 극과 극일 때는 담즙질은 우울질을 무시하고, 우울질은 담즙질에게 잔소리를 하게 되어 심각한 갈등이다.

기질과 성격 간의 궁합			
긍정 궁합	중간 궁합	부정 궁합	긍정과 부정 궁합
• 다혈질과 담즙질	• 다혈질과 우울질 • 다혈질과 점액질 • 우울질과 점액질 • 담즙질과 점액질	• 다혈질과 다혈질 • 담즙질과 담즙질 • 점액질과 점액질 • 우울질과 우울질	• 담즙질과 우울질

앞서 기질에 대한 해석은 본문의 사례에 적용시키는 것이 현장감이 있고 논리적일 수 있겠지만, 사례마다 적용하는 것은 한계가 있다. 따라서 독자 여러분은 자신의 기질을 대략적으로 파악한 다음에, '남편이 우울질, 아내도 우울질로 서로 불안한 것도 모르고 서로 탓만 했고' 또는 '간섭 많은 우울질 엄마가, 간섭 싫어하는 담즙질 아들에게 간섭하여 아들이 저항하는 것' 등을 상상하면서 이 책을 읽어간다면 치유에 많은 도움이 될 것이다. 다른 가족관계와 직장 상하관계에 응용해서 적용해도 관계에 도움이 된다. 그리고 기질 간의 궁합을 보다 상세히 언급한 4강을 참조하면 기질에 대한 이해가 더욱 선명해질 것이다.

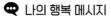 나의 행복 메시지

- 갈등이 많은 사람은 자신의 기질을 파악하고 돌아보기
- 불안의 크기는 대략적으로 우울질 〉 점액질 〉 담즙질 〉 다혈질 순임을 기억하기
- 불안을 느끼는 사람은 부부, 자녀, 가족, 직장 상하 간, 친구관계에 적용해보기
- 불안이 큰 기질끼리 접촉하면 더 커질 수 있으나, 목적이 같으면 적을 수도 있음

불안한 엄마 아빠 행복 레시피

"

엄마는
사랑해서 아기를 낳았는데,
아이를 키우면서 왜 남편에게 순간순간 화가 날까?
왜 남편은 저렇게 자기 아이 일을 걱정하지 않을까?

아빠는
아이를 키우면서 아내에게 순간순간 섭섭할까?
왜 아내는 아이 일이라면 저렇게 극성스러울까?
도대체 왜 아내는 쓸데없는 걱정을 많이 할까?

"

제1강

엄마 아빠
불안 환경 이해하기

01

걱정 많은 엄마, 걱정 않는 아빠

잘못될까 봐 vs 애들은 그런 거야

행복한 엄마 아빠의 길은 '진정한 나'로 사는 것이다. 엄마 아빠의 생각을 아이에게 강요하지 않는 것이다. 아이가 강요를 받게 되면 불안하고 부정적이고 우울한 감정을 갖게 된다. 불안한 감정은 시야를 좁게 하고 고집스럽게 하며, 화를 자주 내거나 분노하게 만든다.

가을 어느 날 해가 저물고 어둑해지고 있는 저녁 무렵, 시어머니는 열두 살 난 손자 철수에게 인근 마트에서 올리브 한 병을 사 오라고 심부름을 시킨다. 이를 바라보던 며느리가 깜짝 놀라며 "어머니, 절대 안 돼요. 마트 가는 골목은 늦은 시간에 사람들이 별로 없어서 위험해요."라고 말한다. "요즘 인터넷이나 뉴스에서 어린이 유괴, 납치 기사도 많이 나오고 있어요." 시어머니는 얼굴을 잔뜩 찌푸리며 화난 표정을 한다. "아범아, 어미 좀 봐라. 이렇게 과잉보호로 키우면 애가 뭐 하나 제대로 할지, 혼자 살아갈 수 있을지 걱정이 된다."

이 말을 듣고 있던 철수 아빠도 시어머니 편을 들면서 짜증스러운 목소리로 말한다. 한숨을 쉬며, "애는 독립적이고 자주적으로 커야 하는데, 당신 때문에 애 버리겠다."라고 말한다. 철수 엄마는 내 편을 들지 않는 남편의 말에 마음속에서 불타오르는 화로 눈을 흘기며 '요즘 얼마나 험한 세상인데…'라는 말로 화를 폭발시키고 싶지만 꾹 참고 또 참고 말았다.

중학교 2학년 딸 향민이의 잦은 지각과 왕따 문제로 엄마가 두 번이나 학교에 불려 갔다. 그리고 "담당 선생이 피해자인 향민이 입장에서 말하는 것이 아니고 가해자의 입장에서 말을 하여 화를 내고 왔다."라고 남편에게 말했다. "당신이 같이 학교에 가면 안 될까? 그 선생 생각만 해도 짜증나고 화가 나."

이 말을 듣던 남편은 인상을 쓰며 짜증스럽게, "선생이 부를 때마다 어떻게 학교에 가? 당신 혼자 해결 못 해? 애들이 왕따도 당하면서 크는 거지 뭐. 그럴 때마다 학교로 달려가면 회사를 다니라는 거야, 말라는 거야!" 향민 엄마는 억울하고 분통이 터져 눈에서 눈물이 핑 돌면서 '당신 아빠 맞아?' 하는 생각이 들고, 왜 이 남자와 결혼을 했는지 신세한탄을 하면서 순간적으로 살아야 되나 말아야 되나 하는 생각까지 든다.

한국과 일본의 야구경기가 있는 날이다. 평소에는 야근을 하거나 친구들과 어울려서 밤늦게 들어오다가 오늘은 일찍 들어온 영수 아빠, 집에 들어오자마자 리모컨 버튼을 누르면서 치킨과 맥주를 시킨다. 화면에는 오늘 경기에 뛰게 될 야구 선수들의 얼굴이 차례로 나타난다. 영수 엄마는 거실에 걸려 있는 빨래를 차곡차곡 정리하면서 말한다. "여보, 영수 휴대폰 사줘야겠어! 우리 동네에 휴대폰 없는 학생이 한 명도 없어." 남편은 "휴대폰 가격이 비싼데? 여섯 살짜리 애가 왜 휴대폰이 필요한 거야?" 엄마는 "좀 비싸긴 한데 영수한테 휴대폰 사줄 형편은 되잖아." 남편은 "형편이고 저편이고 떠나서 필요 없는 것을 왜 사주냐고!" 언성을 높이며 말한다. "어려서 휴대폰을 시작하면 일단 시력이 안 좋아지고 공부에 방해가 되니 더 이상 휴대폰의 '휴' 자도 꺼내지 마!"

마치 남의 아이 얘기하듯 말하는 남편의 말을 듣던 영수 엄마는 가슴에서 화가 치밀어올라 "필요 없긴 왜 필요 없어? 유치원에서 휴대폰 없는 아이가 어디 있나 한번 가봐? 애들의 트렌드도 모르면서 내가 무슨 말만 하면 다 반대하고 난리야! 아휴, 치사해! 내가 돈을 벌어야지!" 엄마의 화난 목소리가 점점 커지자, 아빠의 목소리가 조금 수그러들면서 "내가 말하고 싶은 것은 돈을 절약하자는 거지, 남들 하는 대로 하면 전셋집 신세는 언제 면해! 아휴, 답답해! 저렇게 돈에 대한 개념이 없으니!"

엄마는 "참 기가 막혀 말이 나오지를 않네! 나를 쓸데없이 돈 쓰는 사람처럼 취급하다니! 당신이 지금 먹고 있는 치킨과 맥주 값의

불안한 엄마 아빠 행복 레시피

1/3만 모아도 휴대폰 열 개는 사겠다. 야구와 돈이 영수보다 더 중요하지?" 엄마는 개던 빨래를 내팽개치고 방으로 들어갔다. 아빠는 "아 진짜! 짜증나네! 그만 좀 하라고 했지!" 하면서 소리 지른다. 갑자기 집안 분위기는 싸늘해진다.

엄마들은 아이를 키우는 과정에서 걱정을 하지 않는 남편의 태도에 상처를 받는다. '사람이 어쩜 저렇게 자식한테 야박하고 걱정 안 하는 표정을 할까. 저렇게 냉정한 사람이 아빠가 맞나? 도대체 이해할 수 없는 사람'이라고 생각한다. 모든 엄마가 다 그런 것은 아니지만, 가정폭력상담 현장에서 보면 남편에 대해 '치가 떨려서' 이혼하고 싶다는 경우가 많다. 엄마들은 아이에 대한 걱정을 하다가 마지막에는 이해할 수 없는 남편의 말과 행동 때문에 아이에게 문제가 생겼다며 아이의 문제를 '남편 탓'으로 돌린다. 남편에게 물어보면 아이의 문제를 자신의 탓이라고 할까?

평소에는 아이에 대해 별 관심도 두지 않고 있다가 무슨 일이 생기면 갑자기 나타나 아이를 쥐 잡듯 야단치는 아빠. 정말 자기 자식이 맞나 하는 의문이 든다. 아이의 교육은 당신이 알아서 하라고 하다가 꼭 혼날 일이 생길 때만 애를 다그치고 잡는 아빠다. 엄마는, 아이들은 버릇없게 굴 수도 있고 실수도 할 수 있다고 생각한다. 남편은 아이가 잘못을 하면 바보 취급하고 기를 죽인다. 아이가 잘못하면 아내가 잘못 키웠기 때문이라고 생각한다. '애를 어떻게 키웠기에'라는 말을 자주 한다. "마음속에서 불이 타오른다. 염장이 터진다. 속을 보여줄 수만 있다면 화가 타들어가는 것을 보여주고 싶다. 마음이 숯검정이 되었다. 벽을 보고 말할 때가 한두 번이 아니다. 벽은 최소한 염장을 지르지는 않는다."라고 하소연하는 엄마들이 많다.

　남편들은 정말 관심이 없을까? 얼핏 보면 '지극히 평범하고 정상적'이다. 직장에서 성실하고, 인간관계도 좋다. 아내와 아이도 사랑한다. 아내들이 하소연하는 것처럼 전혀 걱정하지 않는 것도 아니다. 그렇다면 아내들이 허위로 만들어낸 조작일까? 그것 또한 아니다. 아빠들은 가정을 위해 열심히 일하고, 치사한 것들을 참아가며 술상무도 하지만, 정작 가정 문제는 다른 집 이야기하듯 걱정하지 않는 것처럼 말한다. 남편들은 왜 그럴까?
　첫째는 남자가 밖에서 돈을 버는 데 집중하고, 자녀의 육아나 교육은 아내에게 위임해서 아는 것이 없기 때문이다. 어쩌다 육아에 대한 발언을 했다가, '육아에 대해 너무 모른다고 무시를 당하니 필요할 때조차 멀리서 뒷짐 지고 바라보는 것'이다. 둘째는 평소에 육아나 교육에 관심이 없다가 문제가 생기면 잘못된 행동은 반드시 바로잡아야 한다는 사명감에 아이를 강압적으로 훈계하는 경우다. 이런 아빠의 양육태도는 가족으로부터 왕따를 당하기 쉽다. 노인학대 현장에서 자주 본다. 어려서 힘이 없을 때는 당하고 있다가, 성장해서 부모가 약할 때 방치하거나 학대를 한다. 셋째는 '아이들을 내버려두어도 자기가 먹을 것을 갖고 태어났으니 알아서 잘 큰다.'라는 식의 사고다. 아내와 의견이 대립되면 극단적인 사례를 들어 합리화한다. 아내가 네 살 아이를 영어 학원에 보내자 하면, 조기교육으로 뇌가 망가져 병원에서 진료를 받고 있다는 신문기사를 보여주며 조기교육을 반대한다. 이때 엄마들은 어떤 생각을 할까?

아빠들은 아내가 아이를 키우면서 걱정이 많아지고 극성스럽게 변했으며, 그 걱정에 너무 몰입하다 보니 남편의 의견은 무시하고 무슨 말만 하면 "아이를 직접 키워보지도 않았으면서 어떻게 그런 말을 함부로 해, 당신은 아이에 대해서 아는 것이 없잖아?"라며 화내거나 무안을 주고 자기 마음대로 한다고 말한다. 아빠가 답답해서 한마디 하면 엄마는 "아이를 위한 일인데?"라며 화를 낸다. 엄마 품 안에서만 아이를 키우면 인간관계나 직장생활이 어려워진다는 말을 하면, 남편을 '나쁜 아빠'로 취급해버린다. 아빠들은 어떤 생각을 할까?

엄마 아빠 걱정의 객관성

이 일화들은 대개 엄마와 아빠들의 생각을 말할 뿐이고, 서로가 이해할 수 있도록 돕기 위한 것이다. 그들의 모습이 모든 엄마 아빠의 모습도 아니고, 저자들의 조언 없이 더 잘사는 사람들도 많다. 모든 사람은 성격과 환경이 다르다. 가을에는 김장을 하게 되는데,

김장에 배추와 양념은 필수다. 배추는 김치의 공통 재료이나 양념은 각자의 취향에 맞게 넣어야 한다. 양념에 따라서 김치의 맛은 달라진다. 누가 주관적이니 객관적이니 따지는 것은 별 의미가 없다. 자신의 입맛에 맞게 양념을 넣으면 된다. 자신이 양념을 많이 넣고 맛이 없다고 상대를 탓하지 마라. 상담 후 집에 가서 부부들이 종종 싸우는 경우가 있다. 이 책을 통해서, 싸우기보다는 아내와 남편들이 이해의 폭을 넓히고 성장하는 기반으로 삼아야 한다. 엄마 아빠는 탁월한 사유의 시선을 가져야 한다. 내 생각의 틀에 갇혀 있지 않고 상대의 틀까지 보는 탁월한 사유의 시선으로 봐야 한다. 엄마 아빠는 각각 갖고 있는 가치관과 경험에다가 이 책에서 얻은 지식을 접목하여 내 것으로 만들어야 한다.

　복지학, 상담학, 교육학, 생물학, 심리학, 성격학, 사회학, 임상의 현장 등의 관점에서 보면 정도의 차이는 있으나 엄마들은 본능적으로 아이의 성장 발달과 교육에 있어 발달 단계에 적합한 교육을 시키고 싶어 한다. 그럴 수 없다면 아이한테 미안해지고, 다른 아이보다 뒤처지면 어쩌나 하는 불안감이 몰려온다. 그런데 아빠들의 생각은 엄마와는 사뭇 다르며, '자기 성장과정의 경험에 비추어 아이의 교육은 그대로 내버려둬도 저절로 되는데, 아내가 안달복달하는 것이 문제다.'라고 생각한다. 그러니 아내의 행동이 '극성'으로 보이고, '자신이 돈 버는 것에는 한계가 있는데도 이는 고려하지 않고, 너무 미래에 대해 걱정하고 불안해하는 모습'에 답답해한다. 이런 아내의 행동에 제동을 걸기 위해 조금 고집스럽게 보일 만큼 '애들의 교육을 그렇게까지 무리하게 할 필요가 없다.'라고 말을 하면 '걱정하지 않는 남편'이라고 낙인을 찍는다. 남편들이 무척 억울해하는 부분이다.

엄마들은 아이가 조금만 아파도 '큰 병으로 진행되면 어쩌지?' 하고 걱정을 한다. 또 성적이 조금만 떨어져도 '따라잡지 못하면 어쩌지?' 하고 불안해한다. '어떻게 아빠가 돼서 저렇게 걱정을 하지 않나?' 생각한다. 반면에 아빠들은 "걱정한다고 달라질 것이 없다."라고 반문한다. 애들은 아프면서 성장하는 것이고, 초등학교 때 성적이 떨어졌다고 대학에 못 가는 것이 아니라고 믿는다. 엄마 아빠 모두가 자신의 생각이 객관적이라고 생각하여 타협을 거부한다. 그렇다면 누구의 생각이 객관적일까?

엄마 아빠 모두 '객관적'이다. 언뜻 보면 엄마들과 아빠들의 생각이 전혀 다른 것처럼 보이지만 이들이 가진 생각은 같은 것이며, '엄마가 갖는 걱정과 아빠가 걱정하지 않는 태도'의 뿌리는 불안이다. "엄마가 걱정을 많이 하는 것은 불안이다."라고 말을 하면 대개 긍정한다. "아빠가 걱정하지 않는 태도도 불안이다."라고 하면 의문의 표정을 짓는다. 불안은 전염병 같은 속성이 있고, 이들의 특징은 어떤 것의 부정적인 한 가지 면을 보고 전체를 부정적인 방향으로 몰고 가면서 끊임없이 걱정하는 것이다. 엄마와 아빠는 '불안의 모습'의 형태가 다르다. 엄마의 '불안의 모습'은 즉시 말로 하거나 표정으로 나타난다. 아빠의 '불안의 모습'은 어떤 부정적인 것을 감당해야 하거나 해결을 할 수 없을 때는 긍정적인 척하면서 그 문제를 덮고 넘어간다. 엄마 아빠는 왜 다른 모습의 불안을 보일까?

아빠들도 엄마 못지않게 불안하지만, 아빠들은 불안과 직면을 하지 않고 회피한다. '이걸 어떻게 해결할까?'가 아니라 '어떻게 되겠지.'라고 생각한다. 이것이 마치 걱정하지 않는 것처럼, '원래 아이들은 그러면서 크는 거야'라고 쉽게 말하는 것처럼 보인다. 그 말은 자기 확신에서 나온 것이 아니라 불안을 없애기 위한 것이다. 본인이 아이의 문제를 가지고 아내와 이야기를 나누게 되면 그 문제가 계속 떠올라서 불안이 심해질까 봐 낙관적인 척한다. '잘 클 거야.'라는 아빠들의 낙관적인 말에는 불안이 숨어 있다. 이런 아빠들의 말이나 행동은 무의식적인 반응이다.

엄마 아빠의 다른 모습의 불안은 아이의 문제를 해결할 때도 차이가 그대로 드러난다. 아빠들은 문제가 피부에 와닿기 직전까지는 '문제'라고 인식하지 않고 '괜찮아.' 하며 긍정적으로 해석한다. 그러다가 문제가 심각해져 위기임을 인식하면 그제야 위기에 대한 대처를 하게 된다. 엄마들은 아직 문제가 된 것도 아닌데 빠르게 대처를 하기 때문에 극성을 떠는 사람으로 취급받는다. 아빠들이 보기에는 엄마들은 항상 별것도 아닌 일에 걱정을 하는 것처럼 보이고, 그런 엄마들의 눈에는 문제가 뻔히 보이는데 아빠들이 걱정하지 않는 것처럼 보인다. 엄마들은 자신이 남편보다 아이를 더 많이 사랑하고 있고, 걱정하지 않는 남편의 모습에서 아이를 사랑하지 않는다고 착

불안한 엄마 아빠 행복 레시피

각하거나 오해를 한다.

아이들을 키우면서 불안해서, 엄마들은 "어떻게?" 하고 방법을 찾으려고 하니 걱정하고 사랑하는 사람처럼 보인다. 아빠들은 대책이 없으니까 '아무 일 없이 잘 클 거야.' 하는 식으로 말을 하니 마치 걱정하지 않는 것처럼 보인다. 어쨌든 아이의 성적이 많이 떨어졌다면 공부를 더 시켜야 하고, 아빠들이 무조건 '공부 못해도 잘살아.'라고 하는 것은 도움이 안 된다. 이런 양육태도로 인해 쉽게 벼랑 끝으로 몰리고 싶지 않거나, "당신, 아이를 나만큼 사랑하지 않는 거지?"라는 낙인을 피하려면 아빠들은 지금까지 해오던 양육방식은 버리고 새로운 패턴의 행동방식을 찾아야 한다.

걱정의 뿌리는 불안

어떤 4살짜리 아이가 말을 잘 못한다. 이런 경우에 어떻게 대응할까? 엄마와 아빠의 대응 방법이 다르다. 엄마는 '아이가 너무 소심해서 감정 표현을 잘 못하는 것인지, 말문이 늦게 트이는 것인지' 궁금해하고, '자신의 양육태도에 어떤 잘못이 있는지' 걱정하고, '말문이 트이지 않아 아이가 겪게 될 불편함에 대한 우려'로 머리에서 발끝까지 불안하고 초조하다. 아빠들은 '말문이 좀 늦게 트일 수도 있지 않을까?'라고 생각한다. 엄마들은 아이의 정서적인 측면에 문제가 있어 말문이 트이지 않으면 어떤 방법을 동원해서든 치료를 시키고 싶어 한다. 그런데 아빠는 종종 다섯 살에 말문이 트이는 경우도 있으니 특별한 치료가 필요하지 않다고 생각한다.

특히 의사가 아이에게 약물 치료가 필요하다고 하면, 대개의 엄마들은 그 해결책을 찾고자 한다. 아빠들은 '약은 안정성이 보장된 것이 없다고 전제'하고 '자신이 가지고 있는 지식을 총망라해서 의사의 말은 잘못된 것이고 자신의 말이 맞다고 증명하려고'한다. 이것이 아빠가 가진 전형적 '불안'의 모습이다. 내 아이에게 문제가 있다는 것을 수용하기가 '불안'해서 그런 것이다.

아이가 잘 다니고 있는 어린이집을 갑자기 옮기겠다고 한 엄마가 있다. 교사가 쓰레기봉투를 버리고 손을 탁탁 털더니 앞치마에 손을 쓰윽 닦는 것을 목격한 것이다. '저 손으로 아이의 얼굴을 만지고 또한 먹을 것을 만지겠지…' 하는 생각이 든다. 그 생각이 머릿속을 떠나지 않고 위생 상태가 의심이 되어 더 이상 보낼 수 없다.

이것 역시 '불안'이다. 걱정이나 두려움만 불안이라고 생각하기 쉬우나, 의심과 피해망상이나 관계망상도 불안이다. 이처럼 사소한 생활 속의 단서가 불안을 증폭시켜 지금까지 쌓아온 신뢰가 한순간에 무너진다.

불안은 본능적인 방어기제로, 자신이 어떤 내적 외적 위험에 닥치게 되면 스스로 자신을 보호하기 위한 수단이다. 공격이나 회피를

불안한 엄마 아빠 행복 레시피

하게 된다. 적당한 불안은 자신과 가족을 보호하기 위해서 필요한 것이다. 엄마들은 불안을 '걱정'으로 표현하고 아빠들은 '걱정하지 않는 태도'로 표현한다. 평소 대범했던 여자도 아이를 낳으면 걱정이 늘어나고 안달복달하는 모습으로 불안해한다. 자상했던 남자도 아이가 생기면 이전보다 더 걱정하지 않는 태도로 불안을 표현한다. 엄마 아빠는 왜 서로 다른 감정을 갖게 되었을까?

엄마들은 아이들을 자신의 목숨만큼 끔찍하게 생각하다 보니 지나치다 할 정도로 걱정이 많고 불안해한다. 아이의 양육이나 교육에 대해 '걱정'이라는 방식으로 불안을 표현한다. 아빠들은 어떨까? 새벽부터 나가서 늦은 밤까지 일하고, 온갖 치사하고 더러운 상황도 꾹 참고 견디는 것을 보면 분명 아이를 사랑한다. 그런데 아빠들은 어떤 마음을 갖고 있기에 아이들을 사랑하고 걱정함에도 '걱정하지 않는 태도'로 표현하는 걸까?

💬 나의 행복 메시지

- 아이 문제를 어떻게든지 빨리 해결하고 싶어 걱정으로 직면하는 엄마
- "잘 클 거야." "괜찮아."의 낙관적인 말속에 불안이 숨어 있어 회피하는 아빠
- 해결 방법이 없어 "어떻게 되겠지."라고 하면 냉정한 사람으로 취급당해 억울해 하는 아빠
- 걱정의 뿌리는 불안이고, 그 걱정을 아빠는 낙관적이거나 고집스럽게 표현

02

걱정이 많은 엄마 마음 알아보기

엄마의 걱정은 태초 인류의 본능

내 아이에 대해 엄마들이 걱정하는 불안은 약 1만 년 전 인류가 수렵채집 생활을 하던 시대에서 근원을 찾을 수 있다. 그 당시 불안은 인간의 생존을 위해서 꼭 필요한 것이었다. 위험이 발생하면 대처하도록 신체가 반응한다. 예컨대 원시인류가 숲을 지나는데 뒤에서 뭔가 지나가는 것을 위협으로 느끼면 온몸의 기관으로 경고신호가 보내진다. 그러면 불안에 대처하는 데 필요한 심장박동의 기능이 최대한 작동한다.

또한 눈의 동공은 도망갈 장소나 공격할 위치를 찾기 위해 최대한 커지고, 싸움을 해야 할지도 모르므로 다리 근육에 산소가 공급된다. 이러한 몸의 반응은 원시인류의 생존에 가장 문제가 된 무서운 '맹수'들로부터 자신의 생명을 보호했다.

그다음은 '먹을 것'을 구하기 위해 자주 옮겨 다녀야 했다는 점이다. 잡은 사냥감을 최대한 신선하게 오래 먹을 수 있도록 관리하는 역할은 엄마들이 했다. 아빠가 사냥감을 던져주면 엄마는 '이것을 어떻게 먹어야 할까? 어떻게 하면 상하지 않게 보관할까? 어느 부분이 아이가 먹기에 좋을까?' 하는 걱정을 하고, 긴장 상태가 끊임없이 이어진다. '긴장'은 주의를 집중하게 하고, 신경이 곤두선 불안한 상태를 유지하게 한다.

엄마들의 걱정 덕분에 오늘날 한정식요리, 중국요리, 맛난 피자, 레스토랑 음식 등이 개발되었다. 이는 원시인류의 엄마가 이루어낸 성과였다. 엄마들의 머릿속에는 항상 '이것을 어떻게 하지?' 하는 생각이 있었다. 이런 엄마들의 유전자로 인해 아이를 키우면서 무슨 일이 생기면 '어떻게 해야 되지?'라는 문장이 자연스럽게 튀어나오고, 그 문제를 해결하기 위해 걱정을 한다.

그 이전, 태초에 여자가 생겨날 때부터 유전자에 뿌리 깊이 새겨진 '걱정의 본능'도 있다. 여자가 엄마가 되면서 갖게 되는, 종의 생존에 꼭 필요한 본능으로 '아이에 대한 불안'이다. 자연의 수많은 동물 중에서 상대적으로 무력한 인간의 아이가 성인이 되어 독립하기까지 전 생애에 걸쳐 모성의 무한한 보살핌 본능으로 나타난 것이 '불안'이다. 아기의 울음소리가 들림과 동시에 엄마의 몸에서 옥시토신이 분비되고 엄마의 뇌에는 '아기를 보호하는 것이 무엇보다 중요해!'라는 본능이 자리 잡고 있다. 남자가 보기에는 별거 아닌 일에도

　　　　　　　　　불안한 엄마 아빠 행복 레시피

호들갑을 떨며 불안해하는 모습으로 보일 수 있지만, 엄마의 뇌는 아기를 안전하게 키우는 것에 맞춰져서 위험한 것을 사전에 차단하려는 본능이 있다.

모든 엄마들이 불안해하는 것은 아니지만 한국 엄마들에게는 다른 나라 엄마들의 불안과는 다른 차원의 불안 유전자가 있다. 엄마들은 아이를 보면서 '너를 훌륭한 사람으로 만들기 위해 최선을 다할 거야, 엄마는 얼마든지 고생을 해도 괜찮아.'라고 생각을 해야만 '엄마'의 자격이 있다고 굳게 믿는다. 엄마들은 왜 그럴까?

대개 엄마들이 "그게 당연하지 않나?"라고 말하지만 결코 당연한 것이 아니다. 우리나라 엄마들은 아이를 위해서 희생해야만 자신이 존중받을 수 있다고 생각한다. 희생을 당연한 것으로 여기는 것은 사회문화적 가치관이 오랜 역사 속에 반복되면서 우리의 유전자 깊숙이 파고들어 있기 때문이다. 아이들도 자신들을 위한 엄마의 희생은 당연하게 생각한다. 우리나라 엄마들에게 아이는 단순히 보살핌의 대상이라기보다는 꼭 지켜야 할 고결한 존재이자 결혼의 결정체로, 아이를 지키는 것은 신성한 의무라고 여긴다.

우리 민족 최초 국가 고조선의 건국신화에서 웅녀는 원래 사람이 아니라 곰이었지만, 깜깜한 동굴에서 마늘과 쑥만 먹으면서 몸과 마음을 순결하게 하여 여자가 되었다. 그 몸으로 하늘 왕의 씨를 받아 단군왕검을 낳았다. 또한 고구려의 건국신화인 주몽신화에 따르면 유화부인이 햇빛을 받아 알 하나를 임신했는데, 그 알에서 주몽이 태어났다. 주몽의 첫째 부인인 예씨 또한 훗날 유리왕이 될 자신의 아들을 죽이려는 많은 간신들의 눈을 피해 목숨 걸고 아들을 지켜 냈다. 이처럼 우리나라의 건국신화에서 등장하는 어머니들은 하나 같이 목숨 걸고 아들을 지켜냈다.

반만 년 우리 민족의 삶에서 이런 신화 속 어머니상을 엿볼 수 있고, 이후 '희생하는 어머니는 존경받는다.'라는 관습이 되어 다른 나라에는 없는 효부상과 열녀비가 세워졌다. 우리나라의 이러한 관습은 지금도 '장한 어머니상'으로 그 명맥이 이어진다.

우리나라 엄마들은 자식이 하늘로부터 내려온, 잘 지켜야 할 존귀한 존재이다 보니 자식에게 결점이 생기면 자신이 잘 지키지 못한 것 같아 죄책감과 미안함을 느낀다. 그런데 아빠들은 아이를 자신의 '아바타'라고 생각을 해서 아이가 잘못을 하거나 결점이 있으면 엄마와는 달리 부끄러워하고 창피해한다. 그래서 아빠들은 아이가 실수를 하면 "어휴, 이 바보 같은 자식."이라는 말을 한다. 그런 맥락에서 아버지들이 자식들에게 가부장적이고 엄하게 하는 것이다.

최근 엄마의 불안한 마음

최근 엄마들과 옛날 엄마들 불안의 모습이 다르다. 최근 엄마를

불안한 엄마 아빠 행복 레시피

30~40대와 옛날 엄마 50~60대로 구분해본다. 옛날 엄마들은 '내가 이렇게 하는 것이 옳을까?' 또는 '내가 이런 행동을 했을 때 아이는 어떻게 될까?' 하는 식의 양육방식에 대한 불안은 거의 없었다. 돈이 없어 잘 못 먹이고 학교 공부를 못 시킬까 봐 걱정한다. 최근의 엄마들은 막연하게 육아에 관한 모든 일에 불안해서 절절맨다. 그러다 보니 시어머니나 친정어머니 세대인 옛날 엄마와 최근 며느리 사이에 갈등이 많다. 시어머니 입장에서 며느리의 행동을 보면 이해가 안 된다.

자식에 대한 걱정은 언제나 있었지만 지금만큼은 아니었다. 옛날에는 설사 틀린 방법을 사용하더라도 자신의 육아방식에 대해 '확신'이 있었으며, 회초리로 아이를 때리면서라도 잘 가르치려고 했기 때문에 불안해하지 않았다. 최근 엄마들은 옛날보다 훨씬 많이 배우고, 수많은 책과 정보를 통해 더 나은 육아기술을 알고 있지만 자신의 육아방식에 대한 확신이 없다. 최근 엄마들은 육아에 대해 무엇을 기준으로 삼아야 할지 잘 몰라서 육아 스트레스나 우울증을 많이 겪고 있고, 최근 아이들 또한 엄마의 영향을 받아 옛날 아이들보다 우울증이나 스트레스가 많아졌다.

왜 최근 엄마들이 더 불안해할까? 최근 엄마들의 불안은 '86 아시안 게임'과 '88 서울 올림픽'을 기점으로 우리 사회의 환경이 급속도로 변하기 시작한 때부터이다. 대학 캠퍼스에서는 반바지를 입는 남자 대학생이 나타나고, 여자 대학생이 담배를 피우는 장면이 목격되었다. 그 시점에서 우리나라에 '관광사업법'이 폐지되고 '관광진흥법'이 공포되면서 외국 관광객을 유치하기 위해 해외여행 자율화 조치가 시행되었고, 내국인도 해외여행을 자유롭게 할 수 있게 되었다.

이때부터 방학이 되면 아이들이 해외여행을 가기 시작했고, 또한 사람들의 생각도 매우 빠르게 바뀌기 시작했다. 1990년대 초에 PC통신이 유행했고, 1994년에는 한국통신이 인터넷 계정 서비스를 개시하면서 인터넷 사용이 대중화되었다. 엄마들은 각종 인터넷과 통신망의 글을 보면서 아이를 키우기 시작했다. 이와 같이 갑작스런 사회의 변화와 최근 엄마들의 육아 불안은 상관관계를 갖고 있다. 갑자기 밀려들어온 방대한 정보는 엄마들로 하여금 걱정과 불안을 더 많이 하게 만들었다.

옛날 엄마들도 아이를 끔찍이 사랑했다. 문제는 새로운 육아방식의 이론이다. 이론은 오랫동안 관습처럼 여겼던 이전 세대들의 것들이 모두 그릇되고 틀렸다고 평가하고 있다. 그러니 기존에 옳다고 믿어왔고 익숙했던 육아방식과, 자신이 자라오며 겪은 수많은 경험이 모두 잘못되었으니 당장 바꿔야 한다는 것이다. 최근 엄마들이 예전보다 아이를 현저히 적게 낳는 현실에서 이런 정보들이 쏟아져 나오니 당황해하며 한번도 해보지 않은 새로운 방식으로 아이를 키우려고 한다. 세계적인 육아 권위자들이 말한 최선의 방법으로 아이들을 키우려 한다. 이상한 점은, 검증된 그들의 방식대로 아이를 키우는데도 최근 엄마들은 점점 더 불안해진다는 점이다. 그 이유

불안한 엄마 아빠 행복 레시피

가 뭘까?

새로운 방식으로 아이를 키우는 것이 머리로는 가능하지만 몸의 유전자가 새로운 방식을 받아들이지 못하고 있기 때문이다. 어린 시절부터 이어 내려오던 육아방식이 이미 최근 엄마의 몸에 배어 있어 새로운 방식이 왠지 어색하고 '확신'이 가지 않는 것이다. 그 이론들이 아직 깊이 스며들지 못하고 있다. 오랫동안 옳았다고 믿어왔던 방식을 변화시키려면 그 방식에 대해 충격도 받아야 하고, 거부도 해야 하고, 충분히 논의도 거치면서 생각이 조금씩 변화되고 바뀌는 과정이 있어야 한다. 그래야 이론이 자연스럽게 몸에 내재화된다. 그런 과정 없이 단지 결과만 받아들이고 '팁'만 알려고 하는 식이면, 왜 그렇게 해야 하는지에 대한 확신이 없기 때문에 불안해지고, 상황이 조금만 바뀌어도 어떻게 해야 할지 모르는 상황이 벌어진다.

엄마가 아이를 키우는 것은 본능이고 감각이다. 수박 겉핥기 식으로 몇 가지 원칙만을 가지고 실제의 육아 현장에 적용하기는 힘들다. 요리를 전혀 못하는 주부가 아주 간단한 요리책을 보고 요리를 만들어야 할 때의 곤혹스러움과 같다. 최근 엄마들은 육아의 이론과 핵심을 보면서 "그래서 다음에는 어떻게 하는 거지?" 하고 되묻는다. 그 해답을 구하기 위해 인터넷 속에서 자신과 같은 고민을 가진 동우회도 만들지만 그 해답은 어디에도 없다. 자신이 스스로 터득해야 한다는 사실을 깨닫게 된다. 그러니 최근 엄마들은 옛날 엄마들보다 더 불안하고, 그 불안이 심해져 우울증이 올 수도 있음을 알아야 한다.

현재 우리나라에서 최선이라고 알려진 다양한 육아 이론들은 서양에서 처음 등장할 때 한동안 논란이 있었고, 많은 사람들이 그 이론에 동의하기까지 오랜 시간에 걸쳐 논의 끝에 정착된 것이다. 많은 전문가들이 부르짖은 '아동 존중'은 서양에서 이미 17세기 교육사상가 쿠메니우스가, 18세기 교육사상가 루소가 강조한 것이다. 그 후 몇백 년 동안 '아동 존중'에 대한 논의를 해왔고, 그 사상이 뿌리를 내려 내 아이는 물론 다른 아이들까지 존중하는 것이 자연스러워졌다. 그들은 실생활에서 아이를 존중하는 육아방식을 스스로 느끼게 되었다. 아이의 인격을 존중하여 절대 체벌하지 않으며, 아이의 자유의지를 존중하는 것이 무엇보다 중요하다는 것도 알게 되었다.

우리는 아직 그 단계에 오지 못했다. '아이를 존중해야 한다.'라는 말에는 동의를 하지만, 마음에 확 와닿지는 않는다. 자신이 존중받으며 자라지도 않았고, 다른 아이들 역시 존중받는 모습을 보지 못했다. 아이를 존중한다는 것은 하루아침에 되는 것이 아니라 오랜 기간 피부로 받아들여져 나의 삶에 하나의 가치관으로 정립이 될 때 아이를 존중하는 행동이 생활화된다.

최근 엄마들은 아이들을 잘 키우고 싶은 마음은 있지만 오랜 시간 동안 서서히 체득해야 할 철학이 부족하다. 마치 중학생이 학원도 다니고 참고서 공부도 하지만 그것은 단지 시험을 보기 위한 단편적인 지식일 뿐, 과학적인 사고로는 이어지지 않는 것과 같다. 요즘 엄마들은 육아에 대해 아무리 많이 공부를 해도 얄팍한 지식에 불과하여 금세 잊어버린다. 육아교육에 대해 오랜 시간 자연스럽게 몸으로 내재화된 것이 아니라서 적용이 어렵다. 적용을 한다고 해도 '확신'이 없어 불안하다.

불안의 뿌리는 욕심

옛날 엄마들은 먹고살기 바빴기 때문에 모여서 육아 이야기를 주제로 나눌 시간이 없었다. 최근 엄마들은 옛날에 비하면 육아나 교육에 관한 이야기를 많이 나누는 편인데 이것이 오히려 불안을 초래한다. 아는 것이 별로 없는 엄마든, 조금 알고 있는 엄마든, 모두 정체성의 확립이 없는 상태에서 이야기를 나눌 뿐이다. 그래서 불안이 전염되고 가중되는 것이다.

옛날에 시험만 봐서 대학을 갈 수 있던 시대의 사람들은 잘 모르지만, 지금은 입시제도의 급격한 변화를 피부로 느끼는 시대에 살고 있다. 초등학교 때부터 대학입시를 준비해야 한다. 입시제도의 변천으로, '국문학과에 가려면 어릴 때부터 독후감이나 일기 쓴 것을 모두 모아 포트폴리오로 만들어 제출해야 하는 입학사정관제도'가 있다. 그 후 '학생부 종합전형'이라는 제도가 생겼다. 이런 내용을 처음 들어보는 엄마들은 '입학사정관제'나 '학생부 종합전형'이라는 말에 무척 당황해한다. 자신의 딸이 현재 초등학교 6학년인데 아직 이런 준비를 전혀 하지 않고 있다. '자신은 이런 것도 모르고 아무것도 안 시켰다.'라는 죄책감, '내가 뭘 몰라서 우리 아이에게 기회를 못 주는 것 아닌가.' 하는 미안함, '우리 아이도 저런 것을 시켜야지.' 하는 욕심이 동시에 몰려든다. 이런 죄책감, 미안함, 욕심이 커질수록 엄마에게는 걱정과 불안이 가중된다.

우리나라 엄마들은 아이를 대할 때 욕심, 죄책감, 미안함을 느끼는데, 그중에서도 가장 큰 불안을 만드는 것은 욕심이고 집착이다. 내가 갖고 싶은 것, 성취하고 싶은 것, 이루고 싶은 것을 아이가 이루면 좋겠다. 공부를 못해 한이 맺힌 사람은 아이가 공부를 못하면 불안해한다. 마치 자신처럼 불행해질까 봐 걱정하지만, 아이와 자신을 분리시키지 못하는 것이 원인이다. 욕심은 자기 확신이 없을 때 나타난다.

불안은 정체성 혼란을 야기

어떤 일을 할 때는 그 일에 집중을 해야 한다. 상담을 할 때라면

'상담' 이외에는 다른 생각을 자제해야 한다. 만약 생각이 난다고 해도 다른 생각은 잊고 상담에 집중해야 한다. 그것이 상담자로서의 역할이고 내담자를 대하는 모습이다. 상담을 시작하는 순간부터 '나는 상담사'라는 정체성을 가질 뿐, '집안일'에 대해 걱정한다든지 '오늘 누구와 약속을 했지?' 하는 생각은 잠시 잊어야 한다.

물론 '상담사' 안에는 상담사라는 정체성만 있는 것이 아니라 아빠, 엄마, 시아버지, 시어머니, 며느리, 딸 등 여러 가지 정체성이 공존하고 있다. 각각의 내 모습을 바라볼 때 하나도 어색하지 않아야 한다. 상담을 할 때는 내담자의 이야기를 듣고 보듬어주고 해결하지만, 가장으로서의 역할을 할 때는 거기에 충실해야 한다. 어느 때는 집에서 마냥 퍼져 있기도 한다. 나만의 시간을 갖고 사색을 하기도 한다. 특별한 일이 없을 때는 건강을 위해서 등산도 해야 한다. 어떤 사람은 헬스, 쇼핑, 음악 듣기, 독서 등을 할 수 있다. 이런 모습들로 산만하지 않게 살아가는 것이 정체성이다. 내가 나에 대해 갖는 모든 감정이 하나로 통합되어 그 모든 것이 편안하게 느껴져야 한다. 내가 지금 하는 모습과 조금은 어설픈 나의 모습이 서로 충돌을 일으켜 내 안에서 불안을 야기하게 된다. 이것이 바로 정체성의 혼란이다. 최근 엄마 아빠들의 정체성은 어떠한가?

직장에서 인정받았던 여자가 어느 날 아이를 낳고 엄마가 되는 순간 정체성의 혼란을 겪게 된다. 내 자존감의 핵심은 '능력 있는 사람'인데 엄마가 되면서 자존감을 유지하기가 힘들어진다. 자신이 바라는 모습과 현실의 모습의 차이가 불안이다. 옛날 엄마들은 이런 정체성의 혼란이 적었다. 엄마라는 정체성이 가장 중요했기 때문에 집에서 살림하든, 직장생활을 하든, 아이들 밥을 굶기지 않기 위한 역할이기에 불안감이 없었다. 최근 엄마들은 정체성에 대한 혼란을 겪으면서 자신이 어디서 서 있는지에 대해서조차 확신이 없다. '아이를 위해 인생을 송두리째 희생할 수는 없다.'라고 생각도 하고, '아이를 더 잘 키우고 싶다.'라고도 생각한다. 아이를 위한 책 한 권을 고를 때도 이 책 저 책 평을 읽는다. 아이를 잘 키울 수 있는 육아법에 대해서도 누구보다 열심히 공부한다.

그런 와중에 '나라는 존재는 뭘까? 엄마가 되면서 나 자신을 잃어버리는 것은 아닐까?'라는 생각도 한다. 엄마의 무의식 안에는 말로 설명하기 어려운, 아이에게 100% 희생하는 것에 대한 저항감이 존재한다. 최근 출산율이 어느 때보다도 저조한 것은 이런 이유가 바탕에 깔려 있다.

앞서 언급한 문호개방으로 다양한 국가에서 정보가 쏟아져 들어왔다. 한쪽에서는 여성도 자아성취를 위해 사회에 진출을 해야 한다고 말하고, 다른 한쪽에서는 엄마가 아이에게 주는 영향력은 무엇과도 비교할 수 없으니 엄마가 키워야 한다고 말한다. 이 두 가지 측면을 1990년대 초반 부모 교육 프로그램, 각종 자녀 교육 서적, 육아 잡지 등에서 홍수처럼 광고를 했다. 모두 맞는 말이지만, 갑자기 정보를 받아들여서 이를 통합하고 자기 것으로 받아들이기에는 힘들었다. 최근 엄마들은 자신의 정체성이 확립되지 않은 채, 자기도 찾아야 하고 아이도 잘 키워야 할 것 같은 이중고에 시달리고 있다. 이것이 불안을 가중시키고 있다.

사실 아이를 먹이고, 놀아주고, 가르치면서, 자아실현까지 한다는 것은 거의 불가능하다. 이로 인해 무의식적으로 생겨나는 불안을 인식하지 못한다. 갈수록 힘들어지는 육아로 '내가 지금 뭘 하고 있나?' 하는 생각도 하게 되고, 아이를 보면 화가 나서 소리를 지르고 싶기도 하지만 그러지도 못하다 보니 엄마들에게는 욕구불만이 생긴다. 자아실현을 위해 회사에서 열심히 일하고, 집에 돌아오는 길에는 '우리 엄마는 나를 위해 평생 희생했는데, 나는 아이한테 이렇게 해도 되나?' 하는 생각도 든다. '퇴근 후에는 정말 좋은 엄마가 되어야지' 하고 생각하다가 회식을 하면 다시 회의가 든다. '나는 아이와 직장 중 어떤 것이 중요하지?' 하는 생각이 문득문득 떠오른다. 엄마 역할만 하다 보면 나를 잃어버리는 것이 아닌가 하는 생각으로 불안해진다. 육아도, 자기 자신에 대한 일도, '확신'이 서지 않아 불안한 것이다.

자녀 교육에 있어서 유태인만큼 잘하는 나라가 없다. 그들의 가정교육은 우리가 생각하는 조기교육이 아니다. 유태인들은 떠돌이 생활을 많이 했기에 고정된 학교에 다닐 수 없는, 특수한 상황에 놓여 있다. 그러다 보니 아이와 가장 오랜 시간을 보내는 엄마가 아이의 교육을 담당할 수밖에 없는 것이 습관화되어 있다. 유태인 엄마들은 아이에게 가정과 사회의 기본질서와 예의범절에 필요한 유태 민족의 언어, 역사, 문화, 가치관 등 유태인의 정체성을 가질 수 있는 체계적인 교육을 시킨다. 유태인의 교육은 오랜 세월 유태 민족을 지키고, 세계적인 인물을 탄생시키는 데도 크게 기여를 했다. 유태인의 인구는 세계인의 약 0.05%인데 세계 노벨상 중 약 22%를 받는다고 한다. 유태인 사회에서 아이가 태어나면 부모는 부모 역할을, 아이는 자신의 역할을 충실히 하는 것이 습관화되어 흔들리지 않는 정체성과 가치관을 갖고 있다.

우리의 교육과 유태인들이 확실히 다른 점은 '질문'을 자유스럽게 한다는 것이다. 호기심이 있어야 질문을 할 수 있고, 질문을 통해서 서로의 생각의 차이를 좁힐 수 있어 갈등을 줄이는 데 아주 효과적이다. 유태인 엄마들은 직장을 다니다가 아이를 낳으면 어떻게 할까? 남편이 돈을 잘 벌면 직장을 과감히 그만두고 육아에 '올인'한다. 한국 엄마라면 아까워했을 만도 하지만 유태인들은 아이 교육이 절대적으로 우선이어서 일을 그만두는 것에 대해 별로 고민을 하지 않는다. 유태인 엄마들의 핏속에는 그런 것들이 몸에 배어 있어 아이를 키우고 교육시키는 것에 대한 확신으로 가득 차 있다. 아이가 태어나는 순간 이들은 엄마의 정체성의 영향력을 강하게 받는다. 하지만 여자가 아이를 낳게 되면 여러 가지 정체성 중에 하나만을 선택해서 해야 한다는 것은 아니다. 여러 가지 중에서 한 가지만 선택하는 것보다 여러 가지를 통합할 수 있어야 한다. 혼자 사는 세상이 아닌 한 누구도 한 가지 정체성만 갖고 살아가는 것은 불가능

불안한 엄마 아빠 행복 레시피

하다. 나의 정체성의 통합은 '직장에 있을 때', '아내로 있을 때', '아이를 돌볼 때'의 나의 모습이 편안하게 수용될 수 있어야 한다. 최근 엄마들이 왜 정체성의 통합을 힘들어 할까?

이런 엄마들은 대개 뭔가 채워지지 않는 욕구와 현실의 충돌로 자아의 균형이 깨져 있기 때문이다. 본능적인 욕구와 현실의 조율, 이것이 자아의 기능인데 이것이 잘 안되면 괴롭다. 정체성 통합이 잘 안되는 엄마들은 역할이 바뀌거나 추가되는 것에 불안을 느끼는데, '미혼이었다가 기혼이 되는 것', '직장이 없다가 생기는 것', '아이가 없다 생기는 것' 등의 역할 변화가 있을 때 매우 힘들어 한다. 자아 기능이 좋은 사람은 자기에게 주어진 시간이나 노동력에 맞춰 어디에 어느 정도의 에너지를 쏟아야 할지에 대한 배분이 자연스러운데, 이것이 잘 안되는 사람은 자아정체성에 혼란이 온다. 청소년기는 사춘기 때 정체성 혼란이 온다. "나는 누구지? 언제까지 엄마 아빠한테 종속되어 살아야 하지?" 한다. 40대 엄마 아빠들도 정체성 혼란이 온다. "이 사람과 살아야 하나?", "이 직장에 계속 다녀야 하나?" 청소년기의 사춘기와 40대 엄마 아빠들의 사춘기는 모두 힘든 시기다.

자아의 조절 기능이 약할 때는 의도적으로 자아의 기능을 깨워야 한다. 자신에게 '나는 누구인지?'의 질문을 수시로 던져라. 전문가에게 상담을 받든, 책을 읽든, 현실과 본능적인 욕구를 조절하든 자아 기능을 강화시켜야 한다. 다음으로, 너무 지나치게 완벽하려고 하지 말고 자기 자신한테 조금 너그러워져야 한다. 역할이 적을 때는 자아가 그런대로 기능을 잘하다가, 역할이 많아지면 조절이 안되어 혼란스럽고 불안해진다. 그럴 때는 자신에게 지나치게 철저한지를 살펴보고 내려놓을 것은 좀 내려놓아야 한다. 회사 일을 잘하던 사람이 아기가 생기면 이전만큼 일을 못하는 것은 당연하다. 일에서 낮아진 자존감을 아이를 키우면서 행복감으로 보충해야 한다. 도태나 상실로 받아들이면 안 된다.

슈퍼맨 키우려는 40대 엄마, 질투심에 사로잡힌 30대 엄마

옛날 60~70대 엄마들은 어린 시절부터 "여자가 무슨 공부를 해?"라는 말을 들으면서 자랐다. 공부에 한이 맺혀서 '내 자식은 누구보다도 열심히 가르칠 거야.'라는 생각을 하고 딸도 공부를 시켰다. 이들의 딸인 30~40대 여성들은 남자 형제와 같은 조건에서 대학을 나온 사람이 많다.

문제는 40대 엄마들이 대학을 졸업하고 세상에 나왔지만 사회가 아직 변하지 않은 것에 좌절하게 된다는 점이다. 사회는 여전히 남자 중심의 사회다. 건축설계도 배우고 건축사 자격증도 있지만 남자 건축사처럼 일을 주지 않는다. 남자보다 훨씬 똑똑해도 승진을 시키지 않고 만년 사원이다. 실력은 있지만, 사회의 벽은 넘을 수 없다는 것을 인식하고 자녀에게는 이런 불이익을 겪지 않게 하겠다고 맹세한다. 그래서 자녀들을 서양에 유학을 보내서 경쟁력을 키우기 위한 지원을 아끼지 않았다. 영어를 못하면 영어 과외를 시키고, 치아가 고르지 않으면 교정도 해준다. 능력은 있지만 사회에서 인정받지 못했던 자신의 설움을 내 아이만큼은 당하지 않게 하기 위해 자신의 아이가 슈퍼맨이 되길 원했다. 여기서 나온 말이 '엄친딸', '엄친아'다.

아이가 운동을 못해서 체육 점수가 낮게 나오면, 40대 엄마들은 "너 체육 때문에 내신 안 나온다."라고 말한다. 내 아이가 모든 부분에서 최고가 되어 어디에 내놓아도 경쟁력 있는 아이가 되기를 바란다. 공부도 잘하고, 얼굴도 예뻐야 하고, 노래도 잘하고, 옷도 잘 입고 다녀야 한다. 하지만 엄마가 이러한 태도를 가진다 해도 어떤 사람이 이 모든 것을 만족시킬 수 있겠는가? 이런 엄마 때문에 자신의 장점이 있음에도 불구하고 아이는 자존심이 낮은 사람으로 자랄 위험이 높다. 40대 엄마들이 자신이 부모로부터 받지 못해 생긴 결핍을 아이에게 물려줄까 죄책감이 느껴져 불안하다 보니 더욱더 아이의 경쟁력에 집착한다.

그렇다면 30대 엄마들은 어떠한가? 이들은 비교적 윗세대의 엄마들에 비해 큰 시련이 없이 풍족하게 자랐다. 30대 엄마는 어릴 때 유복하게 자랐기 때문에 결혼해서 그런 유복함이 없다는 점을 힘들어 한다. 그 유복함을 유지하려면 친정이나 시댁의 도움을 받을 수밖에 없는 상황인데, 그런 도움을 받으려면 친정이나 시댁의 잔소리를 들어야 한다. 대부분 부모가 자식을 도와주게 되면 자식은 '이렇게 살아야 한다, 저렇게 살아야 한다, 돈 좀 아껴 써라.' 등 잔소리를 들어야 한다. 30대 엄마들은 그 잔소리를 듣고 싶지도 않고, 유복함도 포기할 수 없어 불안이 많다. 둘 중에 하나는 포기를 해야 하는데 욕심 때문에 그러지를 못하고 있다. 아이들에게도 자기가 받은 것보다 더 많이 해주고 싶지만, 그럴 능력이 안 되기 때문에 짜증을 낸다. 30대 엄마들은 그 짜증을 투사할 대상을 찾고 있다가 누군가 자기보다 잘산다는 이야기를 들으면 질투가 난다.

  30대 엄마들이 느끼는 불안의 근원은 대개 질투다. 질투는 열등감으로 불안을 초래한다. 친구가 "영어를 잘 가르치는 학원이 있는데, 그 학원은 1년 치 비용을 선납해야 한다."라는 말을 해주면, "뭐 그런 학원이 다 있어?"라고 비난하면서도 자신은 형편이 되지 않아 그 학원에 보내지 못하는 것에 대해 질투심을 느끼고 또 한편으로는 불안해진다. 그 불안한 마음을 투사할 대상은 바로 남편과 시댁이다. "옆집에 영수 아빠는 연봉이 1억인데 당신은 뭐야? 당신이 능력이 부족하면 시댁이라도 잘살든지. 내 친구 시댁은 수시로 용돈을 주신다는데, 우리 시댁은 돈이 있으면서도 애들 영어 학원비 한 번 안 대주고 무관심한지 몰라."하면서 남편한테 짜증을 낸다. 이런 엄마들은 남편한테 돈을 못 벌어 온다고 구박을 하면서 퇴근시간만 되면 몇 시에 들어오느냐고 전화한다. 오늘 야근한다고 하면 "당신은 늘 야근이잖아." 하면서 칭얼댄다. 30대 엄마들은 남편에게 돈을 많이 벌어 올 것을 요구하면서 동시에 육아도 같이하기를 원한다.

40대 엄마들은 살림을 하면서 아이를 키우는 것을 당연시하여 그다지 힘들어 하지 않았고, 오히려 남편이 참견하지 않는 것을 편하게 생각하는 세대다. 육아는 내가 알아서 할 테니 남편은 밖에서 돈이나 많이 벌어 오기를 원한다. 반면 30대 엄마들은 보살핌을 충분히 받고 자란 세대여서 혼자 살림하는 것을 힘들어 한다. 40대 엄마들은 엄마가 바쁠 때 스스로 도시락을 싸고 동생도 돌보면서 성장을 했지만, 30대 엄마들은 대부분 보살핌을 받아만 봤지 스스로 해본 경험이 없어 문제해결능력이 결여되어 있다. 이들은 자녀 교육 방송을 보면서 '좋은 엄마가 되어야지.'라고 매일 맹세를 하지만, 막상 하려고 하면 몸이 따라주지 않는다. 어떤 엄마들은 심하게 말하면 자기가 낳은 아이도 무서워서 잘 안지 못하는 엄마들도 있다. 친구들을 만나면 명품육아를 외치는데, 현실적으로 남편의 월급으로는 감당을 할 수 없다.

30대 엄마들은 대학은 나왔지만 수입은 기대에 못 미쳐서 결혼 전보다 풍족하지 못한 자신의 상황에 대하여 화가 나고, 특히 우리 아이가 다른 집 아이의 먹는 것, 입는 것, 배우는 것보다 못하면 질투심이 난다. 이러한 질투심은 30대 엄마들이 갖고 있는 불안의 가장 큰 원인이다.

- 아이에게 문제가 생기면 자신이 잘못 키웠나 하는 죄책감과 미안함이 있는 엄마
- 아빠는 아이를 자신의 아바타로 생각하고 아이의 문제를 부끄럽고 창피하게 생각. 창피함의 불안을 숨기기 위해 "바보 같은 놈." 하면서 아이를 공격하게 됨
- 50~60대 엄마들은 아이에 대한 확신이 있어 불안이 거의 없음
- 최근 엄마들은 다양한 정보와 지식만 있을 뿐 몸에 체화가 되지 않아 불안

불안한 엄마 아빠 행복 레시피

03

아이 문제를 걱정하지 않는 것처럼 보이는 아빠

하나씩만 문제해결을 하는 아빠의 본능

엄마들은, "남자들은 원래 걱정하지 않는 사람들"이라고 말한다. 아빠들은 자기 아이의 문제인데도 남의 집 아이의 얘기처럼 듣는다. 하지만 아빠라고 어찌 자식 걱정이 안 되겠는가. 아빠도 인간의 감정에서 예외일 수 없다. 아빠라면 당연히 걱정할 만한 문제인데도 걱정하지 않는 태도로 반응하는 것은 그 자체가 '불안'이다.

아빠들의 '불안'을 이해하기 위해서는 앞에서 언급했던 원시인류의 삶으로 거슬러 올라가야 한다. 엄마들은 아빠들이 던져준 사냥감을 가지고 "고기는 어떻게 하고 껍데기는 어떻게 할까, 가죽은 어떻게 할까, 뿔은 어떻게 할까?" 궁리를 하다 보니, 유전자에 '걱정'이 있다. 아빠들은 오래 생각하거나 이리저리 궁리를 하지 않는다. 원시인류의 아빠들은 사냥의 목표물이 정해지면 화살을 쏘든지 도끼를 던져야 한다. 그 순간에 너무 오래 생각하면 눈 깜빡할 사이에 사냥감이 도망가기 때문에 순간적으로 결정해야 한다. 원시인류의 아빠 엄마의 차이는 오늘날 일상의 생활에서도 극명하게 나타난다. 엄마는 백화점에 쇼핑을 가면 여기저기 매장을 돌아다니며 다른 브랜드의 상품과 비교도 한다. 아빠들은 마음에 드는 것을 고른 후 백화점을 나온다.

이처럼 원시인류 남자들은 생존을 위해 가장 필요했던 사냥과 싸움을 위해 밖으로 끊임없이 돌아다니는 본능을 가졌다. 원시인류의 후예인 우리의 아빠들도 이러한 본능이 있어 사냥이나 싸움에서 무조건 이겨야 살아남는다는 유전자가 있어 '자신과 생각이나 의견이 다른 사람은 적으로 간주하고 대립'한다. 사냥과 싸움의 본능으로 인해 다른 사람에게 자신이 모르는 것을 인정하기 싫어하고 자존심 상해한다. 적에게 자신의 약점을 노출하면 싸움에서 지는 원인이 될 수 있다. 또한 자신이 사냥꾼으로서 자격이 부족하다는 것을 인정하는 꼴이 되기 때문이다.

아빠들이 운전할 때 길을 찾지 못할 경우 누군가에게 물어보는 것을 꺼려하는 것은 유전자에 사냥꾼이라는 정보가 들어 있기 때문이다. 사냥꾼이 누군가에게 방향을 물어본다는 것은 사냥을 하는 데 적절한 능력이 없다는 것을 드러내는 것이다.

사냥감만 보고 단숨에 처리하는 아빠들은 주의력이 떨어진다. 주의력은 무엇에 집중할 때만 필요한 능력이 아니라 체계적으로 계획을 세우고 우선순위를 결정해 다양하게 처리하는 데 필요한 능력이다. 엄마들은 사냥감을 여러 가지 방법으로 처리해야 하기 때문에

불안한 엄마 아빠 행복 레시피

아빠들보다 주의력이 발달되어 있다. 아빠들에게는 딱 하나만 처리하는 유전자가 있어 여러 일을 동시에 처리하는 것이 힘들다. 회사일이 정리가 안 된 상태에서 퇴근을 했다면, 몸은 집에 와 있지만 머리는 계속 회사에 있다. 이때 아내가 "여보, 요즘 철수가…"라는 말을 해도 그 말에 집중이 안 된다. 두 가지 일을 동시에 처리하는 능력이 부족하다. 이것을 이해 못하는 엄마는 아빠가 아이에 대한 사랑이 부족해 건성으로 대답한다고 생각한다. 이 점은 남자들이 무척 억울해하는 부분이다.

사냥꾼의 유전자를 물려받은 아빠들의 뇌는 오랜 시간을 거쳐 문제해결 중심으로 발달했다. 여자와 남자의 뇌 구조는 각각 다르다. 보통 여자들은 전두엽이 더 발달되어 있어서 조직적이고 계획을 잘 세운다. 남자들은 사회생활을 많이 하기 때문에 조직적으로 생각하기 쉬우나 여자보다 덜 조직적이다. 여자는 좌뇌가 발달되어 논리 지향적이고, 세부 지향적이며, 언어 기능이 뛰어나고, 사물의 이름을 잘 기억하고, 현실적이며 안정 지향적인 선택을 한다. 남자들은 우뇌의 기능이 우세하여 문제해결능력, 기계를 만지는 능력, 공간지능능력, 사물의 인지능력, 충동적이고 위험을 감수하는 능력이 발달되어 있다. 모든 남자와 여자의 뇌가 이런 것은 아니고, 여자지만 남자의 뇌를 가진 사람이나 남자지만 여자의 뇌를 가진 사람, 그리고 균형 있는 뇌를 가진 사람도 있기 때문에 이는 절대적인 차이가 아니라 상대적인 차이를 말한다.

이러한 뇌의 특징으로 인한, 남자들의 걱정하지 않는 태도는 오해를 받을 수 있다. 남자의 뇌는 문제해결 본능이 강하기 때문에 문제가 발생하면 "Yes", "No"라고 답을 하려는 경향이 있다. 여자의 뇌는 감성적인 측면이 강하기 때문에 문제해결보다는 공감으로 불안한 마음을 알아주기를 원한다. 남자는 문제가 발생하면 해결할 수 있는 것인지 아닌지부터 따져보지만, 여자는 문제해결보다는 그 문제에 대하여 감정을 나누는 대화를 원한다. 부부갈등은 시댁 문제와 연관된 것이 많다. 남자는 시댁과 관련된 문제는 아무리 얘기를 해도 자신이 해결할 수 있는 문제가 아니라는 것을 알고 있다. 그래서 "그만해." 하고 말을 못 하게 한다. 아내의 말이 아무리 옳더라도 어머니와 단절을 할 수가 없기 때문에 시댁에 대한 대화를 나누는 그 자체를 싫어한다. 하지만 아내의 감정을 조금만 읽어주어도 생각보다 쉽게 문제가 해결되는 경우가 많다. 아내가 "오늘 어머니랑 이런 일이 있었어."라고 말할 때 남편이 "당신이 오늘 많이 힘들었겠다. 우리 엄마는 원래 좀 까칠해. 나도 어떻게 할 수가 없어. 당신이 좀 이해해줘."라고 말을 해주는 것만으로 아내의 불안은 사라진다. 남자들은 이것을 왜 힘들어 할까?

아빠들은 문제해결 본능으로 인해 '내가 모르는 분야'에 대해서 이야기하는 것을 싫어하고, 모르는 것을 인정하거나 그것을 알기 위해 누군가에게 물어보는 것을 자존심 상하는 일이라 생각한다. 자신이 모르는 분야의 문제가 나오면 가르쳐달라고 하기보다 "그건 문제가 아니다."라고 말한다. 최근 아빠들은 옛날 아빠들에 비해 육아나 가사를 함께하는 편이지만 유전자의 본능으로 '보살핌이 엄마보다 부족'하며 아이와 보내는 시간이 '엄마에 비해 턱없이 부족'하고, 또한 '육아의 기술'뿐 아니라 '아이에 대한 단순한 정보도 부족'하다 보니 아이에게 문제가 생겨도 "괜찮아, 원래 아이들은 그러면서 크는 거야."라고 말한다. 남자들은 모르는 분야이기 때문에 두려움으로 대화를 빨리 끝내고 싶어 한다. 이런 남편의 행동을 이해 못 하는 아내들은 십중팔구 "괜찮긴 뭐가 괜찮아. 자기 자식 일에 그렇게 관심이 없어?"라며 남편을 감정적으로 비난한다.

아빠들의 불안은 고집으로 표현

아빠들은 아이에게 문제가 생기면 "괜찮다. 그냥 둬도 잘 큰다."라는 말을 자주 한다. 실제로 편안해서 그럴까? 아빠들은 정말 아무런 조치를 취하지 않고 두어도 아이가 잘 클 거라는 확신이 있어서 그런 걸까? 아마 아닐 것이다. 불안하고 걱정스러운 마음을 잊기 위해, 뾰족한 대책도 없이 그저 "잘될 거야."라고 말하는 낙관주의다. 자신에게 최면까지 건다. '잘되겠지.'라고 하는 것, 불안의 주제를 다루고 싶지 않은 그 마음이 아빠의 '불안'이다. 결국 아빠들은 그것 때문에 가정에서 궁지에 몰리게 되고 술자리만 좋아하는 아빠로 낙인찍힌다.

우리나라 아빠가 갖는 불안의 본질은 무엇일까? 아빠들은 "내가 잘못 생각했네. 내 생각이 틀린 것 같아."라는 말을 하지 않는 '고집' 이 있다. 우울증이 있는 아내가 있다. 아내는 우울증으로 집에서 아무것도 하기가 싫다. 이들은 주말부부인데 어쩌다 남편이 집에 돌아오면 집안은 난장판이다. 냉장고에는 몇 년이 지난 것들이 꽉 차 있다. 애들은 음식을 밖에서 시켜 먹고, 그 쓰레기는 여기저기 널려 있다 못해 쌓여 있다. 이것 때문에 아내와 많이 갈등을 일으킨다. 아내는 지금까지 너무 많이 했기 때문에 지쳐서 더 이상 할 수 없다고 한다. "당신, 치우든지 알아서 해."라고 한다. 남편은 다른 것은 아무 것도 바라지 않는다. 냉장고 정리, 그리고 음식물 쓰레기를 쌓아두지 않고 버리는 것이다. 서로가 주장만 하지, 양보는 하지 않는다. 드디어 아빠는 화가 치밀어오르는지 소리를 지르고 만다. 아내를 남겨두고 상담실 문을 꽝 닫고 나가버린다. 아빠들의 이런 태도는 '고집'이고 '회피'다. 그 바탕에는 집안의 문제는 자신에 대한 흠이고 열등감이며 자신에 대한 공격이라고 생각하는 것이 아빠들의 본능이다. 이처럼 아빠들은 우리 가정에서 일어나는 일은 나의 책임이고 흠이라고 생각한다. 문제가 발생해도 그 문제를 아이나 가족의 입장에서 생각하지 않는다. 아이와의 관계에서 자꾸 대립하는 이유는 아이 문제를 아이 입장에서 생각하지 않고, 자신의 입장에서 생각을 하기 때문이다. 아빠들은 아이에게 문제가 있다는 소리를 들으면 자존심 상해하고 기분 나빠한다. 어느 날 아내가 "학교 선생님이 그러는데, 영수가 학습도 부진하고 산만해서 정신과 진료를 한번 받아 보라고 하던데."라고 하면, "애들이 크다 보면 다 그렇지 뭐." 하면서 기분 상해한다. 왜 그럴까? 자신에 대한 공격이라고 생각하기 때문이다. 이와 유사한 일이 반복되면 가족들은 우리 아빠의 양육태도에 문제가 있고 '걱정하지 않는' 아빠로 인식하게 된다.

우리나라는 예로부터 아빠를 '가장(家長)'이라고 불렀다. 가장은 집안에서 일어나는 모든 일에 책임을 져야 한다고 생각하는 것이다. 그러다 보니 집안에서 일어나는 '문젯거리'가 있으면 그것은 내 집안의 흠이고, 나의 흠이라고 생각한다. 집안의 문제가 노출되면 그것은 나의 약점이고, 그 약점이 드러나면 내가 싸움에서 질 수 있기 때문에 아빠들은 자신 집안의 문제가 노출되는 것을 극도로 싫어한다. 아빠들은 다른 사람에게 집안 구성원에 대한 이야기를 잘 하지 않고, 진짜 고민이 있어도 말하지 않는다.

아빠들의 불안은 '믿음'이 부족하기 때문이다. 아빠들은 좀처럼 남의 말을 믿지 않고 어느 정도 검증된 사람의 말만 믿는다. 보통 상담소에는 집안의 반대를 무릅쓰고 엄마 혼자 아이를 데리고 오는 경우가 많다. 아빠들은 아이의 문제에 대해 유명한 학자가 하는 말은 믿지만, 아내나 자신이 잘 모르는 전문가가 하는 말은 믿지 않고 경계한다. 그런데 의외로 자신이 평소에 믿던 상사가 술자리에서 "아이는 뭐 이러쿵저러쿵…." 말하면 갑자기 바뀐다. 엄마들은 옆집 엄마의 말을 결정적으로 받아들이지 않고 여러 가지 정보 중 하나로 참고할 뿐이다. 아빠들은 자신의 상사에게 전문지식이 없음에도 그가 한 말을 신뢰한다.

아빠들이 다른 사람의 말을 잘 듣지 않는 것은 고집과 회피다. 그 고집 안에 숨어 있는 '경계심'의 감정 때문이다. 전문가와 상담을 할 때조차 논쟁을 벌여 이기려고 한다. 전문가의 말을 인정하면 자신의 안정에 위협이 될 것 같다고 느낀다. 이전까지 없었던 새로운 것이 자신의 영역 안에 들어오면, 그것이 자신의 가치관을 변화시킬 것이라는 두려움이 있어 받아들이지 않는다. 다른 사람들의 조언을 받아들이는 것이 자신의 안전을 위협한다고 생각한다. 이런 행동은 무의식적이고 본능적인 것이다. 딸이 결혼할 때 남자를 데리고 오면 약간은 위협을 느껴 경계심을 갖는다. 우리 가족이라는 울타리 안에 '낯선 사람'이 들어오는 것에 대해 믿음이 생길 때까지 딸과 계속 논쟁한다. 새로운 개념이 우리 가족이라는 울타리에 들어오는 것이 불안하기 때문에 그 낯선 사람을 계속 부정하고 트집을 잡는다. 아빠들의 고집, 불신, 경계심의 안에는 불안이 있다는 것이고, '괜찮아.'라는 자신의 말속에는 불안과 걱정이 숨어 있다.

변화에 민감한 아빠 vs 민감하지 않은 아빠

1990년대 엄마들은 갑자기 열린 문호개방에 엄청난 충격과 정체

불안한 엄마 아빠 행복 레시피

성의 혼란을 겪으면서 통합이 잘 안되었다. 워킹우먼 엄마로 일하고 싶은 열정도 있고, 다른 한편으로는 아이를 걱정하지 않는 엄마라는 생각이 들어 불안이 심했다. 엄마들의 불안 상태가 커지는 사이, 아빠들도 변화를 주고 있다. 아이에게 문제가 생기면 엄마보다 먼저 달려와서 전문가와 상담하고, 어느 때는 자신의 일도 미루는 아빠들이 늘었다. 최근 아빠들은 지금까지 말했던 아빠들과는 다른 방식으로 문제에 접근한다. 어떤 아빠 왈, "제가 어렸을 때는 과잉보호로 불안했던 적이 있었다. 그 유전으로 저도 모르게 아이를 과잉보호하고 있다. 제 아이만큼은 이런 문제로 힘들어 하지 않았으면 좋겠다. 제가 어떻게 하면 좋을까?"라며 자신의 문제를 인정한다. 또 어떤 아빠는 "아이가 산만한 원인이 생물학적으로 저에게서 물려받은 것은 아닐까. 아이가 성인이 되기 전에 치료를 해주어야 되는 것이 아닌가." 하며 아이의 치료비나 특수교육비를 위해 자신의 꿈을 접고 몇 가지 일을 하는 아빠들도 있다. 최근 아빠들이 조금씩 변하고 있다.

아빠들은 육아든, 가사든, 질병 치료든 전문가들이 무엇인가를 제안할 때 과거와는 달리 '지금까지의 방법은 모두 틀렸다.'라고 단정하지는 않는다. 다만 '현재의 상황에서 이런 대처가 최선의 방법일까?'라고 질문한다. 방법은 한 가지만 있는 것이 아니라 여러 가지가 있지만 "많은 연구와 임상으로 보았을 때 이렇게 하는 것이 가장 바람직하다."라고 말하면 "예외는 없을까?"라며 다시 묻는다. 대개 아빠들은 그 예외에 집중하여 '문제를 치료해야 낫는다.'와 '치료를 안 하는 것이 낫다.'로 양분된다.

이처럼 최근에는 아빠들도 합리적으로 생각하고 융통성 있게 행동하는 경우가 늘어나고 있다. 아빠들이 알아서 집안일도 돕고, 교육 방법에 대해 엄마보다 더 많은 정보도 갖고 있다. 이런 남편들을 최근 '아친남'이라고 부르는데, 아내 친구의 남편이라는 뜻이다. "내 친구 남편은 아이 일이라면 하던 일을 제치고 달려온다." 또는 "내 친구 남편은 청소는 자기가 한다고 신경도 쓰지 말라고 한다." 등 아내의 말에 등장하는 아내의 남편들은 다정한 아빠들의 모습을 가리키고 있다.

사실 그 걱정하지 않는 아빠들도 옛날 아빠들보다는 다정하게 변하고 있지만, '아친남'과 비교하면 역시나 '걱정하지 않는' 아빠다. 그런 아빠는 상대적으로 더욱 걱정하지 않는 사람으로 보이고, 아내들의 불안은 점점 더 커지게 된다.

대화가 힘든 40대 아빠, 멀티플이 힘든 30대 아빠

아빠들은 같은 세대라면 하는 일과 사는 곳이 달라도 불안을 표현하는 방법은 비슷하다. 즉, 아빠들도 엄마들처럼 세대마다 다른 불안의 배경이 있다.

불안한 엄마 아빠 행복 레시피

40대 아빠들은 똑똑했지만, 어릴 때 집이 너무 가난해서 맺힌 것이 많은 세대다. 또한 부모님 사이의 갈등이 너무 심해서 부모와 진지하게 이야기를 나눠본 적도 없고, 공부에 대해서도 특별한 관심을 받아본 적이 없다. 이들은 내 자식만큼은 돈이 없어서 공부를 못하는 상황은 만들지 않겠다는 생각을 하고 살았다. 이들의 형제관계를 보면, 큰형은 부모의 지원을 받아 대학을 나왔는데 자신은 돈이 없어서 대학교육을 받지 못했다. 지원을 많이 받은 큰형은 부모님을 나 몰라라 하는 상황인데 나머지 자식들이 조금씩 모아 부모님 용돈을 드리는 것이 묘하게도 비슷하다. 그뿐인가, 부모님의 도움을 받아 외국에 유학을 갔다 온 사람은 그것 때문에 승진도 빨리 하는데, 자신은 영업실적이 좋은데도 영어를 못해 승진을 못하는 설움도 겪어야 했다. 그래서 우리 아이만큼은 영어를 잘하게 만들어야겠다는 생각으로 집안일에 무관심하다고 할 정도로 밖의 일에 몰두했다. 이들은 오직 돈을 벌어야 한다는 신념으로 술상무를 하다 보니 아이들하고 대화를 나눈 적이 없다.

이 세대 아빠들의 아이는 대개 지금 중고등학생인 경우가 많다. 이 아이들의 머릿속에서 아빠는 "회사 일밖에 모르고 아무 걱정도 하지 않고 있다가 성적만 떨어지면 '그따위로 공부를 할 거면 학원 때려쳐라!'라고 고함을 지르는 사람"이라고 인식되어 있다. 아빠들은 '내가 술상무를 해서라도 우리 아이의 학원비만큼은 벌어야겠다.'라고 생각한다. 그래서 야근을 하고 들어왔는데, 아이가 인사도 없이 소파에 비스듬히 누워 TV를 보면서 휴대폰을 새것으로 바꿔달라고 하면 화가 치밀어오른다. 그 휴대폰 하나를 사주려면 또 얼마나 일을 해야 하는데, 자식은 하라는 공부는 하지 않으면서 갖고 싶은 것만 사달라고 한다. 이 세대 아빠들은 가족들이 자신의 힘든 상황을 너무 몰라준다며 불만을 갖게 된다. 남들 다 가는 유학도 못 가고, 좋은 대학도 못 나온 내가 먹기 싫은 술을 마셔야 하고, 쉬는 날까지 골프 접대를 하면서 이만큼 버티고 있다고 항변을 한다. 그런데 아이랑 아내는 만날 돈만 달라고 하고 "당신은 밖이 그렇게 좋아?"라며 불평을 한다. 돈을 벌기가 얼마나 어려운데, 가족들은 이런 자신을 걱정하지 않는 사람으로 취급한다고 억울해한다. 이 아빠들의 가장 큰 잘못은 소통을 못 하고 있다는 점이다. 아빠가 왜 돈을 벌어야 하는지, 그리고 밖에서 어떤 대우를 받고 있고 어떤 일에 스트레스를 받고 있고 왜 공부를 해야 하는지에 대해 아내와 자녀에게 솔직하게 말을 하지 않고 있다는 점이다. 아빠들은 소통을 잘하고 싶지만 지금까지 가정이나 학교 어디서도 소통, 즉 '듣기와 말하기'를 배운 적이 없다. 우리 주위에 자기주장을 하는 웅변 학원은 많이 있으나 듣기 학원은 어디에도 찾아볼 수가 없다. 여기서는 영어 듣기를 말하는 것이 아니다. 게다가 엄마와 아빠가 서로 대화를 주고받는 것을 본 적이 없고, 자신의 뜻대로 되지 않아 화가 나면 소리 지르는 것만 보았다. 그러다 보니 대화가 서투른 것이다.

이 시대 아빠들에게는 '식구들은 내가 먹여살릴 테니까 당신은 내가 바깥일에만 전념을 할 수 있도록 아이들은 알아서 잘 키웠으면 좋겠다.'라는 기본 전제가 깔려 있다. 아내 또한 남편의 그런 전제를 대부분 별 이의 없이 받아들인 상태이고, 어찌 보면 서로의 역할을 암묵적으로 나눠놓았다. 이 기본 전제는 사랑이지만, 걱정하지 않는 사람처럼 표현된다. 이 세대 아빠들은 "내가 신경 좀 안 쓰게 잘 할 수 없어?"라는 말을 자주 한다. 그것은 은연중에 '나는 가족을 사랑한다. 나는 좀 걱정하지 않게 해주면 좋겠다. 나는 신경 안 쓰게 해달라.'라는 선언이다. 아빠들의 이런 사고방식에는 분명 문제가 있다. 자신은 돈만 많이 벌어 와서 경제적인 부분만 해결해주면 아이가 무조건 잘 클 것이라고 생각하는 것이다. 40대 부부는 아이가 어릴 때는 역할이 대체로 잘 나눠져서 불안감이 없다가, 아이가 사춘기에 접어들고 중고등학교에 가면서 부모가 원하는 공부 수준을 충족하지 못하거나, 남편이 갑자기 교육에 관여를 하면 갈등이 심해진다. 아빠가 갑자기 안 하던 아빠 노릇을 하려 든다며 아내와 아이가 아빠의 존재를 인정하지 않거나 눈에 거슬리게 한다고 불만을 표시한다.

30대 아빠들은 어떨까? 30대 아빠들은 아이가 태어나는 순간부터 아내와 1:1이었던 관계가 바뀌게 되었음을 느끼면서 갑자기 부가된 책임에 힘들어 한다. 30대 아빠들은 경제적인 책임을 아내도 좀 공유해주었으면 하는 생각을 한다. 맞벌이를 원한다. 30대 아빠들은 40대에 비해 가정적이면서도, 아이가 아파서 울 때는 아내가 알아서 해결했으면 하는 생각도 한다. 30대 아빠가 된 상황이 어색하고 벅차기 때문이다. 아내는 어떨까? 아내는 집안일은 남편이 함께

해야 하고 아이는 반드시 둘이 키워야 한다고 생각한다.

　40대는 역할이 나름 구분되어 있어 남편이 육아를 같이하지 않는다고 아내가 큰 불만을 품지 않고, 오히려 남편이 돈을 많이 벌어오고 육아에 관여하지 않기를 은근히 바란다. 반면 30대 부부들은 암묵적으로 나뉜 역할이 없고, 서로가 모든 분야를 해주기를 원한다. 남편은 아내가 돈을 벌면서 아이도 잘 키우고, 아내는 남편이 돈도 잘 벌면서 육아와 가사노동을 해주기를 바란다. 서로에게 멀티플한 능력을 원한다. 멀티플은 고물가에 알뜰족 만족시키는 '멀티플 스낵'이다. 게다가 이들은 이전 세대에 비해 풍족한 환경에서 자랐기에 그 기준이 높아 좋은 것이 무엇인지 알고 있고, 그것을 갖고 싶어 하며, 배우자가 그 최고를 가져다주지 못하는 것에 대한 분노가 많다.

　사실 30대 부부들이 갖고 있는 주관적인 감정을 편하게 하기 위해서는 객관화를 시켜야 한다. 심리학자 칼 융은 '페르소나'에서 개인적 무의식과 집단적 무의식이 만나는 지점을 '중도화'라고 표현하고 있다. 옛말에 '어두운 밤이 사라지고 밝음이 시작되는 찰나의 순간에는 귀신도 없어진다.'라고 했다. 부부가 서로의 주장을 완화시켜 중도화해야 한다. 부부는 자신이 갖고 싶은 것의 삶의 수준을 한두 단계 낮춰야 한다. 그렇지 않으면 30대 부부가 가진 딜레마는 극복하기 어려우니, 기본적으로 현재 가지고 있는 것에 만족과 감사의 마음을 가져야 한다.

- 남편들은 시댁 문제에 대한 뾰족한 해결 방법이 없어 아내와 대화를 회피
- 아내들은 일이 힘든 것이 아니라 존중을 받지 못하는 느낌이 들어 화가 남
- 남자들은 일시에 두 가지 일을 못 해 아이 문제를 건성으로 듣는다는 오해를 받음
- 가정 문제는 아빠들의 흠이고, 열등감으로 공격당한 느낌으로 불안하여 회피

04

불안한 엄마, 불안하지 않은 아빠의 충돌

과잉 개입하는 엄마 vs 과잉 통제하는 아빠

불안은 인간의 생존에 반드시 필요한 정서적 감정으로, 현실에서 위험에 처할 때 자신을 보호하고 대책을 세우게 한다. 적당한 불안은 일상생활에서 적응능력을 높이고, 함부로 덤벼들지 않게 하고, 약간 긴장된 상태에서 거리를 두면서 자신을 효율적으로 보호하고 문제도 해결한다. 지나친 불안은 현실적으로 위험이 없는 상황에서도 심각하게 반응을 하여 부적응을 낳게 한다. 그럼 불안이 심한 사람이 아이를 낳으면 어떨까?

불안이 심한 사람은 방어기제를 사용한다. 즉, '자신을 보호하기 위해 무의식적으로 어떤 상황을 합리화'하는 것이다. 불안이 느껴지면 지나치게 경계하거나 상대를 사납게 공격한다. 회피하거나 숨어 버리기도 한다. 방어기제는 '과잉 개입', '과잉 통제'로 양육을 하게 한다. 과잉 개입의 대표적인 것이 '잔소리'이고, 과잉 통제는 지나치게 엄격한 규율을 만든다. 과잉 개입은 엄마들이 많이 하고, 과잉 통제는 아빠들이 많이 한다.

　과잉 개입을 하는 엄마는, 자신의 불안 때문에 아이를 사전에 준비시키고 아이가 자신의 예측대로 움직여주기를 원한다. 생각대로 아이가 따라주지 않으면 무척 불안해한다. 그러다 보니 아이와 외출을 하려면 자신이 계획한 스케줄대로 움직여야 하기 때문에 30분 단위로 아이를 따라다니면서 간섭하고 잔소리를 한다. "빨리 일어나, 옷 입어, 왜 이리 꾸물대는 거야, 이 닦았어? 빨리빨리 해, 학원 가, 학교 지각하겠다."로 다그친다. 이런 잔소리를 들은 아이의 기분은 어떨까? 아이는 "아, 또 잔소리 시작이다. 시끄러워 죽을 지경이다. 집을 나가고 싶다."라는 생각을 한다. 과잉 개입하는 엄마는 무슨 일이든 미리 독촉을 하며, 아이가 잠들기 전에 스스로 책가방을 챙겨놓으면 아이가 자는 동안 가방을 뒤져서 준비물을 잘 챙겼나 확인도 한다.

　엄마는 아이가 불안해서가 아니라 자신이 불안해서 하는 행동이다. 엄마가 지나치게 아이에게 개입하면, 아이는 다양한 경험을 해볼 수 없어 위기에 대처하는 능력이 결여된다. 아이가 건강하게 자라기 위해서는 꼭 필요한 위기가 있을 때 그 위기를 모험이나 도전으로 생각하고 헤쳐나가야 하는데, 그럴 수 있는 기회를 놓치게 된다.

　과잉 통제하는 아빠는 겁 많고 나약하여 불안을 느끼는 자신의 모습을 들키지 않기 위해 가부장적이고 엄격한 태도를 취한다. 가부장적 아빠들은 생각 외로 불안이 많아서 엄격한 행동을 함으로써 자신의 불안을 상쇄한다. 이런 아빠들은 힘 있는 존재로 보이기 위해 일부러 아이에게 친절한 행동을 하지 않으며, "우리 철수 진짜 멋지다. 최고다."라고 말하는 것이 약한 사람처럼 보일까 봐 아이에 대한 칭찬을 자제한다. 전혀 엄격하게 할 필요가 없는 경우에도 아이를 설득하는 대신 강압적으로 대한다. 이런 부모 밑에서 자란 아이들은 자존감이 떨어지고, 자율성을 발달시키지 못해 자기 의견을 쉽게 표현하지 못하며, 기가 죽어 있다.

한의학의 동의보감에서는 신체를 '정, 기, 신'의 3가지로 구분하고 있다. 그중 '정은 육체적인 힘, 기는 피가 온몸으로 돌아가는 힘, 신은 정신세계의 힘을 의미'한다. 육에 기가 흐르지 않으면 '시체' 되고, 신에 기가 흐르지 않으면 '귀신'이 된다는 말이 있다. 아이들은 겉으로는 아빠를 무서워하는 척하지만, 마음속으로는 아빠에 대한 분노가 쌓여서 언제 폭발할지 모른다. 이런 아이는 화가 나지만 무서워서 분노의 감정 표현을 하지 못하고, 겉과 속이 다른 마음으로 정체성에 혼란이 생기고 매사에 불안해서 어떤 행동을 제대로 하기가 힘들어진다.

과잉 개입을 하는 엄마의 불안은 아이를 더 불안하게 하고, 과잉 통제하는 아빠의 불안도 아이를 더 불안하게 만들어 엄마와 아이, 아빠와 아이 사이를 더 멀어지게 한다. 결국 엄마의 과잉 개입, 아빠의 과잉 통제는 아이와 갈등만 유발하게 된다.

부모의 불안이 곧 아이의 불안

불안한 부모는 아이를 존중할 여유가 없어 걱정만 늘어난다. 그 걱정은 꼬리에 꼬리를 물어 속이 타들어가 재만 남고 닥치는 대로 불같이 화를 낸다. 불안한 감정을 표현할 줄 몰라 화를 내기도 하고, 배우자가 그 불안을 해결해주지 않는 것에 더 화를 낸다. 서로의 불안이 부딪혀 화가 난 상태로 살기도 한다. 그런데 화풀이 대상은 아이가 되고, 부모는 그 아이를 종종 화풀이 대상으로 삼는다.

부모들은 대개 불안하면 자녀에게 화를 낸다. 자기 불안의 원인이 '아이'가 아님에도 내 아이에게 화를 낸다. 부모가 아이에게 화를 내는 속마음은 무엇일까? 부모는 '아이가 약한 존재라서 만만하기도 하고, 아이는 내가 없으면 안 되기 때문에 화를 내도 나를 용서할 수밖에 없을 것'이라고 믿는다. 부모의 예상대로 아이는 엄마가 소리를 치고 고함을 쳐도 "엄마." 하고 부르며 다시 달려오는데, 그 고마움을 잊고 사는 부모가 너무 많다. 부모는 아이가 두려워하고, 공포의 순간을 너무 쉽게 용서하지만 아이의 마음속에서 상처가 눈덩이처럼 커지는 것을 전혀 모른다. 오히려 부모는 자신이 아이를 사랑하는 마음을 늘 간직하고 있기 때문에 아이는 언제나 자신의 마음을 이해할 것이라고 착각한다. 아이의 마음속 상처가 커질 대로 커져서 사춘기 때 폭발하면 아이는 더 이상 부모를 용서하지 않는다. 힘의 균형이 비슷한 상황에서는 상대편에게 화가 나면 맞서 싸우거나 안 보면 그만이지만, 자녀는 부모와 힘의 불균형 상태이다. 아이는 화가 나도 제대로 표현을 할 수가 없고, 그렇다고 헤어질 수도 없다. 부모의 화가 아이에게 전달되면 아이의 분노가 되고, 그 분노는 아이의 마음속에 쌓이게 된다.

아이의 마음은 부모로부터 반드시 존중받아야 한다. 부모가 아이를 가장 믿고 사랑을 해주어야 아이는 타인과의 관계도 잘 유지해 나갈 수 있다. 그 관계가 편치 않으면 아이는 세상을 굉장히 불신하고 불안한 눈으로 자란다. 불안한 사람은 기본적으로 세상에 대해 불신하고, 조그만 일이 생겨도 불안해서 아무것도 하지 못한다. 불안은 인간관계에서 불신으로 표현, 즉 '저 사람이 나를 해치면 어떻게 하지?' 생각하고 좀처럼 믿지를 못하게 된다. 심지어 친절하게 대해줘도 '왜 친절하게 할까? 무슨 꿍꿍이속이 있는 것 아냐?'라고 의심하고, 또한 조금만 정색을 하고 말을 해도 '지금 분명 나를 무시한 것 같은데?'라고 생각을 하고 기분이 상한다. 부모의 불안은 아이의 불안으로 전염된다.

부모가 아이에게 화를 내거나 아이를 때리는 것은 기본적으로 아이를 존중하지 않는 것이다. 야단을 치더라도 좋게 해야 한다. 지나치게 오냐오냐하라는 것은 아니다. 아이가 동생한테 욕을 하더라도, "이놈의 새끼, 어디서 이런 못된 욕을 배웠어!"라고 말하지 말아야 한다. 그 말은 아이의 행위가 아니라 아이 존재 자체에 대해 나무라는 것이 된다. 거기서 그치지 않고 "으이그, 어쩌면 그렇게 아빠를 빼다 닮아 가지고…"라는 말까지 추가하면 아이의 뿌리까지 비난한 것이다. 그것보다는 단호한 표정으로 "영수야, 동생에게 욕을 해서는 절대 안 되는 거야, 누구에게도 욕을 하면 안 돼."라고 하면 된다. "동생이 화나게 하잖아요."라고 말하면 "화가 날 수 있어. 그렇다고 사람에게 욕을 하면 안 돼. 좋은 말로 해야 하는 거야. 동생에게 '네가 그런 짓을 하니까 형이 정말 화가 나'라고 말해야 하는 거야."라고 알려줘야 한다. 상대의 감정을 받아주고 친절하게 설명을 해주는 것은 기본적으로 그 상대를 존중하고 있다는 마음의 표현이다. 부모가 아이에게 "너의 존재를 존중하고, 상처를 주지 않겠다."라는 것을 전하는 것이다. 자녀를 존중하는 가장 쉬운 방법은 '아이에게 기분 나쁜 표정을 짓지 않는 것, 눈을 흘기지 않는 것, 소리 지르지 않는 것'이다.

부부 사이에 갈등이 있을 때 아이는 무척 불안해한다. 아이는 '엄마와 아빠가 이혼하면 어쩌지? 나는 누구를 따라가지?' 하면서 걱정하고 불안해한다. 부모 입장에서 정신 차리라는 의미로 아이를 따끔하게 지적하는 것에 대해서도 자신의 존재가 존중을 받지 못했다고 생각하여 불안해한다. 이것은 비단 아이뿐만 아니라, 인간은 누구나 자신의 존재를 인정받지 못하면 불안하다. 부모의 양육방식이 무섭고 서툴거나, 또는 아이의 일에 과잉 반응해도 아이는 불안하다. 부모의 불안이 결국 아이의 불안을 낳게 한다.

불안을 수용해야 아이와 애착관계 형성

어느 부부가 아이의 육아 문제로 갈등이 심해 이혼하고 싶어 한다. 남자아이는 6살로 어렸을 적부터 낯을 가리고, 누가 조금만 스치고 지나가도 울고, 누가 쳐다만 봐도 무섭다고 운다. 부부는 '좀 크면 나아지겠지.' 생각하며 기다렸지만 점점 자랄수록 아이의 행동은 더 심해졌다. 아이는 그냥 첫눈에도 기질적으로 불안도가 높아 보인다. 이 부부는 아이를 키우기가 너무 힘이 드는데, 그 책임을 서로에게 전가하고 있다. 유순해 보이는 두 사람은 서로 간에 좀처럼 싸우지도 않고 갈등이 없을 것 같다. 겉보기에는 특별한 문제가 없어 보이지만 이들의 불안 정도는 의외로 강했다. 부부에게 "두 분 모두가 불안이 심한 것 같은데, 어떠한가요?" 하고 질문을 던졌다. 엄마가 먼저 "제가 수줍음이 많고 내향적인 편이에요."라고 대답을 했다. 이어서 아빠도 "저도 원래 성격이 꼼꼼하고 나서기를 싫어해요."라고 대답을 했다.

불안이 높은 사람들끼리 결혼할 확률은 극히 낮다. 불안한 사람은 자신의 불안을 이해해줄 사람과 결혼을 하고 싶어 한다. 종종 용감해 보이는 사람을 이상화하여 불안한 사람과 결혼을 하는 경우도 있는데, 막상 결혼을 하고 보면 그 용감한 사람도 자신처럼 불안이 심한 사람일 수 있다. 불안은 워낙 다양한 모습을 갖고 있어서 언뜻 봐서는 현재의 상태가 불안인지 아닌지 구분하기가 어렵다. 자신도 불안한 사람인지 모르는 경우도 많고, 불안이 종종 자신이 생각하는 것과는 정반대의 모습으로 존재하기도 한다. '겁이 많지만 용감한 사람처럼', '소심하지만 대범한 사람처럼', '노심초사하지만 완벽한 사람처럼' 변신한다.

결혼을 하기 전에는 이런 불안이 별문제가 되지 않고 오히려 더 좋게 보일 수 있다. 서로가 불안한 마음을 이해해주고 존중받는 느낌을 받기 때문에 소통이 잘된다고 착각한다. 막상 결혼을 하면 불안이 조금씩 몸체를 키우면서 서로가 자신의 불안을 해결해달라고 안달한다. 아내는 '아빠처럼 사랑을 해달라고' 요구하고, 남편은 '엄마처럼 사랑을 해달라고' 요구한다. 하지만 남편은 아빠가 아니고, 아내는 엄마가 아니기 때문에 서로의 욕구가 채워지는 것은 거의 불가능하다. 여기에 아이가 생겨 부모라는 역할이 주어지면 '보살핌'과 '보호'라는 단어가 추가되고, 불안은 보호라는 개념과 직결된다. 본래 자신이 가지고 있던 불안에 엄마와 아빠가 되면 각각 가질 수밖에 없는 불안이 합쳐져서 불안이 더욱 커진다.

불안은 자신이 안정되지 못하고 보호받지 못했기 때문에 생긴다. 그나마 혼자일 때는 다른 사람이 눈치채지 못하도록 자신을 예민하게 관리한다. 그러다가 내가 보호해야 할 아이가 태어나면 이때의 불안을 다른 사람이 눈치를 채지 못하도록 관리할 수가 없다. 그럼 내 안에서 불안도는 최대한 높아지고 다양한 방어기제를 사용하기 시작한다. 불안이 적당한 선을 넘어서면 생존전략의 일환으로 그 불안에 대응하는 것이 인간의 본능이다. 여름에는 해수욕장으로 여름 휴가를 가는데, 그때 바닷물이 무릎까지 찰 때는 불안을 느끼지 않다가 갑자기 배꼽까지 찰 때는 불안을 느껴서 밖으로 나오게 되는 원리와 같다.

완벽주의 아빠는 매사에 철저하기 때문에 아이에게 자상하게 숙제를 챙겨주는 것이 아빠에게는 관심이고 사랑이라고 생각한다. 그런데 아빠의 성격이 지나치게 완벽하면 아이의 행동이 아빠의 마음에 들기가 힘들어 아이는 늘 긴장한 상태로 살아간다.

이런 아빠는 아이가 영어를 90점 맞으면, 칭찬보다는 조금만 열심히 하면 100점 맞겠다고 생각해서 추가로 10점에 필요한 과제물을 내준다. 이 아이는 매번 평가받는 상황에 마주하게 되어 불안하게 성장한다. 불안한 사람은 많은 사람 앞에서는 발표를 못하고, 또한 평상시에 공부를 잘하다가도 막상 시험 때만 되면 지나치게 긴장하고 불안해한다.

어린 시절 너무 가난하게 생활했던 한 엄마는 아이에게 "돈이 최고야, 돈이 없으면 죽는다."라고 돈의 중요성을 강조한다. 아이는 대학을 포기하고 돈을 벌기 위해 조그만 사업을 시작했지만 경험 부족으로 실패를 했다. 그 사람은 돈이 없으면 죽고 싶어 한다. 어려서 부모로부터 돈이 없으면 세상을 살 수가 없다고 배운 탓이다. 엄마로부터 "돈은 열심히 일하면 저절로 따라오게 되는 거야."라는 교육을 받았다면, 아이는 어른이 된 후 돈 때문에 실패를 해도 잘 견디어낼 수 있다. 부모가 돈을 지나치게 강조하면 그와 관련하여 실패를 했을 경우 치명적으로 받아들인다.

또한 공부만 너무 강요받고 자란 사람은 부모가 되어 아이한테 공부를 강요한다. 부모가 공부를 가장 중요하게 여기고 다른 분야는 별로 가치 있게 다루지 않는다면, 아이는 공부를 못할 경우 세상을 암담하게 생각한다. 자신은 공부를 못하니 살 가치가 없다고 비관도 한다. 이처럼 부모의 불안이 자칫 아이의 삶을 망칠 수 있다.

앞서 언급한 부부 또한 아이를 낳기 전에는 큰 문제가 없었는데 자신들이 원래 가지고 있던 불안이 합쳐져서 불안이 심한 아이가 태어났고, 그 아이로 인해 엄마와 아빠의 불안이 더 커진 것이다. 만약 부부 중 한 사람이 불안하지 않다면 불안한 배우자와 잘 살 수 있을까? 불안은 전염성이 있어서 불안하지 않은 사람도 불안한 사람과 같이 살면 불안해진다. 불안하지 않은 사람은 자신을 보호하기 위해 무의식적으로 불안한 배우자를 피하려 한다.

불안한 부부는 자식을 낳고 살아가면서 겪게 되는 많은 문제를 효과적으로 대응하지 못해 괴로워한다. 불안하지 않은 배우자는 불안한 배우자를 차츰 '짐'으로 느껴 함께 부부로서 사는 것을 부담스럽게 느낀다.

부모라면 자신의 불안에 대해 수용할 줄 알아야 한다. 자신의 어떤 행동이 불안인지, 상대의 어떤 행동이 불안인지를 생활 속에서 잘 파악해야 한다. 그렇지 않으면 부부는 오해의 골이 깊어져 갈등이 되고, 그 안에서 태어난 아이 또한 건강하기 어렵고 불안한 성인으로 성장한다.

불안을 숨기지 말고 인정하고 그대로 수용하는 것만으로도 불안을 충분히 다스릴 수 있다. 자신이 어떤 불안인지를 알면 불안이 솟구칠 때 잔잔해지기를 기다리고 객관적으로 자신을 바라볼 수 있는 여유가 생긴다. 또다시 이와 비슷한 불안이 오면 '내가 좀 심했다. 내 문제로 아이와 배우자에게 지나치게 행동을 했다.'라는 생각을 할 수 있다. 이렇게 한두 번 하다 보면 행동에 변화가 오고, 행동이 달라지면 나의 불안과 상대의 불안이 점차적으로 낮아진다. 내 안의 불안을 찾는 것이 우선되어야 한다.

불안한 엄마 아빠 행복 레시피

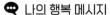 나의 행복 메시지

- 엄마의 과잉 개입이나 잔소리는 불안을 간접 표현
- 아빠의 과잉 통제인 폭력은 불안하고 나약함을 회피하는 수단으로 활용
- 불안을 어떻게 처리할지 모를 때 화내거나 분노로 표출
- 아이에게 화를 내도 용서할 것이라고 착각하는 부모들, 아이가 어릴 때는 참았다가 사춘기 이후에 정체성 혼란으로 저항하면 당황하는 부모들

엄마 아빠는
왜 아이를 낳은 후에 사사건건 부딪쳐야 하는가?
부모의 갈등이 아이에게 어떤 상처를 줄까?
부모의 불안이 아이를 혼란스럽게 만들까?
아이의 발달 단계마다 일어나는 다양한 갈등의 해답은 무엇일까?

불안한 부모들의
문제 해법

01

아이의 교육 문제 해법

아이의 교육에 대한 엄마 아빠의 생각에는 차이가 있다. 좀 부풀려서 말하면 하늘과 땅만큼이나 차이가 크다. 발달 단계마다 차이가 있다. 영유아의 엄마들은 장난감을 살 때 인터넷을 여기저기 뒤져서 비교하여 발달 단계에 좋은 것을 선택하고, 그렇게 하지 않으면 자신이 뒤처지는 엄마라고 생각한다. 아빠들은 장난감은 비슷비슷한데 아내가 너무 극성스럽게 욕심을 부린다고 생각하기 때문에 아내에게 협조를 하기보다는 못마땅해하면서 뒷짐만 지고 있다.

문제는 이것이 '돈'과 연결된다는 것이다. 마음에 들지 않는 아내의 행동을 말하지 않고 "생활비를 좀 아껴 써."라고 말을 한다. 엄마들은 "그 돈은 나를 위해서 쓰는 것 하나도 없어. 아이들한테 쓰는 돈이야."라며 충돌한다. 아빠들은 아내가 유아기의 아이를 위해 쓰는 돈을 대부분 불필요한 것으로 여기고, 교육비가 많이 들어갈 때를 위해서 돈을 모아두어야 한다고 생각한다.

아이가 초등학생인 경우 엄마는 영어, 수학 학원은 기본이고 각종 예체능 학원도 보내고 싶어 한다. 아빠들은 이것도 불필요한 것이라고 생각한다. 아이가 학원을 다니다가 아프거나 힘들어 하면 이때가 기회다 생각하고 "당신이 너무 애를 학원으로 돌리니까 그런 거 아냐." 하며 비난한다.

아빠들의 속마음은 경제적인 걱정이고, 교육비가 많이 든다고 하면 걱정하지 않는 사람이라고 궁지에 몰릴까 봐 우회적으로 핑계를 대는 것이다. 초등학교 때 아이들이 문제를 일으켜도 아빠들은 "나도 초등학교 때 그랬다." 또 "걱정하지 마. 괜찮을 거야."라며 대수롭지 않게 받아들인다.

부모가 아이의 공부나 학교생활에 가장 관심을 갖는 시기는 중고등학교 때다. 엄마는 아이가 성적이 떨어지거나 학교생활에 부적응을 하여 문제를 일으키면 빨리 인정을 하고 안쓰럽게 생각하는 편이다.

아빠들은 그때까지 별 관심을 보이지 않고 있다가 갑자기 엄격해진다. 아이가 어릴 때는 '아내가 유난을 떨면서 키웠으니 잘하겠지.' 하는 기대를 걸고 있다가, 아이가 성적이 떨어지거나 문제행동을 일으키면 분노하거나 공격적으로 변한다. 아이에 대한 그동안의 애정을 철회하기도 하고, 또는 다그치고 화를 내거나 입에 담을 수 없는 심한 말을 하기도 한다.

아빠들은 이제라도 나서서 해결해보려고 하지만 그것이 오히려 아이와의 사이가 극도로 나빠지는 계기가 된다. 어떤 아빠들은 사고

육비가 많이 들기 때문에 엄마들이 그동안 하던 대로 내버려두는 경우도 있다. 자기 능력으로는 어떻게 할 수가 없으니 빚을 내든 말든 알아서 하라고 생각한다. 언뜻 보면 걱정하지 않는 것처럼 보이지만, 이것 역시 아이를 사랑하는 마음이 아닐까? "내가 빠지는 것이 낫지 않을까?"해서 나온 행동이지만 그렇다고 바람직한 행동은 아니다.

초등학교 성적이 떨어질 때

85점이면 잘한 거라는 아빠

아빠는
아이가 초등학교 때는 공부는 중간 정도만 하고
친구들이랑 신나게 뛰어노는 것이 중요하다고 생각해!
요즘 애들이 어떻게 지내는지에 대해
정보가 부족해서 잘 모르겠지만.
공부의 노예보다는
건강하게 뛰어놀면서 크는 것이 더 좋지 않을까?

학원 보내야 한다는 엄마

엄마는

초등학교 성적이 대학입시를 좌우하니 학원은 필수야!

우리 아이가 학원을 몇 개 다니는 것은 노는 것이고

다른 애들은 더 많이 다니고 있어!

우리 아이가 공부를 못해서 찍힐까 봐 불안해!

남편은 현실을 몰라도 너무 몰라!

　초등학교 6학년 아이가 영어 점수가 낮아 아내와 갈등이 있다. 남편의 자초지종 이야기다. 현재 초등학교 6학년인 영주는 얼마 전에 치른 중간고사에서 영어 점수를 85점 받아 왔다. 영주 엄마는 퇴근해서 막 들어온 영주 아빠에게 영주 이야기를 꺼냈다.

　"오늘 민주가 중간고사 시험지를 가져왔는데, 글쎄 영어 점수가 85점이야. 이거 보통 문제가 아냐. 어떤 대책을 세워야 할 것 같아."라고 말한다. 그 말을 듣던 아빠는 "85점이면 잘한 것 아닌가? 난 초등학교 때 그보다 훨씬 못했어. 그래도 지금 직장을 잘 다니고 있잖아. 괜찮아."

　답답함을 느낀 엄마는 "괜찮기는 뭐가 괜찮아? 반 평균이 88점이야. 우리 영주는 반 평균도 안 된다고." 한다. 그 말을 듣던 아빠는 "초등학교 성적은 별 의미가 없고, 그 성적으로 대학을 가는 것도 아니잖아. 초등학교 때는 공부보다는 열심히 뛰어놀아도 돼."라고 대수롭지 않게 말한다.

　분통이 터진 엄마가 "당신 정말 답답하고 세상 물정을 너무 모르네. 이러다 잘못하면 나머지 공부도 할 수 있어."라고 말하면 아빠는 그 말을 되받아쳐 "내가 왜 몰라? 내 친구, 김성규 알지? 그 친구는 초등학교 때 나보다도 공부를 더 못했거든. 지금 의사야. 고등학교 1학년 때부터 열심히 공부해서 서울대 의대 들어갔잖아. 또 신일선이 친구 알지? 그 친구는 공부를 못했는데, 사업을 해서 지금 건물주야!"라고 언성을 높인다.

최근에 시대가 변해서 초등학교 반 평균 성적이 매우 높은 곳이 많다. 예전에는 성적 하면 중고등학생 때만 걱정을 했는데, 최근에는 초등학교 아이를 둔 엄마들도 성적에 민감하다. 85점이면 괜찮던 때는 반 평균이 60점이던 시대로, 아빠가 현실을 잘 모르고 하는 말이다. 지금은 반 평균이 90점에 가까워 85점이면 못하는 축에 속한다. 아빠들은 아주 극단적인 사례를 들어 일반화한다. 꼴찌가 벼락공부를 해서 서울대 들어갔다는 식의 지나친 낙관주의다. 엄마들은 현실을 몰라도 너무 모르는 남편의 말에 답답하기만 하다. 엄마들은 아빠들이 교육이나 육아를 잘 모르고, 자신들의 걱정과 불안에 대해 같이 의논을 하지 않고 회피를 한다고 생각한다. 게다가 현실을 무시한 극단적인 사례를 들어 문제를 덮어버리려 한다고 여긴다.

엄마들은 아이가 공부를 못해서 나머지 공부를 할까 봐 걱정이 된다. 또는 친구나 선생님으로부터 무시당하지는 않을까 불안하기도 하다. 이렇게 조금씩 부족해진 공부가 쌓여서 대학에 갈 수 있을지 걱정이고, 변변치 못한 대학을 나와서 제대로 밥벌이나 할 수 있

불안한 엄마 아빠 행복 레시피

을지까지 생각한다. 아빠들은 초등학교 공부는 그리 중요하지 않고 건강하게 뛰어놀면 된다고 생각한다. 엄마들이 반 평균 정도는 되게 '과외'를 시켜야 한다고 하면, 아빠들은 그럴 필요가 전혀 없다고 되받아친다. 뭐라도 시켜야 마음이 편할 것 같은 엄마, 그것을 못 하게 하는 아빠다. 엄마는 "당신, 언제 회식 안 하고 일찍 들어와서 수학 문제 하나 풀어준 적 있어?" 하며 매일 회사 일로 바쁘게 살아가는 아빠를 공격한다. 아빠는 질세라 "내가 그럴 시간이 어디 있어? 내가 회사에서 얼마나 힘든 줄 알기는 알아?" 하고 받아친다.

엄마들이 아이에 대해 걱정을 하는 것은 당연하다. 대부분 24시간 아이와 함께 보낸다. 그 누구보다도 아이의 상태를 잘 알고 있다. 옛날처럼 학교에 갔다 오면 가방 던져놓고 동네 친구들과 구슬치기, 고무줄놀이를 하며 해질 때까지 노는 아이들은 없다. 최근 아이들은 적어도 몇 개 정도의 학원을 다닌다. 다른 엄마들 얘기를 들으면 '나는 너무 안 시킨 것이 아닌가?'라는 생각도 한다. 그러던 차에 반 평균 이하의 아이 성적을 보면 '아, 내가 너무 신경을 안 써서 그런 거지.' 하고 자책을 한다. 걱정했던 불안이 현실로 다가오면서 더 불안해진다. 이때부터 엄마들은 어떻게 해서라도 이 문제를 해결해야 한다고 생각하고 발 빠르게 움직이기 시작한다. 왜 그럴까?

우리나라 엄마들은 평소에는 여린 듯 보이지만, 위기에 처하면 어느 나라 엄마들보다 강하다. 피난 다닐 때 보따리를 싸들고, 아이를 둘러업고 피난을 가면서도 아이를 필사적으로 지킨다. 엄마들은 아이들을 키우는 데 필요한 정보, 새로운 기술을 누구보다도 빨리 접하고 적응을 빨리 한다. 특히 아이 교육에는 더욱 그러하다.

아빠들은 교육에 대한 정보가 어둡고, 아이와 같이 보내는 시간이 많지 않다 보니 빠른 변화의 흐름을 읽지 못하는 경우가 많다. 그래서 아이 교육의 기준을 자신의 어린 시절에 두고 있다. 아빠들은 아이를 키우는 문제에 있어서 신입사원과 비슷하고, 심하게 말하면 다른 부서의 직원과 같다. 아빠는 과거의 정보, 현재 아이의 상황, 미래의 새로운 정보에 대한 욕구도 엄마에 비해 부족하다 보니 교육의 변화를 잘 받아들이지 못한다. 아빠들은 지금으로부터 20~30년 전의 기준을, 엄마들은 지금보다 5~10년 후의 기준을 갖고 있다 보니 아이의 교육에 있어 생각의 차이가 날 수밖에 없다.

그럼 아빠들은 "우리도 최근 돌아가는 것을 잘 알고 있다."라고 항변한다. 물론 잘 알 수도 있겠지만, 그 정보의 대부분이 신문이라는 것이 문제다. 그 정보 매체에는 사회적으로 극단적인 소식들이 주로 실린다. 엄청난 역경을 딛고 성공한 사례라든지, 지나친 사교육으로 사회적 문제를 일으킨 아이들에 관한 내용이다. 아빠들은 그런 극단적인 정보를 빨리 받아들이고, 그 외의 99% 아이들이 어떻게 공부를 하는지에 관한 정보는 별로 없다. 그러다 보니 엄마들의 제안을 무시하게 된다.

기준은 원래 현실성이 있어야 한다. 그렇다고 너무 과잉이나 과소는 안 된다. 아이의 성적이 반 평균을 밑돈다고 해서 지나치게 걱정을 할 것은 아니지만, 어느 정도 관심을 가져야 할 필요는 있다. 초등학교 때는 언어, 읽기, 쓰기, 숫자 등 가장 기본이 되는 기초학력이 중요하다. 기초학력에 문제가 생기면 학년이 올라가면서 많은 어려움을 겪는다. 초등학교 때는 책을 읽는 것에 집중시켜야 한다. 그러면 중학교에 올라가서 선생님의 수업이 쉽게 느껴진다. 공부에 흥미가 붙어서 학원을 거의 다니지 않고도 명문대를 졸업하고 미국 MBA 과정을 마친 경우도 봤다.

초등학교 때 가장 중요한 것은 국어라는 생각이 든다. 아무튼 평균보다 좀 떨어지는 성적이라면 부모가 적극적으로 도와주어야 한다. 아빠들 생각처럼 '초등학생인데 벌써부터'라고 생각을 할 수도 있지만 성적은 누적된 결과물이다. 계단을 쌓을 때처럼 기초가 흔들리면 그 다음 층은 쌓기가 점점 어려워지고, 설사 쌓는다고 해도 언제 넘어질지 모른다. 초등학교 성적이 대학까지 간다는 말은 그런 의미에서 일부는 맞는 말이지만, 경우에 따라서 집중적으로 몇 계단을 올라가는 경우도 있다. 무엇보다도 초등학교 때는 다양한 독서를 통해서 국사, 세계사, 사회, 영어 등 모든 분야의 학문을 이해하고 해석하는 능력을 키우는 것이 중요하지 않을까?

부모의 자존심과는 무관하게 아이의 기본적인 학습 인지능력 발달에 심혈을 기울여야 한다. 아이의 인지능력이 균형 있게 발달할 수 있도록 돕는 것이 부모의 책임이다. 아이의 인지능력 중 어느 부분의 발달이 늦어져 지연되고 있다면 부모가 개입해서 그 부분을 도와줄 필요가 있다. 아이에게 음식을 골고루 먹여야 건강한 것과 같다.

85점 맞는 아이를 95점을 맞게 하라는 말이 아니고, 공교육에서 평균 정도는 해야 한다는 것이다. 공교육에서 각 학년마다 정해 놓은 교과과정은 그 아이의 연령에 필요한 인지발달 내용으로 구성되어 있기 때문에 아이가 평균 이하의 점수를 계속 받게 되면 성장발달 요소에 결손이 발생할 수 있다. 엄마에게 '극성'이라고 말하기보다는 아이가 틀린 문제를 왜 틀렸는지 한번쯤 점검할 필요가 있다.

아이의 성적에 지나치게 민감한 엄마들은 나의 자존심 때문은 아닌지 살펴봐야 한다. 엄마들은 무의식적으로 자존심과 체면을 아이의 성적과 연관시키는 경우가 많다. 그럴 수밖에 없는 것이, 엄마들이 모이는 자리만 가면 자연스럽게 아이의 성적이 주제가 되고, 그때 공부를 못하는 아이의 엄마는 기가 죽는다. 아이의 성적이 나를 위한 것인지, 아이를 위한 것인지를 분별해야 한다. 아이의 공부는 성장 발달을 위한 과제이지, 부모의 자존심과는 관계가 없어야 한다. 아이가 자신을 위해서 공부를 하게 해야지, 결코 부모를 위해서 공부를 하게 해서는 안 된다.

자녀 교육에서 꼭 놓치지 말아야 하는 것이 있다. 엄마는 "영수가 꼭 95점 이상은 맞아야 돼."라고 말하고, 아빠는 "85점이면 잘한 거야."라고 말한다. 각각 다른 지침을 주는 부모를 보면 아이는 어떤 생각을 할까? 두 가지 경우로 나눠볼 수 있다. 첫째는, '엄마는 자신에게 부담을 주는 사람이고 아빠는 자신을 편안하게 해주는 사람'이다. 둘째는, '엄마는 내 능력을 인정해주는 사람이고 아빠는 내 능력을 인정해주지 않는 사람'이다. 어떤 아빠들은 공부하라고 강요하는 엄마보다는 자신을 더 좋아할 것이라고 생각한다. 그럴 수도 있겠지만, 대부분의 아이들은 그런 한 가지 이유만으로 아빠를 더 좋아하지 않는다. 아이들은 엄마든 아빠든 자신과 매일 공감과 질문을 하면서 상호작용하는 사람에게 깊은 정을 느낀다. 유태인들은 아이들과 수시로 질문하고 공감적인 대화를 하니까 갈등이 거의 없다고 한다. '공부 안 하고 뭐 해?', '학교 숙제는 안 하고 게임만 하냐?' 하면서 잘못하면 야단도 치고 하는 부모와는 미운 정과 고운 정이 생긴다. 그런 이이들은 내가 싫어하는 공부만 시키고 게임은 못하게 해도 마음속으로는 '엄마가 나를 사랑하는 거야.'라고 생각한다. 미운 정과 고운 정은 우리나라만 있는 독특한 문화이다. 서양 사람들은 우리나라 사랑 문화를 이해할 수가 없다고 한다. 서양은 사랑하면 살고, 미우면 헤어지니까 그런 것인가?

아빠들이 좀 신경을 써야 할 부분이 바로 그런 것이다. 사랑하는 마음을 밖으로 드러내지 않으면, 아내와 아이들은 아빠의 행동을 보고 걱정하지 않는 사람으로 받아들인다. 아빠는 아이와 대화를 하는 시간이 적기 때문에 표현하지 않으면 모른다. 아빠는 걱정하지 않는 것이 아니라고 아무리 말을 해도 아이는 그 말을 믿지 않는다. 아빠들은 섭섭하겠지만, 아이들은 항상 엄마 편인 이유가 바로 그것이다. 아이들은 싸우고, 혼나고, 칭찬도 받으면서 하루 종일 지지고 볶는 과정에서 엄마와 정이 든다.

아빠들도 아이의 초등학교 성적에 관심을 가져야 한다. 초등학교 때는 관심이 없다가 고등학교에 가서 갑자기 관심을 보이고 성적이 좋지 않으면 불같이 화를 낸다. 물론 대학입시 때문에 그러하지만, 교육은 중요하고 중요하지 않을 때가 따로 없다. 매 학년마다 기본적인 내용을 소화하여 아이가 평균의 성적은 유지할 수 있도록 관심을 가져야 한다. 초등학교 때부터 관심을 가져야 내 아이의 수준을 알 수 있고, 아이의 현재 상태를 그대로 인정할 수 있는 여유도 생긴다.

사교육을 시켜야 할 때

사교육이 문제라는 아빠

아빠는

영어, 수학, 미술이 사회생활에 필요하지도 않은데

아내는 계속 학원 수만 늘리려고 할까?

나는 왜 이렇게 극성스럽게

사교육에 앞장을 서는 아내와 결혼을 했을까?

학교에서는 어떻게 지내길래

학원을 안 다니면 성적을 올리지 못할까?

학원에 안 가면 바보 된다는 엄마

엄마는
알뜰하게 최소한의 사교육만 시키는데,
남편은 내가 극성이라고 난리야!
요즘 애들치고 학원 안 다니면서
학교 공부 따라가는 애들 있는 줄 알아?
남편은 현실을 몰라도 너무 몰라 답답해.

아이의 '사교육'은 부부가 가장 많이 부딪치는 부분이다. 남편은 아내가 자신도 모르게 은행에서 2,000만 원이나 빚을 졌다며 이혼을 해야 할지 고민 중이다. 남편은 아내가 돈을 함부로 쓰는 사람이 아닌데 전혀 감이 오지 않는다는 것이다. 빚진 이유가 있다. 이 집에서는 아이가 둘인데, 매달 40~50만 원씩 아이들 교육비가 부족했다. 3년이 지나고 보니까 그 돈이 2,000만 원이 되었다. 아내는 소심한 성격이라 남편에게 말을 하면 뻔히 반대를 할 것 같아서 말도 못 하고 대출을 해서 아이들 학원 교육을 시킨 것이다.

아빠들은 엄마들과는 달리 사교육비가 생활비처럼 필수가 아니라고 생각한다. 투자에 비해 성과가 적다고 생각하기 때문이다. 아빠들은 아이가 수학 점수가 오르지 않을 때는 두 달만 더 학원을 다니다가 그래도 "성적이 오르지 않으면 학원을 그만둬라."라고 한다. 그때 아이들은 '성적을 올리지 못하면 나는 배울 가치도 없는 인간인가, 아빠는 돈을 투자한 만큼 결과가 있어야 만족하는구나, 내가 성적을 올릴 때만 뒷바라지해주는 것이 가치가 있다고 생각하는구나.' 라고 느끼며 실망한다. 교육적 가치는 아이를 성장시키는 데 필요한 것이지, 그 지원으로 아이의 성적이 오를 때만 가치가 있는 것은 아니다. 시험에 꼴찌를 하더라도 아이가 시험 기간 내내 최선을 다했으면 그것으로 만족해야 한다. 아빠들은 자신이 사회에서 항상 결과물에 대한 추궁을 당하다 보니 아이의 교육에도 생산성을 강조하는 경향이 있다. 이런 아빠를 지켜보는 아이는 자신이 성적을 내지 않으면 아빠가 나를 지원해주지 않는, 조건 있는 사랑을 한다고 생각할 수 있다. 이렇게 되면 아이와 아빠의 관계가 멀어지는 것이다.

아빠들이 사교육을 무조건 반대하는 것은 아니다. 아빠들은 초등학교 때의 미술 학원, 피아노 학원, 체육 학원, 중고등학교 때의 영어 학원, 수학 학원 정도는 동의한다. 아빠들의 불만은 학원을 정신없이 너무 많이 보낸다는 것이다. 엄마들은 많은 학원을 다녀도 매일 가는 것이 아니기 때문에 많은 것이 아니라고 항변한다. 학원도 안 다니면 매일 게임만 한다. 아이가 하루 종일 무엇을 하는지도 모르면서 아빠들은 학원 가짓수만 가지고 극성으로 몰아붙인다며 엄마들은 억울해한다. 초등학생이라도 공교육 학습이 부진하면 그것이 쌓여 더 커지기 전에 빨리 도와주어야 한다. 그것은 해도 되고 안 해도 되는 것이 아니라 꼭 필요한 지원이다. 부모가 아이를 직접 가르칠 때는 화를 내면 안 된다. 화내면서 가르칠 것 같으면 처음부터 손을 대지 않는 것이 낫다. 화를 내면서 가르치면 공부는커녕 아이와 사이만 나빠진다. 학습은 성적이나 대학 진학만이 목적이 아니라 정서적인 인내와 끈기도 가르치는 성장 발달의 과정이기도 하다. 그렇다면 '초등학생 때의 수학은 사회에 나오면 별 도움이 안 된다.'라는 식으로 바라보지 말아야 한다.

그렇다고 사교육을 너무 과하게 해서는 안 된다. 사교육은 학교의 진도를 따라가기 위한 수준 정도로 지원하는 것이 적절하다. 엄마들은 몇몇 과목에 과도하게 욕심을 내는 경향이 있다. 대표적인 것이 '영어'다. 일주일에 몇 번 가야 하고, 하루에 두 시간씩 수업을 듣고 그 수업의 숙제도 수업만큼 해야 하는 양을 내준다. 그럼 아이들은 학원에 가지 않는 날도 계속 공부를 해야 하고, 다른 과목은 공부를 할 시간이 아예 없다. 사실 초등학생은 독서, 말하기, 듣기, 쓰기 공부가 더 중요하다. 사교육에 있어서 너무 지나친 선행학습은 무리다. 초등학생은 한 단원 정도, 중고등학생은 6개월 정도 선행학습이 좋다. 몇 년을 앞당겨서 선행학습을 하는 것은 아무리 머리가 좋아도 이해가 어렵고 자칫하면 공교육에 대한 흥미를 잃을 수가 있다.

학습은 인지적 발달과 정서적 발달을 조화롭게 해야 한다. 암기력이 좋은 초등학교 4학년이면 중학교에 나오는 시를 외울 수 있지만 그 시를 이해하지는 못한다. 머리가 나빠서가 아니라, 정서적 발달이 아직 그 수준에 미치지를 못한 것이다. 마찬가지로 수학의 경우, 사교육으로 초등학교 때 중학교 3학년의 것을 선행 학습하는 경우가 많다. 이것은 큰 의미가 없다. 수학은 문제 푸는 기술을 배우는 것이 아니라, 그 연령에 맞는 논리적 사고와 관련이 되어 있다. 잘못하면 지나친 선행학습이 아이에게 오히려 수학에 대한 좌절감을 줄 수 있다.

공교육 과정은 아이의 발달과정에 필요한 내용으로 구성되어 있어 약간의 예습은 괜찮지만, 몇 년이나 앞서가는 선행학습은 자제해야 한다. 선행학습을 할 때 그 내용을 정확하게 이해를 못 할뿐더러, 공교육을 할 때 흥미와 동기가 많이 떨어지게 된다. 선행학습한 것을 자신들이 완전히 이해한 것으로 착각해, 정작 그것을 배워야 할 시기에 제대로 배우려 하지 않을 수 있다.

초등학교 때 가장 필요한 것은 영어나 수학이 아니라 모국어다. 초등학교 고학년이 되어 전 과목을 잘하려면 모국어에 대한 정확한 이해가 있어야 한다. 어렸을 때 모국어는 소홀히 하고 영어에만 몰입하는 것은 크게 도움이 되지 않는다. 초등학교 때 영어와 수학에만 몰두하다가 다른 과목에 어려움을 겪는 아이가 의외로 많다. 영어가 중요하지 않다는 이야기가 아니라 국어, 영어, 수학의 시간을 잘 배분해야 한다.

아이가 공교육과 관련된 것이 부족하다면 사교육을 시켜야 하는 것은 부모의 의무다. 다만 아이가 "엄마, 나 학교 가기 싫어." 하는 경우에는 그것을 허용해서는 안 된다. "아니야, 힘들어도 참고 가야 한다."라고 말해주어야 한다. 미술가가 될 생각이 전혀 없는 아이가 미술을 시작한 지 1년 정도 되어서 "엄마, 나 미술 학원 안 갈래." 하면 좀 쉬게 해도 된다. 하지만 아이가 이런 말을 할 때 엄마가 쉽게 허락해주기 어렵다는 것이 현실이다. 아이가 뭐든 끝까지 못 하고 쉽게 포기할까 봐 끝까지 할 것을 강요한다. 아이가 무엇을 할 때 '힘들어도 반드시 참고 해야 돼.'와 '그래, 하기 싫으면 잠시 쉬어도 돼.'가 분명하게 구분되어야 한다. 그렇지 않으면 아이는 엄마가 뭔가를 배우라고 하면 자신의 의지와는 상관없이 끝까지 해야 한다는 부담감을 갖게 된다.

공교육 이외의 사교육은 아이의 의사를 적극 반영해야 한다. 아이가 "엄마, 너무 힘들어서 쉴게요." 하면 "그래, 쉬어. 이번 달까지만 참고 다니고, 다음 달은 할지 안 할지 생각해보고 말해줘."라고 말하고 "다시 하고 싶으면 말하렴. 기회는 언제든지 있다."라고 말해야 한다. 아이의 꿈이 미술가이고 그 꿈을 위해 미술을 배우는 거라면, 아이가 힘든 고비를 잘 넘기도록 도와주어야 한다. 취미로 하는 것이라면 아이가 편안하게 할 수 있도록 해야 한다.

좋은 학군 따라 이사 가야 할 때

지방에서도 공부 잘한다는 아빠

아빠는

어렵게 마련한 집을 팔고 전세를 살아야만 하나?

강남에 가서 공부를 시켜야만 하나?

거기는 교육비와 생활비가 비싼데 내가 감당할 수 있을까?

아빠가 돼서 너무 이기적인 건가?

아이를 위한 희생이 있어야 하는데

왜 나는 그런 마음이 선뜻 들지 않을까?

강남에서 교육을 시켜야만 한다는 엄마

엄마는

맹자 엄마는 아이를 위해서 세 번이나 이사를 했는데

아이를 위한 교육이 좋은 환경으로 당연히 이사를 가야지!

아이가 공부를 못하거나

생활이 어려우면 어쩌나 하고 겁도 나지만

내가 불편해도 참고

아이의 앞길을 터주어야 하는 것 아닌가?

좋은 학군을 따라 이사를 하는 문제로 갈등이 많다. 엄마들은 강남으로 이사를 가야겠다고 선포하고 아빠들은 반대한다. 초등학교 5학년 딸아이가 강북에서 학교를 다니고 있었다. 아빠의 직장은 중구 서소문에 있었다. 딸은 이곳에서는 공부를 1등 하고 있지만, 엄마는 더 좋은 교육 환경이 조성된 강남권으로 학교를 보내고 싶어 한다. 강남으로 가게 되면 지금 사는 아파트를 팔고 가든지, 새로 구입을 하든지, 전세로 가든지 해야 한다. 최근에 명문 학원의 통계에 따르면 서울대 출신의 약 40%가 강남구, 송파구, 서초구 출신이라고 한다. 이런 뉴스를 접하는 엄마들은 어떤 생각을 할까? 아마도 공부다운 공부가 시작되는 초등학교 때 강남으로 이사를 가고 싶어 할 것이다. 아이가 공부를 잘하면 이런 생각이 더욱 강해질 것이다. 전세나 월세를 사는 한이 있어도 아이의 잠재력을 키우기 위해 강남으로 이사를 감행하곤 한다. 아이 교육 때문에 대치동에서 전세를 사는 '대전 아줌마'라는 생소한 표현도 나오고 있다.

강북에서 강남으로 이사를 했다. 그 아이는 강북에서 공부를 잘하고 자신감이 넘치는 아이였다. 유치원 때는 방송 출연도 했고, 초등학교 때는 조선일보 전국 독후감 대회에서 동상도 받았다. 그런데 이사를 한 후 열등감에 시달리기 시작했다. 이전 학교에서는 최상위권이었지만, 여기서는 중위권밖에 되지 않았다. 이전 학교에서는 수학을 잘해서 칭찬을 받았지만 여기에서는 명함도 못 내밀었다. 전에는 산수를 100점 맞았는데 여기 와서는 80점밖에 나오지 않았다. 그 아이는 옛날보다 사는 것도 불편하고 재미도 없다.

아빠는 끝까지 반대했지만, '아이 교육을 위해서'라는 엄마의 말에 결국 어렵게 이사를 결정했다. 그런데 이사를 오고 나서 오히려 아이에게 문제가 생기기 시작했다. 그전에는 '김영숙'이라고 말하면 '공부도 잘하고 수학도 잘하는 아이'로 통했다. 그런데 강남으로 이사 온 후 자신감이 줄어들고 기가 죽어 보였다. 아이는 아빠만 보면 "우리 다시 옛날 집으로 이사 가면 안 돼?"라고 말했다. 엄마도 상황이 좋지 않은 것은 마찬가지였다. 처음부터 좋은 결과를 예상하지는 않았지만, 그래도 아이가 잘해줄 거라고 믿었다. 그런데 전학 오자마자 본 중간고사에서 아이는 난생처음 산수를 80점 받았다. 엄마는 그럴수록 사교육을 하나라도 더 시켜 예전 학교 때의 성적을 내기 위해 아이를 다그친다. 예전에는 '공부해라.'라는 잔소리 한 번 하지 않던 엄마가 최근에는 잔소리를 많이 한다. 엄마는 '너 때문에 여기까지 이사를 왔는데 이렇게밖에 공부를 못 하면 어떡해?'라고 말하고, 아이는 아이대로 "누가 이사를 오자고 했어? 엄마 맘대로 왔잖아!" 하면서 소리를 지른다.

교육 환경이 좋은 곳으로 이사를 하는 것이 꼭 나쁜 것만은 아니다. 하지만 교육 환경 때문에 가족 구성원 전체가 희생해야 하는 이사가 과연 옳은지는 한번 깊이 생각을 해볼 문제가 아닌가? 교육 환경 하나만 좋아지고 나머지는 모두 나빠진다면 바람직한 선택이 아니다. 이사는 지금까지 살던 삶의 질을 유지할 수 있거나 한 차원 높일 수 있다고 판단할 때 결정을 해야 한다. 더 중요한 것은 가족 구성원들이 서로 의견을 나누고 약간 불편함도 감수할 수 있겠다는 합의가 이루어져야 한다. 단지 '좋은 학군'이라는 한 가지 목적만 가지고 이사를 하면 문제가 발생하는 것이 당연하다.

그럼 엄마들은 왜 이렇게 무리해서까지 이사를 하고 싶어 할까? 이런 엄마들에게는 '맹모삼천지교(孟母三遷之敎)'가 자리를 잡고 있다. 맹자의 어머니는 맹자를 위해서 세 번이나 이사를 했다. 첫 번째 살던 곳은 공동묘지 근처여서 장사를 지내는 놀이를 했고, 두 번째 살던 곳은 시장 근처여서 물건을 사고파는 흉내를 냈고, 세 번째 살던 곳은 글방 근처여서 공부를 놀이처럼 했다고 한다. 아이가 교육의 환경에 영향을 받는 것은 사실이지만, '맹모삼천지교'를 '아이 교육을 위해서라면 이사를 해야 좋은 부모다.'라는 식으로 이해를 하는 것은 문제가 있다. 이 말은 단지 '사는 곳'이 아니라 '아이가 접하는 환경'의 중요성을 이야기하는 것이 아닐까? 그 환경은 아이가 생활하는 집안의 분위기, 장난감과 친구관계, 주변 사람들의 시선, 부모의 양육태도와 가치관, 부모가 살아가는 모습 등이 모두 포함되는 것이다.

그래서 '맹모삼천지교'는 단지 '이사'에 초점을 두고 볼 것이 아니라 더 깊고 높은 철학적 사유의 시선으로 봐야 한다. 한 가지 사실이나 이론에 매몰되어 그 이상의 것을 볼 수가 없는 사고에 갇혀 버리면 안 된다. 가치관 내지 철학에 있어서는 그것을 뛰어넘어 통합적인 사고를 가져야 한다. 그런 눈으로 자녀를 바라보는 안목의 눈이 있어야 한다. 나는 과연 자녀를 바라보는 안목이 어느 정도인가?

한 가지 꼭 기억을 해야 할 것은, 아이에게 지나치게 투자를 많이 하면 부모는 자신도 모르게 아이로부터 그에 대한 보상을 요구하게 된다는 점이다. 부모는 무심결에 "너한테 들어간 돈이 얼마인데…" 말을 하면서 지나치게 기대치가 높은 메시지를 보낼 가능성이 크다. 투자한 만큼 뽑아내고 싶은 것이다. 그것이 성적이든, 공부하는 모습이든. 물론 부모의 말이 곧 돈이 중요하다는 의미는 아니겠지만, 아이들은 부모가 무심결에 내뱉은 말에 오해를 할 수 있다. 부모가 대가를 바라면서 교육적 지원을 하는 것은 좋은 교육이 아니다. 아이가 부담을 느껴 잘하던 공부도 못하게 될 가능성이 크다. 초중고등학교에 다니는 아이들이 학습능력을 잘 발휘하는 데 가장 중요한 것은 정서적인 안정이다. 이 시기에 친구관계가 원만하지 못하거나, 선생님과의 관계 형성이 힘들거나, 부모님과의 관계가 불편해서 정서적으로 안정이 되지 않으면 공부를 잘하기가 어렵다.

아내가 강남으로 이사를 하자고 하면 남편들은 머릿속으로 많은 생각을 하게 된다. '집을 팔고 전세로 가면서까지 가야 하나.' 하는 생각도 들고, 다른 한편으로는 '자신이 너무 이기적인가, 부모라면 자식을 위해 희생하는 것이 당연한 것이 아닌가?' 하는 생각도 든다. 아내에 대해서는 내가 결혼을 잘못한 것 같다. '저 여자는 왜 저렇게 자식 교육이라면 막무가내가 되는가?' 하는 생각도 든다. 아빠들은 자신의 수입이 줄어드는 것에 대해 엄마들보다 더 불안해한다. 하지만 자신이 나쁜 아빠로 비칠까봐 대놓고 반대도 못 한다. 이사를 반대하면 아내가 "자신은 어떻게 되든 말든, 혼자 평생 집이나 끼고 살아봐."라고 말할 것 같다. 엄마는 자식을 위해 헌신하는 사람, 아빠는 자식보다 자산이 중요한 사람으로 취급할 테니 말이다. 평소 아빠는 자신의 생각을 숨기고 있다가 주변 친구들이 "아이 교육 때문에 이사까지 가는 것은 무리가 아닌가?"라는 말을 들으면 갑자기 아내가 너무 과하다는 생각이 밀려온다. 이사 후 이런저런 이유로 짜증이 나는 상황에서 아이의 성적까지 좋지 않으면, "이거 봐,

당신 때문에 이렇게 됐다."라고 비난을 하게 된다. 무리한 이사가 부부간에 갈등을 유발한다.

사실 이사는 신중해야 한다. 엄마가 "너 때문에 이사를 간다."라고 하면 아이는 참으로 난감하다. 아이는 원래 살던 곳에 친구들도 많이 있고, 동네에서도 인정을 받고 있어서 이곳을 자신이 살기 좋은 터라고 여기고 있는데, 엄마가 갑자기 좋은 대학을 가야 한다며 전학을 가자고 하면 썩 마음에 들지 않는다. '꼭 가야 하나?', '왜 가야 하나?' 하는 의문과 반감도 생긴다. 또 '이사를 갔는데 엄마 아빠의 기대에 못 미치면 어쩌나.' 하는 불안감이 들어 전학 가기도 전에 스트레스를 받게 된다. 긴장하거나 스트레스를 받는 상황에서는 자신이 가지고 있는 실력이 발휘되기 어렵기 때문에 전학을 가서 오히려 아이의 성적이 떨어지는 경우가 많다.

그렇다고 해서 엄마들의 극성을 나무라는 것은 아니다. 이는 엄마의 마음속에 걱정이 있어 하는 행동이다. "아이가 더 좋은 환경에 가면 더 잘할 수 있지 않을까? 더 잘할 수 있는 아이인데 엄마가 뒷바라지해주지 못해 썩히게 되는 것은 아닐까." 하는 미안함, 죄책감, 불안감이 있다. 아빠들은 엄마를 비난하기보다는 불안감을 공감해주는 것이 우선이다. 엄마들의 집착이나 자기만족이 아니라 아이에 대한 걱정 때문이라는 것을 이해해야 한다. 엄마는 아이가 공부를 잘해도 걱정, 못해도 걱정이라는 마음을 아빠들이 읽어주지 않으면 더욱 불안해진다. 불안이 커지면 커질수록 아빠와 의논을 하지 않고 혼자 고집스럽게 처리를 해버려 정말 극성스러운 엄마가 된다.

엄마들의 불안한 마음을 어떻게 읽어줄까? 일단 아빠들은 현실을 인식하는 공감이 우선이다. 엄마들 말대로 강남에는 정말 좋은 학원과 좋은 선생님들이 많은 것이 사실이다. 이사를 못 갈 상황이라면 엄마가 강남으로 이사를 못 가서 생기는 불안한 마음을 해소시켜야한다, "당신이 더 좋은 환경에서 아이를 키우고 싶어 하는 마음은 충분히 이해를 하고 있어. 지금 상황에서 이사를 하면 여러 가지 문제들이 발생할 수 있어. 그러나 다른 대안을 생각해보면 어떨까? 그 대신 일주일에 2번 정도는 내가 학원에 데려다줄 수 있어. 강남에 사는 회사 사람들이 많이 있으니까 수소문해서 좋은 선생님도 좀 알아볼 수 있어."라는 식으로 부드럽게 대화를 진행한다. 본인이 영어를 잘했다면 일주일에 몇 번 정도는 아이의 영어 공부를 봐준다는 식의 대안도 제시한다. 엄마가 걱정으로 불안해하는 것을 알면서, 그냥 방관자처럼 팔짱을 낀 채로 그것이 '옳다' '그르다' 판단만 하는 것은 잘하는 것이 아니다. 엄마의 걱정과 불안을 충분히 공감하고 그에 대한 실질적인 행동이나 시각적인 대안을 제시해야 하지 않을까?

성적이 떨어져 학원을 가야 할 때

공부 방법이 틀렸다는 아빠

아빠는

성적이 떨어질 줄 알았어!

책을 읽고 쓰기도 해야 하는데,

눈으로만 보니 머릿속에 뭐가 남겠어?

그런데 무슨 또 학원을 보내?

나는 안 그랬는데 쟤는 누구를 닮아서 그래?

학원 더 보내야 한다는 엄마

엄마는

공부를 잘하던 아이가 왜 갑자기 성적이 떨어진 거지?

지금 성적을 만회하지 못하면 대학 가기 어려운데 어쩌지?

너무 불안해. 학원을 하나 더 보내야 할까 봐?

공부를 잘하던 아이가 갑자기 성적이 뚝 떨어지면 부모는 걱정하고 불안해한다. 아이의 문제가 번져서 배우자에게 상처를 주는 말도 서슴지 않아 부부간의 갈등으로 발전하는 경우가 많다. 엄마에게는 아이가 떨어진 성적을 회복하지 못하면 어쩌지 하는 불안감이 생긴다. 다른 엄마들을 만나서 이야기를 들으면 불안감은 가중된다. 걱정해준다고 한 말들이 아이의 엄마를 더욱 불안하게 부채질한다. "중학교 때의 성적이 정말 중요한데, 철수 엄마 정신 바짝 차려야 해. 미끄러지면 한순간이야." "그 말이 맞아, 우리 동생네 딸 그때 갑자기 영어 성적이 떨어지더니 헤어나지 못하더라고." 등의 이야기는 엄마를 더욱 불안하게 만든다. 어떤 엄마들은 이유 없이 성적이 떨어지는 것은 아닌지 걱정을 한다. '선생님과의 관계가 안 좋은가', '친구랑 관계가 안 좋은가' 등을 걱정한다.

아빠들은 아이가 공부를 열심히 안 해서 성적이 떨어진 것이라고 생각한다. 아빠는 '너 공부하는 것을 본 적이 없어!'라고 생각하고 아이를 볼 때마다 "너 왜 공부 안 해? 빨리 들어가서 공부해."라는 말을 자주 한다. 아빠들은 아이의 성적이 떨어진 것은 단순히 아이의 '불성실'이라고 생각한다. 아이의 성적이 떨어지는 것을 배우자의 탓으로 돌리기도 한다. 엄마나 아빠 중 한쪽 배우자가 가정에 충실하지 않을 때 "당신이 그렇게 집안에 신경을 안 쓰니까 그렇지."라고 비난한다. 부모가 합심해서 아이가 실패를 딛고 나아가게 돕기보다는 배우자를 탓하는 기회로 삼는 경우가 많다. 배우자에게 뭔가 쌓인 것이 많은 사람은 이 문제가 해결되지 않기를 무의식적으로 바라기도 한다.

엄마들은 아이의 성적이 떨어지면 걱정이 앞서는데, 아빠들은 성적이 떨어진 이유를 찾아내기 위해 마치 형사처럼 취조한다. 공부를 잘하던 아이임에도 한 번의 실수에 공부하는 방법 자체를 의심한다. "네가 시험공부를 하는 것을 보니 방법이 틀렸다. 너는 외우지는 않고 눈으로만 보잖아. 요점만 외워야 하는데 전체를 외우려 하잖아. 쓰면서 해야지 그렇게 해서 외워지겠어?"라고 지적을 한다. 그리고는 자신이 제시하는 방법을 따를 것을 요구한다. 아이가 그 방법을 따르지 않고 자기만의 방법이 있다고 하면서 저항을 하면 "그러니까 성적이 오르지 않지!" 하는 식으로 말을 한다.

대학을 졸업하고 공무원 시험 준비를 하는데 아슬아슬하게 여러 번 떨어진 여학생이 있다. 공무원 시험에 합격한 사람이 말하는 방법으로 공부를 하면 쉽게 합격을 하는데, 그 여학생은 전혀 귀담아 듣지를 않는다. 말로는 학원 강사도 공무원 시험 합격한 사람처럼 공부를 하라고는 하는데 그 여학생은 "기존에 해오던 나름대로의 공부방식이 있어 바꾸기가 쉽지 않다." 하였다. 결국 시험공부를 포기하고 말았다.

변화는 기존의 방식을 부정하는 것에서 출발한다. 기존의 틀을 없애고 새로운 틀에 접하는 것이다. 그래서 변화와 혁명이 어려운 것이다. 마찬가지로 아이가 나름대로 해오던 공부방식이 있는데, 아빠의 방식을 제시한다고 해서 쉽게 받아들여질 수 없다.

남자와 여자 뇌의 구조상 차이점과도 관련이 있다. 남자의 뇌는 여자의 뇌보다는 분석적이기 때문에 어떤 문제가 발생하면 뭔가 똑 떨어지는 구체적인 원인을 찾고 싶어 한다. 아빠들은 어떤 문제가 발생하면 수학 문제처럼 해결하려고 애를 쓴다. 여자의 뇌는 분석보다는 감성적이다. 엄마는 아이의 생활을 전반적으로 파악하고 아이의 성적이 갑자기 떨어진 이유를 찾고 싶어 한다. 아빠는 아이를 화나게 하고 공부를 더 안 하게 만든다. 그보다는 아이가 무서워서 공부를 못하게 된다는 것이 더 좋은 표현일 듯하다. 아이 자신도 왜 성적이 떨어지는지를 알지 못해 혼란스러운데, 아빠까지 자신의 공부방식이 틀렸다고 하니 더 혼란스럽다. 아빠가 자신의 공부 방법을 부정하는 것에 대해 반항심까지 생겨 아빠의 방식을 따르고 싶지 않은 것이다. 또 한편으로는 자기 방식대로 공부를 했다가 '또 떨어지면 어쩌나?' 하는 불안감이 생기고, 실패가 두려워서 공부를 포기할 수도 있다. 아이는 나름대로 공부를 열심히 한다고 해도 어느 때는 좋은 결과가 나오기도 하고 어느 때는 나쁜 결과가 나오기도 하는데, 성적이 조금만 떨어져도 아빠가 자신을 믿지 않으니 공부 자체가 싫어지게 되는 것이다.

아이의 성적이 떨어졌을 때 한두 번의 실패는 대범하게 넘어가야 한다. 부모는 아이에게 "원래 실패하면서 성장하는 거야. 떨어질 때도 있어. 올라갈 때도 있겠지."라고 말을 해야 한다. 아빠처럼 아이의 공부 방법에서 그 원인을 찾거나 엄마처럼 정서적인 문제에서 그 원인을 찾는 것이 나쁜 것은 아니다. 하지만 아이가 예민해져 있는 상태에서 부모까지 예민하게 대하면 아이는 예민하게 받아들여 상황이 더욱 악화될 수 있다. 아이는 작은 실패를 삶의 한 과정으로 소화시키지 못하고, 그저 불편한 기억으로만 남게 된다. 성적이 떨어질 때마다 그때의 불편한 기억이 떠올라서 불안하고 무기력해진다.

매일 해가 떠 있으면 너무 뜨거워서 곡식은 말라 죽는다. 가끔은 소나기가 와서 뜨거운 열을 식혀주어야 식물이 자라는 것이 자연의 이치다. 마찬가지로 우리의 삶에는 늘 굴곡이 있다. 등산은 정상을 향해 올라가는 길이 있으면 반드시 하산하는 길도 있다. 산을 올라갈 때는 많이 힘들지만 하산을 할 때는 편하게 내려올 수 있다. 아이들에게 인생이란 그런 것이라고 말해주었으면 한다. 하지만 아이의 성적이 떨어졌을 때 무조건 괜찮다고 말하는 것도 좋은 것이 아니다. 원인을 분석해서 객관적으로 말해주는 것도 필요하다. 너무 세밀한 것에 집착하는 것은 아이의 행동을 바꾸는 데 전혀 도움이 되지 않는다. 과민 반응을 하지 않으려고 했는데 과민 반응을 하고 있다면 자신의 불안 때문인지 돌아봐야 한다. 이럴 때 '질문'기법을 사용하는 것이다. 아이에게 "왜 성적이 떨어졌는지 생각을 해본 적이 있어?" 하고 물어본다. 대개의 아이들은 "공부를 좀 안 했어요."라고 말한다. "그랬구나! 공부에는 왕도가 없어. 공부할 시간이 적으면 아무래도 그렇지."라고 말하면 의외로 인정한다. "너 그럴 줄 알았어. 집에 오자마자 게임을 하지?"라고 비난을 하면 아이도 "나 공부를 많이 했거든요!"라고 반항을 한다. 그럼 부모는 "공부를 했는데 성적이 떨어져?" 말한다. 아이의 감정을 더 자극한 것이다. 성적이 떨어졌을 때는 한발 뒤로 물러서서 바라보도록 도와주고, 스스로 답을 찾도록 도와준다. 아이의 자존심을 자극해서는 안 된다. 먼저 답을 알려주거나 처리를 해서는 안 된다.

대화는 '나' 기준이 아니라 '너' 기준이 되어야 한다. 너 기준의 대화다. 아이가 "이번에는 공부를 덜 했어요."라고 말하면, "왜 덜 하게 되었는데?" 물어봐주는 것이 좋다. "이번 중간고사 범위가 넓어서 최소 3주 전부터는 해야 하는데, 2주 전부터 공부를 시작했거든요."라고 대답하면, "좋은 것을 배웠어. 다음부터는 3주 전부터 공부를 시작하면 되겠네."라고 말해주면 된다. 그럼 아이는 빨리 수긍을 한다. 또는 아이가 "이번에는 실수를 많이 했어요."라고 말하면, "거 봐, 문제를 잘 읽으라고 했지?"라고 말하지 말고, "왜 실수를 한 것 같은데?"라고 물어야 한다. 아이의 대답을 들은 후에 "너 평소에 실수를 많이 하니?"라고 재차 묻는다. 대개는 "아니오."라고 말한다. "그럼 왜 실수를 많이 했을까?"라고 묻는다. 그때 아이는 곰곰이 생각을 해보지 않을까? "한 번 풀었던 문제와 똑같은 지문이 나와 똑같은 문제라고 착각을 했어요. 시험이 끝나고 보니 좀 달랐어요."라고 대답할 수 있다. "아, 그랬구나. 아쉽네. 문제를 똑같이 내면 출제자가 자존심이 상하거든. 그래서 보통은 내용을 좀 틀어서 많이 내. 이번에 좋은 것을 공부한 거야."라고 말해준다. "이번에 좋은 것을 공부했으니 다음에 시험을 볼 때는 실수를 하지 않을 거야."라고 말을 해주면, 아이들은 대부분 부모의 말에 수긍을 하고 다음에 시험을 볼 때 실수도 반복하지 않는다.

아이가 어리다면 더 쉽게 풀어서 말해준다. 만약 아이가 받아쓰기에서 20점을 받아 왔다면, "받아쓰기가 어려웠니? 한글이 어려워?"라고 묻는다. 아이는 "아니에요. 저 한글 다 알아요."라고 대답할 수 있다. "한글 다 아는데, 왜 틀렸어?"라고 말을 하면 안 된다. 아이가 스스로 답을 찾아갈 수 있게 질문을 한다. 아이의 말에 정말 안타까워하면서 "아휴, 우리 아들이 그랬구나."라고 말한다. 그럼 아이가 자신의 문제에 대한 원인을 스스로 분석하고 해답을 찾으려고 노력한다.

대다수의 부모들은 아이에게 질문을 거의 하지 않는다. 아이를 무시해서가 아니라 아이를 주관적으로 사랑해서 아이와 자신이 독립되지 않는다고 생각한다. 부모는 아이를 바라볼 때 기본적으로 "임신 때부터 내 아이를 엄청난 인물로 만들 것이다."라고 생각한다. 그런 생각이 너무 강해서 내 아이를 객관적으로 바라보지 못한다. 내 생각이 곧 아이의 생각이고, 내 생각을 아이가 이해할 것이라고 오해를 한다. 부모와 자녀는 분명한 경계선이 있어야 하는데, 경계선이 없는 것이 문제다. 옆집 아이라면 "왜 그렇게 했을까?"라고 물을 것도, 내 아이는 다 생략하고 부모의 생각만 말을 하는 경우가 너무 많다. 아이의 성적이 갑자기 떨어졌을 때 엄마 아빠는 어떻게 해야 할까? 엄마 아빠는 아이가 자신의 문제를 객관적으로 보고 스스로 찾을 수 있도록 도와주어야 한다.

아이가 공부를 싫어할 때

애를 어떻게 가르쳤냐는 아빠

아빠는
죽어라 돈을 벌어다 주었는데
애 하나 못 키우는 아내를 비난한다.
나는 학원을 다니지도 않고 공부를 잘했고

지금은 해달라는 것을 다 해주는데 왜 공부를 못해?

매일 게임이나 하는 것을 보면 내 자식 같지도 않고

처갓집 피가 흐르는 것 같기도 하고….

애가 공부 안 한다는 엄마

엄마는

왜 우리 애가 공부에 흥미가 없을까?

이러다 대학도 못 가면 어쩌나?

내가 잘못 키운 것 같기도 하고, 불안하고 힘들어!

남편은 공부도 하나 못 가르치지만

내 맘대로 안 되는 것이 자식인 것을….

공부가 정말 싫은 아이도 있다. 시험 때라도 책상에 앉아서 공부를 하는 척이라도 했으면 하는데, 그것조차 하지를 않는다. 이를 지켜봐야만 하는 엄마 아빠의 마음은 어떨까? 많은 아빠들은 아이가 '미워져서 화를 내고' 아내에게는 '죽도록 돈을 벌어다 주는데 아이 하나 제대로 못 가르치나?'라고 생각한다. 이런 아빠들은 대부분 평소 아이의 교육에 관여를 하지 않는다. '내가 신경을 못 써서 그런 가.'라고 생각하기보다는 어릴 때 장모님이 키우셔서 저렇게 되었다고 생각한다. 평소 아이와 의사소통을 많이 하는 아빠들은 대개 아이 문제를 바라볼 때 엄마와 생각이 비슷하다. 이런 아빠들은 아이에게 무슨 일이 있는지 걱정하고 염려를 하면서 무엇을 지원해야 할

불안한 엄마 아빠 행복 레시피

지 고민한다.

엄마들은 아이가 공부를 못하는 것을 자신의 탓으로 돌리는 남편에게 정말 아무 걱정도 하지 않는 모습이 공부를 하지 않는 아이와 똑같다고 느낀다. 또 '쥐꼬리만큼 돈을 벌어다 주고 생색만 내지, 언제 아이에게 신경 한번 써봤어?'라고 생각한다. 아빠는 혼자 돈 버는 것은 어마어마한 일이라고 생각하고, 엄마들 역시 집에서 살림하고 아이를 키우는 것이 어마어마하게 힘든 일이라고 생각한다. 엄마들은 집안일을 대수롭게 생각하면 "돈 벌면 다야?"라고 공격을 한다. 한판 싸우고 나면, 엄마 아빠들은 서로 '우리 아이가 누굴 닮아서 저렇게 공부를 하기 싫어할까? 우리 집안에는 저렇게 공부를 못하는 사람이 없는데'에 집중한다. 사돈의 팔촌까지 거슬러 올라가서 집안에서 공부를 누가 잘했는지를 따져본다.

엄마는 아이가 공부를 너무 안 하면, 뭐라도 시켜야 불안하지 않으니까 학원 한 개 다니던 것을 두 개 이상으로 늘린다. 아빠는 엄마의 그런 방식이 불편하다. 엄마들은 못난 아이가 더 애틋하고 돕고 싶어지지만, 아빠는 능력이 없다고 미워하는 경향이 있다. 아빠들은 아이의 공부가 잠재력을 펼칠 수 있는 절호의 기회라고 생각한다. 농경사회에서는 힘이 센 사람이 능력이 있는 것이었지만 지금은 공부 잘하는 사람이 능력이 있는 사람이다. 아빠들은 능력 없는 자식을 싫어한다. 아빠는 아이가 공부를 하지 않을수록 혼을 내는 일이 많아지고, 아이가 누리던 권리들을 뺏는다. 휴대폰을 정지시키고, 컴퓨터를 못 하게 하고, 귀가시간을 제한하는 등 아이의 행동을 규제한다. 엄마들은 생활비를 줄여서라도 공부를 지원하려 하고, 아빠들은 규제를 더 강화하는 분위기로 몰아간다.

엄마 아빠 모두가 아이의 문제에 대한 대책이 미흡하다. 공부를 싫어하는 아이에게 학원 수를 늘리려는 엄마의 방법과 강제로 아이의 특권을 박탈하려는 아빠의 방법은 모두 좋은 방법이 아니다. 아이는 엄마에게 갖은 거짓말을 해서라도 학원을 빠지려고 할 것이고, 아빠에게는 심하게 반발을 한다. 사춘기라면 그 반항의 심리로 공부를 더 안 한다. 아빠의 요구에 수긍하면 자신이 굴복을 당하는 것 같아 끝까지 자존심을 지키기 위해 공부를 하지 않고 버틴다. 엄마 아빠는 아이가 왜 공부를 하지 않는지에 대한 본질에 관심을 두라. 아이에게 "공부를 안 하면 어떻게 되는지 알지?"라고 협박을 하지 말고, "왜 공부를 하지 않는지?"에 대해 진솔하게 물어보라.

우리는 왜 공부를 할까? '공부'는 '학문이나 기술을 배우고 익히는 것'이다. 공부는 그저 점수나 등수를 올려서 좋은 학교, 회사에 가기 위한 것이 아니다. 공부라는 과정을 통해 어느 때는 재미가 있고 어느 때는 힘든 과정을 이겨내고 무언가 최선을 다해 열심히 하는 것을 배우기 위함이다. 그러한 경험을 습득하기 위해 공부를 하고 시험을 본다.

공부를 싫어하는 아이에게 "너 공부 안 하면 나중에 밥도 먹지 못하는 거지."라고 강요하지 말고, 진정한 공부의 의미를 가르쳐야 한다. "학교 공부가 너에게 맞지 않더라도, 그 공부를 통해 힘든 것도 최선을 다해 참아내는 훈련을 하는 거다. 반드시 공부를 잘해야 하는 것은 아니다. 그렇다고 무조건 안 하는 것도 안 된다." 어떤 부모들은 아이가 공부를 못하면 아이가 잘하는 것을 찾기 위해 이것저것 다 시켜본다. 이것은 별로 좋은 방법이 아닌 것 같다. 학교 공부를 통해 배워가는 기쁨이나 힘든 것을 참고 최선을 다하는 것을 경험하지 못한 학생은 운동이든, 요리든, 미술이든 열심히 하지 않는다. 학원 수를 늘리는 것보다는 아이가 한 번이라도 열심히 해서 배움의 기쁨을 맛볼 수 있는 그 무엇인가를 찾아주어야 한다.

어떤 아빠는 아이가 그림을 그리는 것을 좋아하는 것을 알았다. 거기서 힌트를 얻어 '황소'에 대한 그림의 역사에 대해 조사를 해보라고 했다. 그로부터 1주 후에 아이는 아빠에게 신나게 황소에 대한 이야기를 풀어가기 시작했다. "황소의 그림은 이중섭의 작품이고요. 그는 이북에서 태어났어요. 일본에 가서 공부를 했어요. 부산에서 살다가 제주도에 가서 살았어요. 일본 여자와 결혼을 했구요."라고 줄줄이 읊어댄다. "와, 그래? 그런데 황소의 역사를 어떻게 알았어?"라고 물었더니 "아빠, 그거요. 황소의 그림을 찾기 위해서 인터넷과 유튜브 등 다 뒤졌어요. 이중섭은 황소 작품 외에도 유명한 작품이 많아요." 그 다양한 그림을 카톡에 사진을 찍어 와서 보여주었다. 공부라는 것에는 전혀 관심이 없던 이 아이는 마치 미술전문가처럼 유창하게 설명했다. 아이는 내가 내준 숙제를 통해서 무언가 탐색하고 호기심을 갖고 찾는 것에 대한 즐거움을 깨닫게 된 것이다. 그것을 통해서 남에게 설명해줄 때의 자부심을 갖게 된다.

이런 접근 방법은 공부를 안 하는 학생에게 아주 유용하다. 부모의 역할은 살며시 아이가 흥미를 갖도록 방향성의 안내만 해도 충분하다. 매일 2시간씩 누구를 공부시키는 것이 아니라 그 시간 동안 무언가 알아가는 즐거움을 갖도록 하는 것이다. "영수야. 이중섭 화가가 그린 황소를 알고 있어?" "글쎄요. 잘 모르겠는데요…." "너도 기억이 안 나는구나? 아빠가 한번 찾아볼게." 아빠가 먼저 인터넷을 검색해서 정보를 발견한 후 "아하, 황소다. 황소 그림은 어디에 보관되어 있을까? 그 그림이 있는 미술 박물관은 어디에 있을까? 그 박물관을 찾아가려면 어떻게 가야 할까?" 이런 식으로 하나의 주제에 관해서 함께 탐색해나가는 것이다. 학교에서 억지로 하는 공부가 아니라, 아이가 부모의 질문을 생각하며 답을 찾게 하는 행동이다. 이 것이 진정한 공부가 아닐까?

아이가 공부만 잘하면 더 이상 바랄 것이 없다고 말하는 아빠에게 묻는다. '보험회사에서 영업실적이 좋은 사람들이 어느 대학 나왔는지 아세요?' 하면 대부분 잘 모르겠다고 한다. 그들은 비 오면 비 온다고, 눈 오면 눈 온다고 안부 문자를 보내서 고객관리를 한다. 다음에 거래를 성사시키고 '보험왕'이 된다. 아이들이 공부를 해야 할 이유는 다양하지만 '그 열심히 하는 태도와 인내력'을 배우는 것이다. 공부로 먹고사는 사람은 지극히 소수다. 내 아이는 무엇을 할지 아무도 모른다. 아이가 회사에 다닐 수 있고, 장사를 할 수도 있고, 요식업을 할 수도 있다. 그것을 잘하기 위해서는 지금 배우는 지식의 양이 아니라 '열심히 하는 태도'가 중요하다. 그런 태도를 가르치기 위해 가장 많이 쓰는 방법이 학교 교과과정 속에 있는 시험 제도라는 것을 꼭 기억해야 한다. 학교 공부를 못 따라가는 아이라면, 다른 방식의 공부를 가르쳐야 한다.

아이가 어떤 한 가지라도 열심히 하는 태도가 있다면, 다른 것에도 '어, 이것은 왜 그렇지?' 하는 의문을 품게 되고, 그것을 알고 싶어 하는 욕구가 저절로 생긴다. 어떤 것을 통해서 열심히 하는 태도를 가르치면 아이가 학교 공부를 대하는 자세가 확 달라질 것이다. 아이가 공부를 하기 싫어하는 가장 큰 이유는, '공부하면 혼나는 것'이라는 공식을 가지고 있기 때문이 아닐까?

아이들은 부모한테 수시로 듣는 말이 "이번에 평균 85점 못 맞으면 용돈은 없다. 95점 맞으면 휴대폰 사준다."라는 말이다. 금지 내지 조건으로 인해 한 번도 즐겁게 공부를 해본 적이 없어 '공부' 하면 '싫다. 지겹다.'라는 생각이 떠오른다. 공부는 등수나 점수가 아니다. 공부는 열심히, 그리고 치열하게 살아야만 하는 이치와 태도를 배우는 것이다. 공부는 정서적 만족감을 느끼고, 누군가를 닮고 싶은 마음이 생기고 그 과정에서 시행착오도 하면서 경험한다. 수학 문제 하나 더 푸는 것보다는 부모가 주는 정서적 안정과 편안한 경험이 공부의 토양이 된다. 부부의 갈등이 심하거나 부모와 아이가 갈등이 있는 상태에서는 아이가 공부를 잘하기를 기대하기가 어렵다.

공부를 싫어하는 아이에게는 무기력감도 있다. 한 아이는 이런 말을 했다. "선생님, 제가 지난번에 열심히 공부를 하고 시험을 봤는데 글쎄 50점 나왔어요. 그런데 이번에는 공부를 전혀 하지 않고 시험을 봤는데 60점 나왔어요. 저는 공부를 하지 않고 시험을 보는 것이 더 나은 것 같아요." 이 아이의 말속에는 '무기력'이 있는 것이다. 자신은 공부에 관해서는 아무것도 할 수 없다고 생각한다. 부모들은 아이가 공부를 열심히 하라는 의미에서 신문이나 뉴스를 보다가 "야, 이것 좀 봐. 요즘 외국에서 박사 학위를 받고 와도 취업을 못 한다. 너도 정신 바짝 차리고 공부해야 돼. 지금처럼 공부를 해서는 아무것도 못 해."라고 말한다. 아빠는 공부의 의미에 대해 말할 때 세상은 정말 가혹한 곳이니 열심히 공부를 해야 한다는 메시지를 주고 싶다. 아빠 말을 듣고 '그래, 아빠 말이 맞다. 성공하려면 정말 열심히 공부해야겠다.'라고 생각하는 아이가 얼마나 있을까? '유학까지 갔다 온 사람이 취업이 안 되는데, 나 정도가 뭘 하겠어. 힘들게 공부해서 뭐 하나. 어차피 해도 욕 먹고 안 해도 욕을 먹으니까…' 하고 자포자기하며 미래에 대한 꿈을 잃어버린다.

아이가 열심히 한다면 부모가 원하는 성적을 받지 못해도 비난하거나 무시를 해서는 안 된다. 작은 변화에도 칭찬과 격려를 해야 꿈이 생긴다. 앞서 사례에서 '황소의 그림에 대해 열심히 공부한 아이에게 "야, 정말 대단하구나. 아빠는 황소에 대해 잘 몰랐는데, 미술에서 활력을 주는 힘이 있다는 사실을 알게 되었다. 요즘 미술은 과학이네."라는 식으로 아주 구체적으로 칭찬을 한다. 미래에 대한 부정적 감정이나 무기력감을 극복할 수 있는 힘이 아이에게 생기지 않을까?

- 아빠가 "생활비 좀 아껴 써라!" 하는 것은 돈이 없다는 것을 자존심상 간접적으로 표현
- 아빠들은 효과에 대한 투자성을 중시하고, 엄마는 공감을 중시
- 맹모삼천지교는 장소가 아닌 환경, "너한테 돈이 얼마 들어갔는데…"는 나쁜 환경
- 성적 안 오르면 불안해서 학원 보내고 싶은 엄마, 형사 취조하는 아빠의 불안
- 아빠들은 공부 못하는 자녀가 싫어서 휴대폰 정지, 그래도 엄마는 지원
- "너 공부 안 하면 나중에 밥도 못 먹어." 하는 공갈은 아이가 저항 내지 학업 포기

02

아이의 친구관계 문제 해법

부모가 아이에게 초등학교 생활 중 무엇이 가장 걱정인지 물으면 '공부'라고 할 것 같지만 의외로 '친구'라고 생각한다. 왜 그럴까? 초등학교 입학 전에는 집에서 '왕자'와 '왕비'의 대우를 받았다. 그런데 학교에 입학을 하고 보니 반 전체가 왕자와 왕비이고 그들과 경쟁해야 하는 '노예'와 '무수리'로 살아야 한다. 부모들이 아이가 학교에서 친구들과 잘 지냈으면 한다. 또한 아이가 학교에서 외톨이가 되거나 괴롭힘을 당할까 봐 걱정도 한다. 그러다가 중고등학교에 가면 부모의 생각이 많이 달라진다. 이때는 친구가 오히려 공부에 방해가 된다는 생각이 더 커지면서, 너무 친하게 지내는 것을 그냥 좋아하지 않는다.

아이들에게 친구가 주는 의미는 크다. 친구들과 잘 어울려야 성장해서 사회화가 가능해진다. 이때 부모의 역할이 중요하다. 부모와의 관계가 안정되었는지 여부에 따라 건강한 사회적 발달에 결정적인 역할을 하게 된다. 부모와의 관계가 단단해야 아이는 유아기, 청소년기에 나와 피가 섞이지 않는 친구와의 감정을 나누는 것에 대한 경험을 잘하게 된다. 아이는 친구와의 경험을 통해 사회화에 필요한 문제해결방식과 타인에 대한 공감, 배려 등을 배운다. 친구와 원만한 인간관계가 형성되어야 성인이 되었을 때 친밀감을 느끼는 사람이 된다. 이성을 만나서 사랑도 하고, 결혼해서 아이도 낳을 수 있고, 시댁이나 처가 사람들과도 친밀감이 형성된다. 친구관계에서 가장 중요한 것은 무엇일까? 우정과 갈등의 '교환'이다. 친구관계는 부모와의 애착 형성 다음으로 중요한 발달과제다.

아이의 친구관계에 대한 엄마와 아빠의 생각에는 차이가 있다. 아빠들은 사회생활을 하다 보니 인간관계가 무엇보다도 중요하다고 생각한다. 아이가 공부에는 별 재능이 없더라도 다양한 친구와 잘 지내는 것을 보면 내심 '이다음에 무슨 일을 해서라도 먹고살겠지.' 하고 안도한다. 아주 심하게 질이 나쁜 친구가 아니면, 아이가 문제 있는 친구를 사귀어도 크게 걱정하지 않는다. 엄마들은 보살핌의 본능 때문에 아이가 질이 좋지 않은 친구와 어울리는 것을 불안해한다.

어떤 학생이 서울대를 졸업하고 사법고시를 준비하다 같이 공부하던 친구가 자살을 했다. 놀란 부모는 사법고시 준비를 중단시키고 회사에 취업을 하게 했다. 그만큼 친구는 영향이 크기 때문에 걱정이 된 것이다.

가끔씩 신문의 사회면을 장식하는 기사가 있다. 친구한테 왕따를 당하거나 집단 따돌림으로 견디지 못해 스스로 목숨을 끊는 끔찍한 사건들이 끊이지 않고 있다. 지금은 그 연령이 점점 낮아지고 있다. 그래서 가해 학생에게 형사 처벌하는 연령을 낮추자는 논의도 하고 있다. 상황이 이러다 보니 아이를 둔 부모들은 "혹시 우리 아이도?"라는 생각에 친구관계에 대해 걱정을 많이 한다. 우리 아이가 가해자 혹은 피해자가 될 수도 있으니 친구관계는 무엇보다도 중요하지 않을까?

아이가 친구가 많아 걱정일 때

친구 많은 것은 문제가 아니라는 아빠

아빠는
친구 많은 것이 얼마나 좋은데, 걱정도 팔자야!
친구 따라 어디 갈 때 같이 갈 수도 있고.
친구 때문에 공부 못한다고
친구를 못 만나게 하는 것이 엄마가 해야 할 일인가?

놀기만 하고 공부 안 한다는 엄마

엄마는
친구가 없는 것보다는 낫지만

그 친구가 누구인지 몰라 불안해!

애들한테 나쁜 영향을 받으면 통제할 수가 없거든.

우리 아이는 친구 몇 명만 사귀었으면 좋겠어.

그래야 내가 편안해.

부모는 아이에게 친구가 많아지면 발생하는 2차적 문제를 걱정한다. 아이가 아들이냐, 딸이냐에 따라 문제를 바라보는 시각에도 차이가 있다. 아들인 경우, 아빠들은 가정에서 일어나는 문제는 엄마 탓이라고 생각하고 "집에서 하는 일이 뭐야? 아이 하나도 제대로 관리 못 하고."라는 말을 한다. 그러면서도 내심 '친구가 없는 것보다는 많은 게 백번 낫지.'라고 생각한다. 친구가 많은 것은 아이의 능력이라고 본다. 엄마들은 아빠와 일부 같은 생각도 하지만, 그보다는 아이에게 친구가 많으면 자신의 통제를 벗어날까 봐 불안해한다. 아이가 친구를 만나서 무슨 일을 하는 것인지 알 수 없고, 그렇다고 아이의 친구를 모두 관리할 수도 없으니 말이다.

물론 친구가 많다 보면 그중에 약간 문제가 있는 아이도 있을 수 있다. 엄마들은 그 아이들에게 물들까 봐 걱정한다. 친구로 인해 엄마가 정해놓은 규칙을 어기면, 그 친구들을 떼어놓으려고 잔소리를 하게 된다. 어떤 문제가 생기면 "당신이 친구를 좋아해서 매일 술만 먹고 다니니까 당신 닮아서 그런가 봐."라며 아빠 탓을 한다. 아이가 딸일 경우는 엄마와 아빠 모두가 친구가 많은 것을 싫어한다.

부모들은 대개 아이의 심성과 부모님, 그 집안에 대해 알고 있으면 안심하고 허용한다. 부모가 불안해하는 친구는 자신들이 잘 모르는 친구들이다. 부모들은 공부를 잘하고 못하고보다는 자신의 통제권을 벗어날 때 나쁜 영향을 끼쳐서 문제행동을 하게 되는 것을 우선 생각한다. 대개 욕하는 아이, 학원 빼먹는 아이, 늦게까지 돌아다니는 아이, 가족관계가 복잡한 아이 등을 싫어한다. 그래서 부모는 아이의 친구를 자꾸 관리하려고 한다. 엄마의 이런 행동에 대해 아이들은 "우리 엄마는 내가 친구 만나는 것을 싫어한다." "공부가 친구보다 중요하다."라고 오해한다.

부모들은 결코 아이의 친구를 싫어하는 것이 아니라, 발생할지도 모를 2차적 문제를 싫어하는 것이다. 아이들은 부모가 자신의 친구를 싫어한다고 오해한다. 그 오해는 풀어주어야 한다. 친구는 굉장히 중요하고, 필요하며, 친구와 노는 것도 좋은 것이고, 너의 나이에는 친구가 많은 것이 좋다는 메시지를 전해야 한다. 문제는 그런 친구들을 자주 만나다 보니 엄마와의 약속을 어기기 때문에 발생하는 것이다. 친구 자체를 만나지 말라는 것은 아니라는 것을 분명하게 전달한다.

왜 아이들은 불만을 가질까? 어떤 아이가 "우리 엄마는 매일 공부도 안 하고 친구랑 어울려 다닌다고 뭐라고 해요. 친구는 다 필요 없고, 공부만 하라고 해요."라고 말한다. "친구는 너의 나이에 아주 중요한 건데."라고 공감해주어야 한다. 아이는 갑자기 신이 났다. "너의 부모님도 네 친구가 중요하다고 생각하고 있어. 그런데 네가 친구를 만나면서 엄마 말을 안 듣게 되는 것이 싫으신 거야. 너는 어떤 말을 안 들었니?" 묻는다. 아이는 순수하게 "늦게 들어왔죠."라고 말한다. "친구를 만나는 것이 잘못된 것이 아니라 약속한 시간을 지키지 못한 것이 문제인 거야."라고 말해준다. "너뿐만 아니라 너의 친구들한테도 피해를 주는 거야."라고 말한다. 아이와 친구문제를 이야기할 때는 엄마가 왜 친구를 만나는 것을 싫어하는지 설명하고 친구와 어울리는 것을 조절할 수 있도록 도와준다. 아이가 어려서 조절하는 것이 힘들다면, 기분 상하지 않게 조절을 도울 수 있다. 노래방, 피씨방 등 아이가 친구들과 주로 만나는 장소를 물어보고, 여러 군데 옮겨다니지 말고 한 군데만 정해놓고 가라고 부탁한다. 엄마는 아이가 주로 다니는 장소의 주인과 친해져야 한다. 우리 아이를 좀 조절해주기를 부탁하기 위해서다. 피씨방 주인에게 몇 시가 되면 학원에 가는 시간이니 그때까지 놀고 있으면 학원에 보내라고 부탁한다. 또한 아이들이 가진 돈만큼만 시켜주고 "다음에 또 와." 하고 보내라고 부탁한다. 아니면 친구 중에 나은 아이한테 부탁을 해도 좋다. "영수가 9시까지 안 들어오면 아줌마가 너한테 전화를 할 거야. 그럼 네가 '우리 이제 그만 가자. 다음에 또 만나자.'라고 부탁한다. 너를 만날 때마다 늦게 들어오면 아줌마가 영수한테 너하고 만나라고 할 수 없거든."이라고 말을 한다. 이렇게 하면 아이의 행동이 많이 좋아진다.

아이에게 꼭 친구가 많아야 좋은 것은 아니지만, 많은 것이 나쁜 것도 아니다. 아이에게 친구는 부모만큼이나 중요한 존재다. 만 2세 미만의 아이는 부모와의 안정된 애착관계 형성을 통해 사랑을 받고 자존감을 높여 세상에 대한 신뢰감을 얻는다. 친구관계는 그것이 확장된 형태다. 친구는 그저 심심해서 만나는 존재가 아니라 관계를 통해 자존감이 높아지고, 자신의 존재도 확인하고, 타인의 감정을 공감하는 능력도 배우고, 인내하는 것도 배운다. 부모는 아이와 대등관계가 아니기 때문에 아이에게 강요를 하거나 참아주는 경우가 많다. 친구는 대등한 관계로, 객관적으로 살아가는 방법을 배우기 시작한다. 그 나이의 또래가 하는 일반적인 사고와 행동양식도 배운다. 인간은 부모와 친구를 통해 사회적 동물로서 타인과의 관계 형성을 배운다. 이런 것들을 배우지 않으면 지식도 별 쓸모가 없어진다. 지식도 사회 안에서 타인을 이롭게 하는 것이 되어야 하고, 이 또래관계가 없으면 그런 개념이 형성되지 않는다. 다른 사람과 더불어 사는 삶을 배우지 못한다. 이런 것들이 쌓이게 되면 다음에 직장생활, 결혼생활 등 사회생활에 문제가 생기는 것은 물론이고 어떻게 사는 것이 삶의 의미인지조차 모르게 된다.

사회적 발달이 잘 안되면, 사회 속의 일원이라는 개념보다는 '나' 중심으로 하나만 생각하는 사람이 된다. 사회적 발달은 내가 하는 말이나 행위가 다른 사람에게 어떤 영향을 줄지 생각할 수 있는 것이고, 그것의 기본이 '친구관계'이다. 친구는 꼭 좋은 친구만 있을 필요는 없고, 친구관계는 주고받는 것에서부터 시작된다. 우정이든, 배려든, 사랑이든, 갈등이든, 싸움이든 다양한 형태로 감정을 주고받으면서 성장한다. 하루 종일 말 한마디 안 하거나 친구가 한 명도 없는 아이보다는 친구와 싸우거나 맞고 들어오는 아이가 더 빨리 성장한다. 친구관계에 있어서는 부모가 생각하는 것처럼 늘 모범적이고 아무 문제가 없는 것이 꼭 좋은 것만은 아니다.

아이에게 친구가 많아서 발생하는 2차적 문제보다는, 아이에게 친구가 많다는 사실만으로 부모가 스트레스를 받는다면 부모 자신의 '성격'을 파악해야 한다. 어떤 엄마는 소극적이어서 아이들의 친구가 집에 와서 떠들고 어지르는 것을 싫어할 수 있다. 아이는 친구를 좋아하는데, 부모가 아이의 성격과 달라 친구를 못 사귀게 하는 것이다. 다른 엄마는 너무 적극적인데 아이가 혼자 노는 것을 좋아하면, 엄마는 그 모습을 싫어할 수 있다. 아이에게 자꾸 나가 놀라고 하고 친구를 집에 데려오라고 한다. 부모와 아이 모두 스트레스를 받는 상황이다. 부부의 성격이 달라도 아이의 친구 문제로 갈등이 생길 수 있다. 아빠는 활동적이라서 아이 친구가 오면 함께 노는데, 엄마는 내성적이라 정신 사납다며 싫어할 수 있다. 아빠가 내향적인 사람이고 엄마가 외향적인 사람이라면, 아이가 친구를 데려올 때 아빠 눈치를 많이 보게 된다. 부모의 성격은 부부 사이에 문제가 될 수도 있고, 아이에게 문제가 될 수도 있다.

아이는 분명 친구를 사귀어야 한다. 부모가 자신의 성격 때문에 불편하다면 자기 자신을 돌아보고 아이에게 어떻게 해야 할지 돌아보고 아이에게 맞춰줘야 한다. 아이가 친구를 좋아하고 지나치게 많이 데려오는 것이 아니라면, 좀 떠들며 놀거나 집을 어지른다고 해도 부모가 참아야 한다. 아이가 너무 시끄럽게 노는 것이 너무 힘들다면, 잠시 외출을 하는 것도 방법이고 또는 문을 닫고 들어가 방 안에서 잠시 자기만의 시간을 보내도 된다. 이때 아이에게는 시간을 정하는 것이 좋다.

부부간에 성격이 다를 때는 부부가 각자 역할을 정하는 것도 방법이다. 아이와 기질이 맞지 않는다면 잠시 빠져준다. 부부가 모두 아이와 기질이 맞지 않는다면 아이에게 맞춰줘야 한다. 어떤 부모들은 아이 친구가 집에 오는 것도 싫고, 친구 집에 가는 것도 싫어한다. 아이 친구를 외부 사람으로 보고 집에 들어오는 것이 불편한 것이다. 아이의 사회적 발달에는 '친구'가 꼭 필요하다. 부모 자신이 해결하지 못한 특성, 불안, 갈등으로 아이의 발달을 방해하는 상황이 있어서는 결코 안 된다.

아이가 혼자 노는 것이 걱정일 때

혼자 노는 것이 문제가 아니라는 아빠

아빠는

혼자 지낸다고 그것이 꼭 외톨이일까?

혼자 논다고 문제를 일으키거나

불안한 엄마 아빠 행복 레시피

공부를 못하는 것이 아니잖아.

아내는 정말 긁어 부스럼 만드는 대장이야.

부모가 친구 사귀는 것까지 챙겨야 하나?

혼자 있는 것은 문제라는 엄마

엄마는

아이가 학교에서 혼자 밥 먹고 혼자 공부하는 것을 보면

가슴이 찢어지는 듯해.

도대체 왜 내 아이는 친구를 사귀지 못할까?

아이가 이렇게 힘든데 나는 뭘 하고 있는 거지?

내가 나서서라도 친구를 구해주어야지!

아이가 혼자 지내는 것을 좋아하는 부모는 아무도 없을 것이다. 문제는 아이가 혼자 노는 것으로 인해 어떤 일이 일어나지 않으면 문제가 아니라고 생각하는 점이다. 아빠는 아이가 누군가에게 맞고 들어온 것이 아니면 '아이가 혼자 노는 것이 뭐가 문제냐' 하는 식이다. 아내가 "우리 애가 친구들이랑 어울리지 못하는 것 같아."라고 걱정하면, "선생님이 문제 있대?"라는 식으로 받아친다. 아내가 "학교에서 그냥 잘 지낸대."라고 하면 "그럼 됐어."라고 말한다. 아빠들은 문제가 밖으로 드러나지 않으면 심각하게 받아들이지 않는다. 엄마들은 아빠들의 이런 태도를 아이에 대해 걱정하지 않는 것이라고 생각한다.

엄마들은 아이가 학교에서 공부 잘하는 것보다 친구들과 잘 지내는 것을 더 중요하게 생각한다. 아이가 친구들과 잘 어울리지 못하면 굉장히 속상해한다. 아이가 하루 종일 얼마나 힘들었을까 생각하고 눈물을 흘리기도 한다. 본인의 어린 시절이 아이와 비슷한 상황이었다면 그 당시의 고통까지 떠올라서 더 슬퍼진다. 적극적인 성격의 엄마는 아이가 혼자 노는 것에서 해방되는 방법을 찾아나선다. 아이 생일날 반 아이들을 집으로 초대하기도 하고, 아파트 단지에서 또래 엄마들을 사귀어 내 아이와 어울리게 하는 자리를 만든다. 소극적인 성격의 엄마들은 자신도 마음이 여리고 못 사귀니까 이런 상황에서 어떻게 대처할지 몰라 전전긍긍한다. 아이 엄마가 다른 사람을 사귀는 법을 배우지 못해 친구를 사귀기가 어려운 점도 있다.

소극적인 엄마는 대개 적극적인 남편과 결혼을 한다. 아빠는 엄마와 아이의 행동이 이해가 되지 않는다. 아내의 소극적인 모습을 보면 "왜 그러고 있어? 아이가 당장 맞고 들어온 것도 아닌데 왜 그렇게 심각하게 받아들이나? 그걸 가지고 뭘 그래? 크면 나아지겠지." 하고 대수롭지 않게 넘긴다. "우리 애가 다른 아이한테 말을 못 걸더라고." 하면 그 상황을 전혀 이해하지 못한다. 아빠는 그럴 수밖에 없는 것이, 그런 걸로 불편한 것을 한 번도 경험한 적이 없기 때문이다. 엄마의 얘기만으로는 아이 상태의 심각성을 이해할 수 없다. 아이의 상황을 직접 목격해야 아이가 얼마나 힘든지 알게 된다.

불안한 엄마 아빠 행복 레시피

사람은 누구나 생각의 차이가 있다. 성격이 다르면 생각은 더 다르다. 아무리 부부라고 하더라도 서로 다른 개체이기 때문에 생각은 당연히 다를 수밖에 없다. 그렇지만 가정을 꾸리고 살아가는 동안 "모르는 소리 하지 마." "그게 말이 된다고 생각해?"라고 말하며 상대방의 입을 막고 귀를 닫으면 안 된다.

그럼 어떻게 해야 할까? "당신이 그렇게 생각할 수 있고, 나도 그런 줄 알았는데, 사실을 확인해 보니 좀 다르더라고."하면서 자연스럽게 대화를 이어가야 한다. '중요한 것은 나와 당신의 생각이 아니고, 아이가 지금 힘들어 하는 상황'이라고 말을 해야 한다. 아내는 자기 사고방식으로 이해가 되지 않더라도 "그래." 하고 같이 관심을 보여야 한다. 부모의 의견이 서로 다를지라도 아이의 문제는 동지가 되어 도와주어야 한다. 아이 문제로 서로가 맞서는 갈등이 되어서는 안 된다.

소극적인 아이들과 대화를 할 때는 아이 스스로가 소극적이고 내향적이라는 것을 인정하게 한다. 그것이 분명 문제가 아니라는 것을 분명하게 말해준다. 사람마다 성격이 달라서 소극적이면 소극적인 대로, 적극적이면 적극적인 대로 장점과 단점이 있음을 알려준다. 소극적인 아이에게는 "네가 사람을 싫어하는 것이 아니라면 사람을 사귀는 데 좀 시간이 걸리는 것뿐이야."라고 말해준다. 엄마의 경험담을 들려주는 것도 좋다. "엄마도 어릴 때 너처럼 친구 사귀기가 힘들었는데, 이렇게 하니까 친구 사귀는 것이 많이 좋아졌어."라며 자신의 성공담을 들려준다. 너는 "왜 그렇게 친구를 빨리 못 사귀냐, 너는 소극적인 것이 문제야."라고 지적하면 절대로 안 된다. 그런 아이는 노력을 한답시고 과한 행동을 해버린다. 내성적이지만 명랑한 척하고 친구에게 다가간다. 자신의 문제점을 극복하려고 한 것이지만 자기에게 맞지 않는 옷을 입은 것처럼 불편하다. 그렇게 사귄 친구는 대개 적극적인 친구들이기 때문에 내성적인 성격의 친구와는 금방 서먹해질 가능성이 높다. 같이 있어도 성격이 다르기 때문에 소극적인 아이는 더 외로울 수 있다.

그렇다면 부모는 아이가 자신과 잘 어울릴 수 있는 친구를 사귀도록 도와야 한다. 아이 자신의 특성을 먼저 이해하고 자신에게 맞는 친구를 만나게 해야 한다. 아이가 책을 좋아한다면, 독서 교실 같은 곳에서 몇 명이 모여 책을 읽고 생각을 공유하도록 한다. 소극적인 아이들에게 독서토론이 좋은 점은, 책의 내용보다도 토론을 통해 자신의 표현기술이 향상된다는 것이다. 나도 표현기술이 많이 부족했는데, 성인인데도 아침 새벽마다 각계각층의 전문가들과 40분씩 사회현상과 독서 내용에 대해 토론을 했던 경우도 있다. 자신도 모르게 표현기술이 향상되고 자신감도 생긴다. 어떤 회계사 한 분도 토론을 통해서 표현기술이 향상되었고 전보다 사람을 대하는 기술이 한결 편안해졌다고 했다. 인간은 자신감이 생길 때 소극적인 성격에서 벗어나고 적극적으로 친구관계를 형성하게 된다.

또 하나의 방법은 아이의 반에서 좀 친한 친구를 찾아 그 집의 부모에게 동의를 구한 다음, 박물관이나 미술관을 견학하는 것도 좋

불안한 엄마 아빠 행복 레시피

다. 그런 시간을 가지면서 친구관계가 자연스럽게 형성된다. 여기서 주의할 것은, "너와 잘 맞는 친구를 찾기 위해 노력은 하지만 지나치게 신경을 쓸 필요는 없다."라는 말을 해주어야 부담을 갖지 않는다는 점이다.

아이가 왕따를 당할까 걱정일 때

애들끼리 장난은 왕따가 아니라는 아빠

아빠는

우리 아이가 왕따를 당했다구?

내 아이가 그렇게 만만하게 당할 리가 없어.

아이들끼리 장난한 것 가지고

당신이 너무 흥분하는 것 아냐?

남들이 때리면 같이 좀 때려주고 그러지.

애가 약해 빠져서 엄마를 힘들게 하네!

왕따로 얼마나 힘들었을까 하는 엄마

엄마는

우리 아이가 괴롭힘을 당하는데

어떻게 가만히 있어?

당신은 아빠 맞아?

당장 학교에 쫓아가서

명명백백히 밝혀내라고 해야 하는 것 아냐?

우리 애가 얼마나 억울하겠어!

이럴 때 아빠가 나서야 되는 것 아냐?

그래야 아빠를 믿고 살지.

'왕따'라는 말이 언제부터 생겼을까? 1990년대 초중반부터 시작되었다. 그전에는 왕따라는 용어 자체가 없었다. 다른 학교의 학생들과 패거리로 싸우기는 해도 자기 반 아이들끼리 괴롭히는 일은 거의 없었다. 또한 같은 학교에서 선배가 후배를 집단 폭행하는 경우도 없었다. 서양은 '나' 중심이지만 우리나라 사람들은 '우리'라는 이름으로 똘똘 뭉치는 관습이 5,000년 역사를 이어온 원동력이다. 여러 사람이 따돌리는 것은 웬만해서는 일어나지 않는다. 아이들이 '우리 엄마' '우리 학교'라고 하는 것은 나와 너는 분리된 것이 아니고 '하나'라는 의미다. 서양은 나와 너를 구분하는 것이 다르다. "I am a boy. you are a girl."이라고 한다. 왕따는 일본말로 '이지메'이고, 우리나라에서 일본의 문화를 모방하는 과정에서 왕따라는 말이 시작되었다. 문제는 그 왕따의 문화가 해가 갈수록 심해진다는 것이다. 최근에 왕따는 스마트폰 등 온라인까지 확장되어 집단적으로 따돌림이나 괴롭힘을 주고 있다. 왕따에서 물리적인 괴롭힘은 줄어드는 추세인 반면 언어나 심리적으로 상대를 괴롭히는 형태로 진화되고

불안한 엄마 아빠 행복 레시피

있다. 이제는 그 폭력성이 심해져, 단순히 학교에 가기 싫어하는 수준을 넘어서서 경우에 따라서는 자살까지 시도한다.

아이가 왕따를 당했을 때 엄마는 이성을 잃을 정도로 격분한다. 가해 아이의 엄마를 찾아갔을 때, 가해 아이 부모가 두 손으로 빌어도 화가 풀리지 않을 판에 사과를 하려는 기색조차 없다. 이외로 아빠들은 조용하고 그렇게 흥분할 일이 아니라고 한다. 아내가 고소를 한다고 하면 "고소가 얼마나 힘든지 알아? 원만히 해결을 하라고." 하며 아내를 달랜다. 더 화가 나는 엄마는 "당신, 정말 아빠 맞아?" 하면서 아이의 문제가 부부의 갈등으로 번진다.

아빠들은 왜 생각이 엄마와 전혀 다를까? 아빠들은 문제를 해결하고 싶은 마음도 있고, 또한 '우리 아이는 왜 저렇게 나약할까.' 하는 생각에 화도 나면서 아이가 미운 마음도 있다. 아빠들은 아이가 강인해야 된다고 생각을 하는데 자신의 아이가 다른 아이들에게 힘에서 밀린 것 같으니 뭔가 부족하다고 여기는 측면도 있다. 내 아이가 안쓰럽고, 왕따시킨 아이에게 화도 나지만 또 다른 한편으로는 "다른 아이들은 괜찮은데 왜 너만 당하냐."라는 마음도 한구석에는 있다. "너는 앞으로 맞지 말고 때려. 아빠가 책임질게. 그 아이가 다섯 번 때리면 한 대라도 때려. 아빠가 치료비를 대줄게."라고 조언한다. 안타깝게도 왕따를 당하는 아이는 힘으로 맞서는 것이 안 된다. 아빠는 자신이 할 수 없는 것을 하라고 말하니 아이는 더 힘들어진다. 자신을 제대로 이해하지 못하는 아빠가 야속한 생각이 들고, 아빠의 조언을 따르지 못하니 아빠가 나를 얼마나 바보처럼 볼까 걱정도 된다. 딸이 왕따를 당하면 아빠의 반응은 좀 다르다. 딸은 보호하려고 한다. 아들의 경우는 좀 못나게 보는 경향이 있다. 여자는 보호를 받아도 부끄럽지 않은데, 남자는 강인해야 하고 나약하면 창피하다는 사회의 고정관념도 일부 작용하고 있다.

그럼 엄마 아빠의 갈등은 왜 일어날까? 아빠들은 문제를 적극적으로 해결하기보다는 "너, 왜 맞고 다녀? 너도 좀 때리지."라는 말을 한다. 엄마들은 아빠의 이런 태도가 불만이다. 아이를 충분히 이해하고 보호는 못해줄망정 힘들어 하는 내 자식만 탓하는 것으로 본다. "왜 아이한테 그런 말도 안 되는 소리를 해? 때린 놈이 나쁜 놈이지!"라며 아빠를 비난한다. 아빠가 학교에 가서 교사와 가해 학생 부모를 만나 따끔하게 혼내주기를 바란다. 엄마는 아이 문제로 내 자신의 안전을 위협받고 있다고 느끼며, 또한 이것을 가족의 위기라고 생각한다. 아빠는 가장으로서 가족의 울타리가 되어주기를 바란다.

그렇지 않으면 엄마는 '내가 이런 사람을 어떻게 믿고 살아가지? 아이를 키우다 보면 이보다 더한 일도 있을 텐데.'라며 강한 불신을 갖는다. 어느 때는 소극적으로 대처하는 아빠가 방관자처럼 보이고 배신감마저 느낀다. 아빠들은 왜 문제를 축소하고 싶어 할까? 아빠들은 내 아이가 왕따를 당했다는 그 자체를 인정하기 싫어한다. 왕따를 당했다는 것을 인정하는 순간, 우리 아이가 누군가에게 만만한 대상임을 인정해야 하기 때문이다. 가해 아이가 한 행동이 왕따라고 하기보다는 장난으로 축소해버린다. 가해 아이의 편을 드는 것이 아니라 내 아이가 못났다는 것을 인정하고 싶지 않은 것이다.

왕따를 당한 아이의 마음은 어떨까? 아이는 자신이 왕따를 당했다는 사실을 가족에게 알리고 싶지 않다. 3개월 동안 왕따를 당한 아이가 엄마한테 울면서 말한다. "아빠한테 말하지 마. 아빠한테 말하면 나는 죽어버릴 거야. 학교에 아는 척하지 마." 이때는 아이가 원하는 대로 다른 사람에게 모르는 척해야 한다. 그 아이의 아빠는 평범한 아빠임에도, 아이는 엄마한테는 괜찮지만 아빠한테는 자신의 문제를 노출시키지 않으려고 한다. 엄마는 나를 위해서 희생하는 사람이지만 아빠는 나의 약점을 노출하면 안 되는 사람이다. 아이와 아빠 사이에는 본능적으로 '파워 게임' 같은 것이 존재한다. 아이는 자신이 힘이 없는 존재임이 드러나는 것을 아빠에게 굉장히 수치스럽게 생각한다. 이것은 무의식에서 일어나는 본능적인 반응이다.

아이가 왕따를 당했을 때는 아이의 입장에서 문제에 접근해야 한다. 아이는 희생자이고, 가장 힘든 건 아이이기 때문에 이해하고 보호해야 한다. 아이에게 "어떤 이유에서도 사람이 사람에게 괴롭힘을 주는 것은 있을 수 없는 일이다."라고 말해준다. 그런데 "네가 어떤 식으로라도 아빠한테 신호를 보냈을 텐데, 아빠가 그것을 알아채지 못해 정말 미안하다. 앞으로 너를 보호해줄게."라고 말한다. "지금 많이 힘들 텐데, 그런데도 아빠한테 말해준 것이 고맙다. 엄마 아빠는 다양한 방법을 동원해서 이런 사태가 다시는 일어나지 않도록 할 거야."라고 말을 한다. 이와 같은 일에 대처하는 부모는 적극적인 모습을 보여야 한다. 창피하다고 숨기거나 추궁해서는 안 된다. 가해자에게 책임이 있다. 부모도 그렇게 생각하고 아이를 도와준다. 부모가 적극적으로 나서는 모습을 볼 때 아이의 상처는 치유가 된다. 아빠는 자신의 체면보다는 아이의 마음을 헤아려주는 데 적극적으로 나서야 한다.

왕따는 언제 많이 일어날까? 대개 초등학교 6학년에서 중학교 1, 2학년 때가 많다. 간혹 초등학교 저학년 때 왕따가 있지만, 이때는 왕따라기보다는 짓궂은 장난일 가능성이 높다. 왕따는 중학교 3학년이 되면 시들어가기 시작하다가 고등학교에 들어가면 대개 사라진다. 주동자는 성격적으로 문제가 있을 수 있다. 빨리 치료를 받아야 한다. 그러지 않으면 고등학교에 가도 행동은 변하지 않는다. 생각이 자란 것은 문제 학생이 아니라 지금까지 침묵하던 방관자 학생들이다. 전에는 반의 다른 아이가 왕따를 당해도 혹시나 자신도 당할까 봐 침묵을 했다면, 고등학생은 "야, 그만 좀 해라." 하는 아이들이 늘어난다. 이런 분위기에 압도된 주동자는 친구들 눈치를 보느라 마음대로 하지를 못해 왕따가 줄어들 수밖에 없다.

가해자에게는 어떻게 해야 할까? 이런 질문을 받으면 참으로 어렵고 난감하지만, 부모가 적극 나서서 가해 아이를 만나봐야 한다. 이때 만남의 목적은 우리 아이와 만나지 못하게 하는 것이다. 왕따를 당한 부모는 문제해결에 도움이 되지 않는 방식을 쓰고 있다. 가해 아이에게 "우리 아이와 친하게 잘 지내?"라고 부탁하는 것이 일반적이다. 그것보다는 가해 아이가 피해 아이에게 접근을 못 하도록 하는 것이 중요하다. 왕따를 당하는 학생은 대개 소극적이라서, 괴롭힘을 주는 아이가 옆에 오지 않는 것만으로도 문제가 해결된다. 부모가 가해 아이를 찾아가 "내 아이를 괴롭혔으니 너도 혼나봐라. 이 나쁜 놈!"이라고 말해서는 안 된다. 가해자 아이를 혼내주려는 마음을 먹어서는 안 된다. 아이들은 모두 성장 중에 있어 지금의 모습에 멈춰 있지 않다. 어른은 아이가 잘못을 했을 때 잘잘못을 따져 벌을 주기보다는 잘 가르쳐서 올바르게 성장하도록 도와야 한다.

이런 문제는 가해 아이의 부모와 먼저 상의하는 것이 가장 좋다. 그런데 많은 경우 가해 아이에게 전달되기도 전에 어른들 싸움이 되어버리는 일이 부지기수다. 담임교사에게 말하는 것도 교사를 힘들게 만들 수 있다. 가해 아이한테 직접 말을 해야 한다. 가해 아이의 부모를 잘 알고 대화가 통한다면 부모에게 말을 해도 좋다. 어린아이는 어른들이 분명하고 단호하게 말을 해주는 것만으로 행동이 정지된다. 가해 아이는 남에게 상처 주는 일이 적어지고, 피해 아이도 상처를 덜 받게 된다. 더 이상 문제가 커지지 않는 선에서 가해자를 잘 지도한다.

아이는 어른이 직접 찾아와 말하는 것만으로 겁먹을 수 있으므로 조심을 해야 한다. 아이를 사람이 없는 으슥한 곳에서 만나도 안 된다. 그렇다고 친구들이 많은 곳에서 만나도 안 된다. 학교나 학원

등 사람들이 많이 다니는 곳에서 이야기를 해야 한다. 아이가 겁을 먹을 수 있으니 소리를 지르거나, 화를 내거나, 협박을 해서는 안 된다. 중학생만 되어도 어른이 소리 지르거나 화를 내면 무서워한다. 단호하면서도 좋게 말을 한다. 아이를 만나는 목적은 그 아이가 앞으로 내 아이에게 접근을 못 하도록 하는 것이다. 그 아이에게 해주어야 할 말은, "네가 우리 아이와 가까이 지내는 것과 우리 아이가 그것을 받아들이지 못하는 것이 다르니, 오해가 생기지 않겠니? 그러니 우리 아이와 떨어지고 접근을 하지 마라. 오해가 생기는 일은 안 하는 거다."라고 분명하게 말을 한다.

어떻게 하는 것이 단호하게 말하는 것일까? 먼저 누구의 엄마인지, 그리고 찾아온 이유를 말한다. "너의 행동으로 우리 아이가 너무 힘들어 한다. 너는 친하게 지내려고 한 장난일 수 있지만, 우리 아이는 그렇게 받아들이지 않고 있으니 이제 그만하라. 계속하면 서로 오해가 생기고 상황이 나빠질 수 있다."라고 말해준다. 그렇게 말하면 대개는 "알았어요."라고 말을 한다. 그때는 "고맙다. 우리 아이도 네 옆에 가는 일이 없도록 할게. 너는 너와 친한 친구와 놀아라."라고 한다. 만약 "걔랑 친한데요?" 하면 "네가 친하게 지내고 싶어서 하는 행동은 다른 애들은 괜찮게 받아들이지만, 우리 아이는 싫어하니까 친하게 지내려고 하면 안 된다. 우리 아이는 친하게 지낼 준비가 안 되었어. 만약 그런 행동을 계속한다면 아줌마도 다음 단계로 학교나 경찰에 조사를 해달라고 요청을 할 거야. 그럼 너도 학교 생활이 힘들어질 테니, 그만해라."라고 말을 한다. "아줌마는 너에게

'지금까지 한 행동을 멈춰달라'라고 말을 하러 온 것이다. 혹시 내 말이 기분 나빴다면 엄마한테 얘기를 해라." 내 아이를 괴롭힐 의도를 가지고 행동한 아이는 자기 엄마한테 말하기가 어렵다. 그 엄마한테 연락이 오면 있는 그대로 말하면 된다.

가해 아이는 정말 그냥 장난이 심한 아이였을 수도 있다. 내 아이에게는 "걔는 그냥 장난이 심했던 거야. 네가 너무 예민했어."라고 말을 하면 안 된다. 실제 내 아이는 예민한 아이이고, 가해 아이가 의도적으로 잘못한 것이 아니더라도 부탁을 하는 것이 좋다. 그 아이가 떨어져주면 우리 아이가 덜 괴롭다. 의도와는 무관하게 장난과 괴롭힘의 그 미묘한 차이가 자칫 잘못하면 우리 아이와 그 아이를 곤경에 빠뜨릴 수 있다. 그 아이도 그런 행동을 하지 못하도록 하는 것이 중요하다. 내 아이에게는 "걔가 너랑 친해지고 싶어서 그냥 장난친 거야."라는 말을 해서는 안 된다. 그럼 아이는 '친해지고 싶은데 괴롭혀?'라는 생각이 들어 더 혼란스럽다. 그 가해 아이가 어떤 의도를 갖고 했든 간에 그 아이의 어떤 점을 내 아이가 담아내지 못한 것은 맞다. 내 아이에게 "다른 애들은 다 괜찮은데, 왜 너만 그래? 잘 지내봐."라고 해서도 안 된다. 아이가 노력을 해도 안 되는 경우가 많다. 아이가 반 아이 모두와 친하게 지낼 필요는 없다. 모든 갈등을 풀고 용서를 구하고 사과를 하는 관계를 만들려고 하는 것은 불가능한 일이 아닐까?

왕따에 대한 대처 방법을 논의하다 보니 걱정이 되는 면도 있다.

지금까지 언급을 한 것은 지속적인 왕따, 학교폭력, 괴롭힘 등에만 국한한다. 성장을 하면서 겪게 되는 친구와의 사소한 오해, 친구 사귐의 어려움, 즉 '친구가 안 놀아주기, 안 끼워주기, 못 어울리기, 친구의 어떤 행동에 속상해하기, 기분 나쁜 말을 듣기, 삐지기' 등은 여기에 해당되지 않는다. 이런 것은 별문제가 아니다. 아이들끼리 사소하게 다투었을 때는 그저 떡볶이 정도 사주면서 "서로 친하게 지내야 돼."라고 가볍게 접근을 하면 되지 않을까?

아이가 친구를 괴롭힐 때

우리 애는 남을 괴롭힐 애가 아니라는 아빠

아빠는

우리 애가 나가 당하고 오지 않으니까 다행이네.

내가 저한테 얼마나 공을 들였는데

남을 괴롭힐 리가 없어.

남들이 나를 어떻게 보겠어!

아이가 나한테 무슨 불만이 있나 하는 엄마

엄마는

우리 애처럼 착한 애가 다른 애를 괴롭힐 이유가 없어.

혹시 내가 잘못을 했거나, 내게 불만이 있었나?

그렇다고 아이를 자극할 것 같아

물어볼 수도 없고 답답하네.

'우리 아이가 설마 다른 아이를 괴롭히겠어?'라고 생각을 하지만, 어떤 부모는 '우리 아이가 다른 아이를 괴롭히는 것 같다.'라고 생각하는 경우가 많다. 대체로 왕따를 당하는 쪽이 상담을 많이 받지만, 가해자 아이가 상담을 받는 경우도 있다.

아이들이 왕따에 가담하는 가장 흔한 이유는 '잘난 척'을 한다는 것이다. 공부 잘하는 척, 예쁜 척, 잘사는 척, 짱인 척 등을 하니까 나도 재미로 그냥 따라 했다는 아이들도 많다. 좀 의외지만, 왕따를 주동하는 아이는 그 집단에서 리더인 경우가 많다. 그 집단에서 튀는 아이를 응징하기 위해 주동자가 되는 것이다.

집단의 리더인 아이가 주동자가 되는 이유는 왕따의 메커니즘을 알면 쉽게 이해가 된다. 우리나라의 왕따 형태는 세 가지의 경우로 나누어 볼 수 있다.

첫째는 일반성이다. 왕따를 당하는 아이는 특별히 왕따를 당할 만한 이유가 없다. 왕따를 하는 아이 역시 평범한 아이여서, 왕따를 시킬 만큼 나쁜 아이가 아니다.

둘째는 지속성이다. '한번 왕따는 영원한 왕따'다. 한번 왕따는 합리적이건 비합리적이건 간에 그 이유를 막론하고 아이는 끝까지 왕따가 되는 것이다. 우리 문화의 특성과 관련이 있다. 우리 문화의 많은 부분은 충분한 시간을 거치면서 발견되고 논의된 것이 아니라 그냥 받아들여진 것이 많다. 각 주제에 대한 합리적인 사고와 깊은 철학적인 이해가 있어야 하는데, 일제강점기와 6·25 전쟁을 겪으면서 그러지 못했다. 그러다 보니 눈에 보이는 외형적 발전만큼 사회, 문화, 철학의 발달은 그 속도를 따라가지 못했다. 아이들 역시 '생명 존중', 그리고 '왜 친구를 괴롭히면 안 되는지'에 대해 제대로 배우지 못했다. 한번 받아들인 정보가 잘못된 것이면 그 오류를 수정하는 과정이 있어야 하는데 그런 기반이 없다. '우리가 예전에 저 아이를 왕따시켰지만, 우리가 잘못을 한 것 같아. 이제는 그러면 안 되겠다.' 라고 생각하고 행동을 바꾸어야 하는데, 그럴 만한 철학적 기반이 없다 보니 같은 행동이 반복된다.

셋째는 '집단 압력'이다. 우리나라는 단일민족이라 집단에서 추구하는 색깔이나 가치에서 벗어나는 것을 싫어하는 의식이 강하다. 어떤 집단에서 튀는 것을 허용하지 않고 획일적인 틀 속으로 들어가는 것을 편하게 생각한다. 지금은 개인의 개성이나 창의성을 존중하는 시대가 되긴 했지만, 아직도 가정, 학교, 사회, 국가에서 집단의 분위기를 따르고 있다. 아이들에게도 집단의 분위기가 있다. 그 집단의 분위기가 옳은 것이건 그른 것이건, 암묵적으로 따르려고 한다. 그중 튀는 사람은 리더가 되는 사람에게 몇 번 지적을 받고, 그래도 변하지 않으면 왕따를 시킨다. 집단에서 적극적으로 주동하는 아이가 있고, 나머지 아이들은 침묵으로 일관한다. 이때의 침묵은 무언의 동조로, 나는 그 아이의 튀는 행동이 마음에 들지 않는다.

다른 아이를 왕따시키는 가장 큰 이유는, '왕따를 당하는 아이의 성격이나 행동에 문제가 있다.' 생각하고 이를 고쳐주려는 것이다.

내 아이에게 전혀 문제가 없어도 왕따나 집단 괴롭힘의 주동자가될 수 있다. 이것이 우리나라 왕따의 메커니즘이다. 대개의 부모들은 "당신의 아이가 주동자다."라고 말하면 "그럴 리가 없다."라며 믿지 않는다. 엄마들은 인정하지 않고 오히려 걱정을 한다. 확실한 근거가 있으면 '왜 그랬을까. 나한테 불만이 있었나, 나한테 말 못 할고민이 있었나, 사춘기를 겪으면서 힘든 일이 있나.' 등 걱정이다. 아이를 자극할까 봐 그 이유를 물어보지는 못하고 전문가에게 "우리아이의 마음 좀 알 수 있나요?" 하고 물어본다. 문제는 아이에게 조심스럽게 대응을 하면서 그 화를 남편에게 터트린다.

억누르고 있던 엄마들의 억울하고 속상한 마음을 남편에 대한 불만으로 투사한다. "당신이 애들한테 소리나 지르니까 아이가 뭘 배우겠어. 뻔하지? 당신이 돈은 쥐꼬리만큼 벌면서 아이한테 신경을안 쓰니까 이런 일이 생긴 거지 뭐." "사춘기 때는 아빠하고 대화를많이 나누어야 하는데, 당신이 집에 아예 없으니 애가 저렇게 될 수밖에 없지."라며 아빠에게 화살을 쏜다. 부부간에 갈등이 숨어 있는상태에서 아이에게 문제가 생기면, 그것이 계기가 되어 문제가 불거진다. 엄마는 아이의 문제가 빨리 해결되지 않기를 무의식적으로 바라기도 한다. 아이한테 문제가 있어야 남편에게 그동안 쌓였던 불만을 폭발시킬 수 있기 때문이다. 아이의 잘못된 행동에 단호하게 대처하기보다는 "네 아빠가 조금 잘했어도 네가 그러지는 않았겠지?"라며 오히려 아이의 행동을 감싸준다. 아빠의 행동에 영향을 받아 아이가 그런 행동을 할 수도 있지만 지금 문제의 책임은 아빠가 아니라 아이다. 그러면 아이는 '내 잘못이 아니고 아빠의 잘못인가?' 하며 혼란을 겪을 수 있다. 엄마의 이런 행동은 아이의 문제행동을 교정하는 데 도움이 되지 않는다. 어떤 엄마는 빌기도 하고 화내기도 한다. 이때 아이는 엄마가 불쌍하기도 하고 미안하기도 하지만 또 한편으로는 짜증도 난다. 이런 엄마는 진지하게 이 문제를 의논할 대상이 못 된다고 생각한다.

아빠들은 아이가 다른 아이를 괴롭힌다는 소식을 접하면 두 가지 생각이 든다. 일단은 아이가 미워진다. '내가 저한테 얼마를 투자했는데, 남을 괴롭히다니.' 하는 마음이다. 그다음으로는 '그래도 맞지 않아서 다행이네. 사나이는 싸워서 이겨야지.' 하는 마음이다. 전자는 아빠가 감정적으로 대할 가능성이 높다. "그런 나쁜 짓을 하다니."라고 말하면 아이의 자존심이 떨어진다. '그 행동은 나쁜 거야.'라는 메시지가 아니라 '너는 나쁜 아이야.'라는 메시지다. 이런 메시지는 문제행동을 고쳐주기는커녕 아이 자체를 비난하는 꼴이 되어 아이는 더 엇나간다. '아빠는 나에 대한 신뢰가 없구나.'라고 생각해 버린 결과 아이와 사이는 더 나빠진다. 후자의 마음은 아이의 문제행동을 더 강화시킨다. 아빠가 "사나이는 그럴 수도 있지 뭐." 하면, 아이는 자신이 괴롭힌 아이를 더 무시한다. "이런 일로 너무 기가 죽

불안한 엄마 아빠 행복 레시피

지 마, 그런데 앞으로는 그러면 안 돼."라고 말하면 '안 돼.'보다 '기가 죽지 마.'에 더 큰 비중을 두기 때문에 자신이 잘못을 했다고 생각하지 않는다. 문제행동을 교정시키기는커녕 더 강화된다.

아빠의 같은 훈계라도, 평소에 관심을 가졌던 아빠와 그렇지 않은 아빠와는 차이가 있다. 평소에 관심이 없던 아빠가 훈계를 하면 아이들은 사춘기만 돼도 '자기가 뭔데? 평소에는 모르는 척하다가 웬 참견이야.'라고 느낀다. 이런 상태에서는 아빠가 아무리 좋은 말을 해도 먹히지 않는다. 아이의 이런 태도에 충격을 받는다. 아빠의 훈계의 효과는 평소 아이에게 보인 관심과 시간에 비례한다.

아이에게 어떻게 해야 할까? 부모는 아이에게 그 문제에 대하여 단호하게 잘못된 행동이니 고치라고 한다. 아이 문제가 수정됨으로서 좋은 교육의 기회가 될 수 있다. 이런 중대한 문제를 가지고 아이와 대화를 하려면 환경도 갖추어져야 한다. 아이와 정면으로 마주 앉는 것보다는 옆으로 앉는 것이 좋다. 마주 앉으면 심리적으로 적대감이 생길 수 있다. 대화 중에 수시로 손을 잡아주거나 어깨를 감싸주면 대화의 효과를 더욱 높일 수 있다. 대화를 처음 시도할 때 "야, 너 이리 와봐."라고 하지 말고 부드러운 목소리로 "엄마랑 앉아서 얘기 좀 하자. 너한테 할 얘기가 있거든." 반드시 아이에게 오늘 이야기의 목적을 먼저 말하자. "엄마가 너하고 얘기하려고 해. 너를 혼내려는 것은 아니고. 네가 왜 그러는지 엄마도 알아야 너를 도울 수 있어 물어보는 거야. 솔직하게 얘기를 해주면 정말 고맙겠다." 또는 "이 문제는 너에게 꼭 가르쳐야 하는 거야. 너의 그런 행동은 그냥 넘어갈 수 없는 문제다."라고 간단하게 말한다. 그러면 아이는 부모가 의도한 대로 잘 듣는다. "이것은 두 번 다시 일어나서는 안 되는 문제다. 어떤 경우라도 사람을 괴롭히는 것은 안 된다. 이번 일이 너에게 좋은 경험이 될 거야. 두 번 다시는 그런 행동을 해서는 안 돼."라고 말한다. 부모가 소리를 지르지 않고 차분하고 진지하게 얘기하면 고분고분 이야기를 듣고 "네."라고 대답할 것이다.

아무리 심각한 문제라도 그것은 아이에게 사회적 규범을 가르쳐 주는 좋은 기회가 될 수 있다. 그럴 때 너무 흥분하지 말고 차분하게 대처하며 부모가 꼭 서로 의논을 하는 것이 좋다. 한 사람만 신경을 쓰는 듯한 인상을 주어서는 안 되고, 두 사람이 모두 나서서 중요한 문제라고 생각해야 한다. 아이와 대화를 나눌 때는 두 사람이 미리 만나서 합의하고 문제의 정보를 공유해야 한다. 미리 상의해봄으로써 "이놈의 새끼 집 나가."와 같은 감정적인 실수를 하지 않는다. "이번 기회에 우리 아이에게 이런 것을 가르쳐주고 싶어. 이렇게 말을 합시다."라고 미리 각본을 짜야 한다. 엄마가 할 말과 아빠가 할 말을 서로 적어보고 고쳐주는 연습도 해야 한다. 이렇게 미리 할 말을 생각해두어야 실수가 없다. 두 사람이 아이와 함께 이야기하기로 했는데 갑자기 아빠가 참석하지 못한다면, 아이와 통화라도 하게 한다. 아이와 대화를 할 때는 절대로 정화되지 않은 감정을 분출해서는 안 된다. 그럼 문제를 가르치는 것이 아니라 '개인'에게 항의하는 꼴이 된다. 정화되지 않은 감정의 표출은 문제의 핵심을 바람과 함께 사라지게 하고, 불쾌감과 짜증만 기억되게 한다. 교육이 전혀 이루어지지 않고 비슷한 문제가 계속 반복된다.

중학교 1학년 때 같은 반에 왕따를 당한 학생이 있었다. 그 아이는 혼자 유일하게 다른 학교에서 온 아이인데, 전 학교에서 '일짱' 했다며 잘난 척을 하고 다닌다. 괜히 아이들한테 시비를 걸어댄다. 그런데 싸움을 하면 아이는 '진짜 얼짱인지? 뻥인지?' 의심이 될 정도로 싸움을 못한다. 이런 일이 몇 번 반복되자 반 아이들은 그 아이를 왕따시키기 시작한다. 내 아이는 주동자는 아니지만 무언으로 동조자가 된다. 엄마가 아이에게 "그래도 친구를 사랑해야지."라는 말을 해봐야 먹히지 않는다. 그 아이는 이미 적극적이든, 소극적이든 문제가 있다고 보기 때문이다. "그 아이는 분명 고쳐야 할 부분이 있어. 그런데 누가 고쳐주어야 할까?"라고 묻는다. 그때 학생은 당황하는 모습을 보이면서 곰곰이 생각할 것이다. "친구들? 선생님? 그 아이 부모님?"이라고 하면, 바로 "선생님이나 부모님이요?"라고 말한다. "맞아. 너희들이 그 친구를 가르치려고 하면 안 돼. 너희들도 짜증날 거야. 그래도 그 아이의 문제행동을 고쳐주어야 할 사람은 너희가 아니야."라고 강조한다. "내버려두면 그 아이는 나쁜 행동을 계속한단 말이에요."라고 말하면, "선생님에게 말을 하렴. 고자질하는 것처럼 하지 말고, 여러 명의 학생이 같이 가서 선생님과 의논을 하러 왔다고 말해라." 선생님에게 '그 아이가 이런저런 행동을 해서 반 분위기가 안 좋고 아이들이 다들 힘들어 해요. 선생님이 그 아이한테 얘기를 좀 해주세요.'라고 말하게 하는 것이다.

반 아이 전체가 한 아이를 왕따시키는 분위기라면, 우리 아이 혼자서 해결할 수 있는 문제가 아니다. 흔히 엄마들은 아이가 "우리 반에 왕따를 당하는 아이가 있다."라고 하면 "너라도 잘 놀아주렴." 이라고 말한다. 그런 말은 아이에게는 부담스럽고 비현실적이다. 먼저 아이의 입장을 이해해주고 나서 바람직한 방법을 말해주어야 한다. 누군가 한 아이를 왕따시킬 때 동조하거나 웃지 말아야 한다. 왕따를 당하는 아이와 친구가 되기는 어렵겠지만, 다른 친구들이 그 아이를 때리면 "하지 마." 정도의 이야기는 할 수 있어야 한다. "이런 행동은 너무 심한 거야. 이제 그만."이라고 할 수 있는 용기는 필요하다.

왕따는 남자아이들보다 여자아이들 사이에서 훨씬 더 많다. 여자 아이들은 단짝으로 놀거나 네다섯 명씩 집단으로 노는 것을 좋아하는 특성이 있다. 어떤 아이는 그 집단으로 들어가기 위해 집단 안의 한 명을 왕따시키기도 한다. 어떤 한 명이 사회적 기술이 떨어질 때, 다른 아이가 그 집단에 들어오기 위해 그 아이를 모함하거나 헛소문을 퍼뜨려 왕따를 시킨다. 여자아이들은 왜 단짝이나 몇 명의 집단 무리를 좋아할까? 진화론 관점에서 보면 생존을 위해 수천 년간 지니고 있던 본능이다. 남자에 비해 힘이 약한 여자들은 남자들의 공격에 맞서기 위해 여럿이 모여 있는 것이다. 여자아이들은 두 돌만 지나도 여성호르몬인 에스트로겐의 명령으로 단짝 또는 무리를 지어 놀려는 본능이 생긴다. 현대사회에서 너무 지나치게 내 편과 네 편을 나누는 것은 원만한 친구관계를 맺는 데 방해가 된다. 딸을 가진 부모는 아이가 친구를 지나치게 독점하려는 마음을 경계하도록 도와야 한다.

여자아이들은 자신과 甲이 친한 친구인데, 甲이 乙과 친해질 수 있다는 것을 수용하기 힘들어 한다. 甲이 乙과 친해져 자신에게 소홀해진 것도 아닌데 甲을 독점하려고 한다. 그럴 때 이런 말을 해주어야 한다. "평생 동안 그 친구와 함께하고 싶은 거지. 너는 섭섭할 수 있지만 네 친구에게 다른 친구가 생겼다고 너에 대한 우정이 줄어드는 것은 아니란다. 그 친구가 다른 친구를 사귐으로 인해서 다른 색깔의 우정이 하나 더 생겼을 뿐이야. 아주 편하게 생각하렴. 그런 마음이 있어야 그 친구와 오랜 시간을 갖고 만날 수 있어. 그 친구가 다른 형태의 감정이 생겼다고 해서 그 전에 있던 감정이 변하는 것은 아니다." 상대의 감정을 편안하게 받아주는 연습을 해야 건강한 감정이 발달된다.

학교 교실에서 왕따가 일어난 것을 알게 되면, 반 전체 학생들에게 교육용 '왕따 프로그램'을 보여주거나 교육전문가를 초빙하여 강의를 듣게 하는 경우가 많다. 또는 왕따를 당한 아이를 따로 보건실에 있으라고 하고 담임교사가 종례 시간에 반 학생들에게 훈계를 하는 것이 일반적이다. 그 훈계를 듣고 학생들이 변할까? 그렇게 대응을 하면 왕따를 시킨 학생은 변하지 않는다. 오히려 마음속으로 '걔 때문에 우리가 저런 지루한 훈계를 들어야 하나.' 하는 생각에 그 아이가 더 싫어진다. 왕따 주동자는 말할 것도 없고 중립적인 아이들까지 그 아이가 미워진다. 왕따를 시킨 아이를 대상으로 교육을 하면 문제가 더 심각해지고, 왕따를 당한 아이를 놓고 교육하면 그 아이가 부족하다는 것이 알려져서 둘 다 썩 좋은 방법은 아니다. 그럼 어떻게 문제해결을 할 것인가? 적극 가담자가 아닌, 미안한 마음을 조금 가진 무언의 동조자를 꼬셔야 한다. 주동자의 행동이 심할 때는 너무 심하다는 말을 좀 해달라고 부탁한다. 그럼 반 분위기가 바뀌면서 왕따 문제는 자연스럽게 해결되지 않을까?

아이가 나쁜 친구를 만날 때

질이 안 좋은 아이와 어울리지 말라는 아빠

아빠는
질이 좀 나쁜 친구도 사귀는 것이 좋다고 생각하지만
그런 친구들과 어울리는 모습은 한심하고 실망스러워.
내 아이 수준이 저것밖에 안 되나 하고
못 만나게 해도 말을 안 듣네.
모든 지원을 끊어버려야지!

나쁜 아이와 어울리는 것이 불안한 엄마

엄마는

내 아이가 결점이 없는 환경에서 키우고 싶어!

나쁜 환경에 물들지 않게 하는 것이 내 의무냐!

조금이라도 질이 나쁜 친구와 만나는 것은 불안해!

내 아이를 철저하게 관리해서

그런 아이들과 못 놀게 해야겠어!

부모들이 생각하는 질이 안 좋은 아이는, 가출을 자주 하는 아이, 담배나 술을 하는 아이, 성생활이 문란한 아이, 복장이 불량한 아이, 거친 욕을 하는 아이, 학교를 무단으로 결석하는 아이, 화장이 너무 진한 아이, 거짓말을 잘하는 아이, 남의 물건을 훔치는 아이, 학교에서 폭력으로 문제가 된 아이들이다. 내 아이가 질 안 좋은 아이와 어울리는 것은 엄마 아빠 모두 걱정을 한다. '질이 나쁘다'라는 것의 기준은 엄마 아빠 사이에 다소 차이가 있다. 엄마들은 조금만 그런 기미가 있어도 질이 나쁜 아이라고 여기고 내 아이와 확실하게 차단을 시킨다. 아빠들은 "뭘 그 정도 가지고 그래."라는 입장이다. 아들은 담배와 술 같은 것에 허용적인 편이다. 자신도 어렸을 때 해봤던 가벼운 이탈 정도는 별로 질이 나쁘다고 생각하지 않는다. 엄마들은 어떠할까? 엄마는 그런 기미만 보여도 과하게 생각한다. 엄마들은 조금만 문제가 있어도 질이 나쁜 아이라고 생각하는데, 이런 시각을 아빠들은 불편하게 생각한다.

엄마는 '내 아이가 나쁜 물이 들면 어쩌지?' 하는 걱정을 하고, 아빠들은 '저런 아이들과 어울리다니. 참으로 한심한 자식.'이라고 생각한다. 엄마는 걱정을 하고, 아빠는 실망이 앞선다. 엄마들은 아이가 질 나쁜 아이와 떨어지게 하는 것에 급급해, 학교 앞에서 지키고 있다가 데려오고 학원도 데려다준다. 아빠들은 아이가 한심하다고 생각하기 때문에 처벌한다. 아빠는 아이에게 "너 이것밖에 안 돼? 외출 금지야, 용돈 없어, 휴대폰 정지야."라면서 강하게 응징한다. 인간의 본능은 상대가 강하게 하면 숙이고 들어가는 경우가 거의 없고 오히려 반발한다. 어쩔 수 없이 머리를 숙일 때는 내가 독립을 할 때까지 당신을 이용하겠다는 생각을 하는 경우다. 그렇다고 엄마가 하는 것도 좋은 것은 아니다. 아이가 일정한 나이를 넘으면 부모는 뒤로 한 발짝 물러나 조력자 역할을 해야 한다. 그 선을 넘으면 아이가 스스로 돌보고 조절하는 독립심을 배우지 못한다. 이것은 아이 교육에서 굉장히 중요한 부분이다. 힘들어 하는 부모들은 대개 그 선을 넘는다. 정신과 의사와 이야기를 한 적이 있는데, 그 의사는 정신과에 온 사람들은 거의 부모가 조언, 자문, 평가, 판단을 해서 문제해결력이 없다고 했다. 혹시 이런 엄마 아빠라면 자신을 돌아보는 계기가 되어야 한다.

문제는 친구가 나쁜 것이 아니라 아이가 상황파악과 판단, 수위 조절을 못했기 때문에 일어난다. 그 문제에 대해 아이와 충분히 대화를 나누고 아이 스스로 해결책을 찾도록 도와주는 것이 부모의 역할이다. 아이의 행동을 제어하고 차단하면 아이는 자율적인 자기 조절능력을 키우지 못한다. 엄마는 질 나쁜 아이와 잠시 못 만나게 할 수는 있지만 아이는 언제나 그 아이와 만날 기회만을 호시탐탐

노릴 것이다.

아빠들은 아이들이 말을 듣지 않으면 아이가 누리고 있는 권리를 모두 박탈하거나 심하면 아이를 보지 않겠다고 하는 경우도 있다. 아버지와 자신은 말로 끊는다고 끊어지는 것이 아니다. 아빠들은 왜 이런 강경한 말을 할까? 어찌 보면 '나 몰라라.' 하는 회피와 부인이다. 어마어마한 걱정 뒤에 따라오는, 감당이 힘든 감정으로 그 문제에서 도망치는 것이다. 아빠들의 이런 태도는 가장 바람직하지 못한 대응이다. 아이한테 절절매는 엄마들보다도 나약한 모습이다. 아이에게 자신이 화가 난 모습을 보여주는 것이 아니라 아빠가 걱정하지 않는 것을 보여주는 것이다.

아이와 대화를 할 때는 결론부터 말해서는 안 된다. "네 친구 개는 질이 나쁜 애야. 이런 짓도 하고 저런 짓도 했더라." 하면 아이는 바로 반론을 편다. 그보다는 "엄마가 몰라서 그래. 개는 좋은 애처럼 보이던데." 아이의 친구에 대해 말할 때는 '아이가 그 친구를 만나는 이유'를 먼저 말해야 한다. "네가 그 친구하고 친하게 지내는 것을 보니 그 아이한테 좋은 점이 있는가 보구나. 어떤 면이 좋으니?"라고 물어본다. 아이는 자신이 생각하는 좋은 면을 신나게 말할 것이다. "그런데, 개한테 사실 나쁜 점도 있지?"라고 살며시 물어본다. "네, 이런 점은 좀 문제가 있어 보여요."라고 아이가 스스로 대답을 한다. "네가 알고 있어서 다행이구나. 그 친구의 나쁜 점은 배우지 않았으면 좋겠어. 그것 말고 또 염려되는 것 있니?"라고 물어준다. "엄마, 가끔요. 나는 하고 싶지 않은데 친구가 하자고 할 때가 가끔 있어요."라고 말을 할 수도 있다. 이렇게 대화를 나누면서 아이 스스로 생각을 하게 해야 한다. 대화가 더 무르익으면 "사실 엄마는 네가 말한 그런 면들 때문에 네가 걔랑 시간을 보내는 것이 걱정된다고 했어. 너는 어떻게 했으면 좋겠니?" 묻는다. 아이는 스스로 대안을 찾아서 말을 할 것이다.

아이들의 관계를 차단할수록 아이들은 자기들끼리 결속력이 강해지고, 너무 풀어주면 조금씩 더 문제가 생긴다. 아이와 대화를 한 후 가볍게 조절을 해주면 된다. 조금 지나면 아이가 이런 말을 할 것이다. "엄마, 오늘 걔가 나한테 이랬어." "그래? 그것은 큰 문제가 될 수 있는데. 거리를 두는 것이 어떻겠니?"라고 말하면 아이들은 받아들인다. 만약 엄마가 나서서 그 친구 흉만 보면, 아이는 한발 물러서서 친구를 객관적으로 보지 못하고 친구와 한 덩어리로 본다.

따뜻한 햇볕은 나그네의 옷을 벗기듯, 아이 문제는 자신이 스스로 해결하도록 부모가 따뜻한 말을 해주어야 한다. 강한 바람은 나그네의 옷을 더 여미게 할 뿐.

아이가 이성친구를 만날 때

딸의 남자친구를 못 믿고 걱정하는 아빠

아빠는

내 딸의 남자친구가 믿을 놈일까?

난 왜 알지도 못하면서

그 아이가 그냥 싫고 화가 나지?

요즘 딸이 내 말을 듣지 않는 것이

그 아이 때문인 것 같아 불안해.

그 아이를 아예 못 만나게 해야겠어.

내 아들을 오염시킨다는 엄마

엄마는

내 아이를 어떤 여우 같은 애가 꾄 걸까?

그 집안 어떤가? 공부는 잘하는가?

어떻게 자란 아이인지 알 수 없어 불안해.

내 아들을 오염시킨 것 같아.

그 아이의 뒤를 캐봐야겠어.

아이에게 이성친구가 생겼다는 것을 알게 되면 부모는 어떤 생각이 들까? 일단 걱정을 하고 불안해한다. 여자친구가 어떤 아이인지 궁금하기도 하다. 아이가 어렸을 때 질 나쁜 친구를 사귀는 것과는 다른 차원이다. 어떤 여우 같은 것이 우리 아이를 꼬드긴 것 아닐까, 우리 아이의 시간을 뺏고 힘들게 하는 것은 아닐까 하는 걱정이 생긴다. 이런 생각을 하는 엄마들도 있다.

우리나라는 가부장적이고 혈통을 중시하는 나라였다. 아들을 낳은 여자는 집안에서 입지가 든든해져 엄마에게 아들은 곧 힘이었고 보호를 받는 수단이었다. 설화에서 보듯, 아들을 낳기 위해 정화수를 떠놓고 백일기도를 드리는 장면을 많이 본다. 아들을 못 낳으면 '칠거지악'으로 내쫓기도 했고, 그런 여자는 내쫓김을 당해도 당연하게 받아들였다. 그래서 아들은 엄마 인생의 전부이다. 지금도 그럴까? 과거보다는 많이 나아지기는 했지만, 아직도 엄마들의 머릿속에는 그런 사고방식이 자리를 잡고 있다. 최근 엄마들에게도 '아들'이란 존재가 나를 특별하게 만들어준다. 이는 물론 단일민족 5,000년 역사 속에서 형성된 유전자의 무의식적 반응이다.

이런 아들에게 여자친구가 생겼고, 그것도 내가 전혀 통제할 수 없는 다른 집안 여자다. 어떤 가정에서 자랐고, 어떤 교육을 받았고, 어떤 생각을 하는지 알 수 없는 여자친구를 보면 엄마들은 내 고귀한 아들을 그 여자가 오염시킬까 봐 걱정이 된다. 엄마는 왜 그럴까? 아들을 뺏길까 봐 그럴까? 그런 불안이 아니다. 한국의 문화는 아들 중심이어서 아들 한 명을 얻기 위해 딸 열 명을 낳아도 상관없다고 생각했다. 그런 소중한 아들을 낳아 곱게 키워놓았더니, 어느 낯선 여자가 나타나서 나쁜 물을 들이게 된 것이다. 그것이 불안한 것이다. 시어머니와 며느리의 갈등에서는 대개 "결혼하기 전에는 우리 아들이 안 그랬다." "너를 만나면서 쟤가 이상해졌다."라는 말을 많이 한다. 아들의 여자친구를 대하는 엄마의 마음도 그런 맥락에서 비슷하다. 또한 단일민족에 대한 자부심으로 다른 피가 섞이는 것에 대한 묘한 거부감과 불안감도 있다. 엄마들은 불안감을 낮추기 위해 아들의 여자친구를 직접 눈으로 확인하고 싶어 한다. 눈으로 확인하기 전까지는 의심스러운 눈초리지만, 일단 이것저것 확인하고 나서 여자친구가 똘똘하고 인성도 좋으면 그다음부터는 아들한테 맡겨버리는 경우도 있다.

그럼 딸은 어떨까? 딸은 아들만큼 갈등이 심하지 않고 '이 늑대 같은 놈이 내 딸을 나꿔챌까 봐' 걱정한다. 최근 2차 성징이 빨라져서 부모들이 더 예민해져 자꾸 통금시간을 정해놓고 철저하게 시간을 관리한다.

아빠들은 아들의 이성친구에 대해 엄마보다 관대하다. 여자친구가 날씬하고 예쁘게 생겼으면 더 좋아한다. 묘한 것은, 아빠들이 민감한 것은 딸의 남자친구이고, 이성친구가 생기면 그 남자아이를 싫어한다. 아들의 이성친구는 좋아하면서 딸의 이성친구는 미워한다. 왜 그럴까? 딸의 이성친구는 나의 울타리 안으로 들어오는 것에 대한 경계심인데, 동물의 세계로 보면 다른 무리에서 온 수컷으로 보고 경계하는 것과 같다. 그 수컷이 나의 자리를 위협할 수 있다는 불안감이 존재한다. 아빠들은 딸의 남자친구를 본능적으로 싫어하고, 일정 기간 동안 적으로 간주한다. 아들의 이성친구에게 허용적인 것은 여자친구가 힘이 센 존재라고 생각하지 않기 때문이다. 그 여자친구는 우리 집안으로 들어와도 나에게 해가 되지 않는다고 생각한다. 딸의 남자친구는 제법 긴 시간 동안 지켜본 후 그 친구가 위협적인 존재가 아니라 나의 힘에 도움이 될 수 있다는 확신이 들면 그제야 사귀는 것을 승낙한다.

엄마들이 아들의 이성친구에게 불안을 느끼는 것은 내가 만든 순수 혈통과 내 보물이 오염될까 걱정하는 마음이다. 아빠들이 불안을 느끼는 것은 자신의 힘을 잃을까 봐 하는 걱정이다. 엄마들은 불안이 많아지면 직접 나서서 해결하려는 태도가 몸에 배어 있어 이성친구에 대해 알아본다. 그 아이가 의젓하고 믿을 만하면 그냥 아들에게 맡겨버리기도 한다. 딸의 남자친구도 마음에 들면 몇 가지 주의사항을 주고, 만나더라도 선을 넘지 말 것을 부탁한다. 아빠들의 걱정은 딸의 남자친구에 대해서 알아보기보다는 그 아이로부터 내 딸을 보호해야겠다는 생각에 못 만나게 하고 통금시간을 정하기도 한다. 아빠들은 이성친구가 마음에 들지 않아서가 아니라, 이성친구의 존재 자체가 싫은 것이다.

부부간에 생각이 다르다 보니 그만큼 갈등도 생기게 된다. 딸에게 남자친구가 있을 때 더 심하다. 남자친구가 생겼다는 것만으로도 아빠들은 엄마를 비난한다. 딸 단속을 어떻게 했기에 남자친구가 생겼냐는 것이다. 엄마가 문단속을 잘못해서 도둑이 든 상황이다. 아빠는 아내와 딸 모두를 미워하고, 자기 울타리 안으로 힘을 가진 외부 세력을 집안에 들인 장본인이라고 생각한다. 딸에게 남자친구가 생긴 경우 아내와 딸은 모두 죄인이 된다. 반면 아들의 여자친구

불안한 엄마 아빠 행복 레시피

로부터 부부간의 갈등이 있는 경우는 드물다. 엄마들은 아들이 탐탁지 않은 여자친구를 만난다고 해서 아빠에게 항의하지는 않고 이것저것 알아보면서 문제를 푼다.

딸의 이성 문제로 흥분하는 아빠들이 있다. 딸 앞에서 이성 문제로 아내와 싸우지 말아야 한다. 중고등학교 때의 이성친구는 오래가지 않는다. 아이의 첫 이성친구에 너무 민감하게 반응하여 화를 내면, 아이가 진짜 이성친구를 만날 때 부모와 상의를 하지 않는다. 아이는 어렸을 때 보았던 아빠의 모습으로 인해 이성친구가 생기면 일단 '숨겨야겠구나.'라고 생각한다. 아빠가 또 화를 내는 것이 두렵다. 또 한편으로는 '남자친구를 사귀는 것이 나쁜 행동일까?'라는 마음도 있다. 자신이 10대 때 남자친구 문제로 엄마와 아빠가 싸울 때, 아이는 '내가 남자친구를 만나는 것이 나쁜 짓인가?' 하는 죄책감이 학습되었다. 일정한 나이가 되면 이성교제를 해야 한다. 이성에 대한 아이의 죄책감은, 진짜 이성교제가 필요하여 좋은 배우자를 고르는 데 방해가 된다.

고등학교 3학년인 딸을 둔 아빠가 있다. 아이의 엄마는 동생을 데리고 외국에 연수를 간 상황이어서 아빠가 딸의 뒷바라지를 하고 있다. 얼마 전에 남자친구가 생기면서부터 공부를 전혀 하지 않는다는 것이다. 그전에는 학원 갔다 오면 10시쯤 들어오는데 그때부터는 12시까지 남자친구랑 통화만 한다는 것이다. 아빠는 딸이 남자친구를 사귀면서 자기 말을 전혀 듣지 않고 성적도 뚝 떨어져서 걱정이 태산이다.

그때부터 마음이 급해진 아빠는, "너 개 만나더니 성적이 이거 뭐야. 남자친구가 아빠 말을 듣지 말라고 하디?"라고 하면서 현재 딸에게 나타난 문제를 모두 남자친구 탓으로 귀결시킨다. 아이가 보이는 작은 문제도 모두 "개랑 사귀어서 그런 거지." 하는 식으로 몰고 가는 것을 조심해야 한다. 그러면 아이와 부모는 신뢰가 깨지고 만다. 그때 아이는 "아니에요. 왜 나를 못 믿어요?" 하고, 아빠는 "네가 그따위 행동을 하는데 어떻게 믿어!"라고 할 것이다. 그보다는 "나는 너를 믿는데, 이런저런 것을 조심해야 한다." 하는 식으로 하는 것이 훨씬 낫다. 부모는 어떤 상황에서도 자녀를 못 믿는다는 말을 해서는 안 된다. 불안하고 걱정이 된다면, 딸의 남자친구가 어떤 아이인지 파악한 뒤 화내지 말고 "네가 이성친구를 만나더라도 엄마하고 약속한 것을 지켜주면 좋겠다."라고 말을 한다. 그럼 찬성이다.

그 '약속'은 아이가 지킬 수 있는 최소한의 것만 제시한다. 시간관리다. 아빠는 "10시까지 들어왔으면 좋겠다. 그 시간은 동성친구들을 만나도 들어와야 하는 시간이었으니까. 마찬가지로 남자친구를 만날 때도 10시를 지켜줬으면 좋겠다."라고 말한다. 주의할 것은, "남자친구를 만날 때는 10시까지 들어와."라고 해서는 안 된다는 점이다. 아이는 '개랑 나랑 무슨 나쁜 짓을 하는 것으로 의심'한다고 생각해 화가 난다. 다음으로 전화 통화다. 아빠들은 딸이 아무때나 문자를 주고받고 늦게까지 전화하는 것을 싫어한다. "통화는 누구와하든지 10분 내지 20분 이내로 했으면 좋겠다. 남자친구도 마찬가지다. 문자도 줄였으면 좋겠다." 하는 식으로 부탁한다. 이런 말을 할 때 남자친구에 대한 아빠의 불만으로 들려서는 안 되고, 또한 아빠와 갈등 상황에서 지시나 명령하는 듯한 말이나 분위기도 안 좋다.

부모들은 본질적인 질문을 할 수 있다. '이성친구가 꼭 필요한가?' 최근 아이들은 2차 성징이 빨라져 사춘기가 빨리 와 부모 세대보다 일찍부터 이성친구에 대한 관심을 갖게 된다. 사춘기 때는 누구나 성에 대해 궁금하고 관심도 많아지는데, 빠르면 초등학교 때 사춘기가 오기도 한다. 초등학교 남자아이가 100일 기념 커플링을 이성친구에게 선물한다. "남친이 긴 머리를 좋아한다."라는 중학교 1학년 여자아이도 있다. 사춘기 때 이성친구에 대한 관심은 당연하지만, 그렇다고 성인처럼 이성친구를 정해서 사귈 필요성은 없고 이성친구에 대한 경험은 필요하다. 나와 성이 다른 친구들과 자연스럽게 '성과 관련된 것들을 경험하고 교환하는 것'이다. 성과 관련된 '경험'은, 다른 성을 가진 또래는 어떻게 생각하고 행동하는지 배우는 것이다. '교환'은 성이 다른 친구와의 생각 교환이다. 이런 것들은 성행위를 의미하는 것이 아니라 나와 성이 다른 친구들과 어울려서 운동하고, 토론하고, 웃고 떠들면서 충족이 된다. 사춘기 때 급격한 성적인 충동도 나와 성이 다른 친구들과 어울려 보내면서 해결이 될 수 있다.

아이가 이성친구를 사귀면서 부모한테 솔직하게 얘기하고 상의하게 하는 것이 가장 좋은 방법이다. 평소 부모는 아이에게 "네가 이성친구에게 관심을 갖는다는 것은 잘 자라고 있는 것임을 의미하니 숨기거나 부끄러워할 필요가 없다."라는 메시지를 주어야 한다. 이성친구가 있다는 것을 알았을 때도 수사관이 취조하듯이 캐묻거나 문자메시지를 뒤지지 말고 "너 혹시 이성친구 있니? 아니면 관심 가는 친구 있니?"라고 물어본다. 대개 아이들은 "없어요. 엄마는 괜히…"라고 없는 척한다. 그 이유는 부모가 알면 일이 커질까 불안하기 때문이다. 공부에 방해가 되니 만나지 말라고 하든지, 늦게 온다고 잔소리를 하든지, 이성친구에게 전화를 하든지, 뭔가 문제가 될 것 같다. 우리나라 정서상 이성친구에 대해 부끄러워하는 면도 있다. 혹시 아이에게 이성친구가 없다고 해도 더 이상 묻거나 다그치지 말고, "이성친구는 있어도 괜찮아. 사춘기 때는 이성에 관심이 있을 때거든. 엄마 아빠에게 얘기하면 도움을 줄 수 있으니 생기면 얘기해."라고 하면 좋다. 이성친구가 있다고 하면 '언제 한번 집으로 데리고 와 보렴. 엄마가 맛있는 것을 사준다.'라고 하면서 자연스럽게 만나보는 것도 하나의 방법이다.

아이가 이성 친구를 사귀는 것을 알았을 때, 부모로서 그 아이의 인성이 어떤지 정도는 알 필요가 있다. 이성친구는 건전하게 사귀어야 한다고 말은 해주어야 한다. 성적인 조언을 해주어야 하는데, 돌려서 이야기하는 것보다는 직접 말하는 것이 좋다. "너희 때는 성적 충동이 강해 성호르몬이 굉장히 많다. 너희는 아직 성적 충동을 조절할 수 있는 능력이 미숙해서 참을 수 없을 정도로 성적인 본능이

불안한 엄마 아빠 행복 레시피

올라간다. 그래서 10대 때 성관계를 하면 임신이 잘되는 편이다. 너희가 성적 접촉을 하고 싶을 때는 대개 배란기거든. 여자는 배란기일 때 성적인 욕구가 강해져. 딱 한 번 성관계로 임신이 되기도 하는 거야. 조심해야 한다."라고 말해준다. "좋으면 만지고 싶고 그래? 한번 생각을 해보렴. 지금 아빠가 된다면 어떨까? 아빠는 누구나 자식을 위해 돈을 벌어야 하고, 아기도 봐야 해."라고 현실적인 말을 해준다. 아이에게 공갈은 치지 말고 "너희 몸이 그렇게 작동할 수밖에 없으니 조심하고, 임신은 엄마 아빠가 되거나 생명을 죽이게 될 수도 있으니 조심해야 한다."라고 말해준다. 중학생만 되도 에둘러 말하지 말고 직설적으로 말해도 되지 않을까?

아이가 친구와 폭력을 써서 싸울 때

애들 싸움은 잘 해결해야 한다는 아빠

아빠는

애들은 크면서 싸울 수도 있고 맞을 수도 있는데

그럴 때마다 예민하게 굴면 되겠어?

우리 애는 왜 맞기만 하는 거야?

아휴, 창피해서 어디 살겠나? 짜증이야.

아이가 속상할 것을 걱정하는 엄마

엄마는

가정에서 일이 생기면 나서야 하는데

무슨 남편이 이래?

내가 얼마나 속상한지.

우리 아이 마음이 얼마나 억울한지 전혀 모른다니까?

난 아이가 당한 일을 생각할 때마다 화가 치미는데.

내향적이고 겁이 많은 초등학교 4학년 남자아이가 있었다. 아이는 친구들을 좋아하긴 하지만 관계하는 기술이 부족하여 장난을 잘 받아주지 못한다. 그 아이가 한번은 화장실에서 대변을 보고 있는데, 5명의 아이들이 화장실 앞에서 "빨리 나와, 어떤 놈이야?" 하면서 장난을 쳤다. 아이는 놀래서 숨을 죽이고 있었다. 반응을 보이지 않자 장난기가 발동한 아이들은 문을 잡아당겼다. 그래도 나오지 않자 문을 발로 차면서 빨리 나오라고 소리를 지르자 겁을 먹은 아이는 화장실 문을 타고 쏜살같이 도망갔다. 그 아이는 그 뒤 학교 화장실에 가지 못하고, 화장실 갈 일이 있으면 집으로 간다. 이후 담임선생님 중재로 4명은 사과를 했지만, 주동자 아이는 피해 아이에게 직접 사과를 하지 않았다. 그러던 중 우연히 길을 지나가다가 주동 아이는 그 장난으로 선생님한테 야단을 맞았다고 생각했는지 피해 아이를 향해 자신에게 사과를 하라며 시비를 걸었다. 피해 아이는 억울하고 분한 마음이 있었는지 마침 주변에 있던 쇠파이프를 갖고 주동자 아이에게 달려가는 돌발 행동을 했다. 다행히도 주동자 아이가 재빠르게 피해서 다치지는 않았다.

그 후 주동자 아이의 엄마 아빠는 적반하장의 자세를 취하고, 자신들의 아이가 피해자라고 주장한다. 피해 아이 아빠는 상황이 이렇게 나쁜데도 아내에게 좋게 넘어가라고 한다. 어쨌든 아이들 싸움이지 않느냐는 것이고, 엄마는 억울하기 짝이 없다. 이렇게 차일피일 사고해결이 지연되는 사이, 피해자인 아들이 불안하고 화가 나서 그런지 점점 난폭해지기 시작했다. 피해 아이는 조금만 건드려도 화를 내고, 누구에게든 난폭하고 예민하게 굴었다. 그 반 다른 아이들이 피해 아이가 무서워서 학교 가기가 무섭다고 한다. 피해 엄마는 더 이상 방치하면 문제가 되겠다는 생각이 들어 경찰에 고발했다. 그 말을 접한 주동자 아이 아빠는 피해 엄마에게 전화를 해서 도저히 입에 담지 못할 말을 퍼부었고, 주동자 엄마는 피해 엄마를 찾아왔다. 피해 엄마는 마침 일이 있어 외출하려던 차였기에 다음에 이야기를 하고 했지만, 주동자 아이 엄마가 거칠게 팔을 잡아끌며 계속 늘어졌다. 그 순간 피해 엄마가 그 팔을 세게 뿌리치자 주동자 아이의 엄마는 나가떨어졌고, 그 길로 바로 경찰서에 가서 '폭행죄'로 고소했다.

피해 아이의 엄마는 모든 것을 좋게만 해결하려고 하는 남편의 미온적인 태도에 답답하고 화가 난다. 이렇게 힘든 상황인데도 남편이 전면에 나서지 않고 대신 자신이 싸워야 했기 때문이다. 피해 아이 아빠는 "아이들 싸움이니 기다려보자."라며 일을 크게 만들지 말자는 것이고, 오히려 난폭해진 아이를 나무란다. 엄마는 내 아이가 상처를 받아 이렇게 된 것인데 주동자 아이는 혼내지도 않고 불쌍한 내 아이만 탓하는 남편이 야속하다. 엄마는 담임교사에게도 불만이다. 누구의 편에 서지도 않고 중립적이다. 교사라도 아이와 자기의 마음을 알아주기를 원했지만, 주동자 아이에게도 문제가 되는 면이 있고 피해 아이에게도 문제가 있다고 말을 한다. 피해 엄마는 이제는 고소까지 당했고, 억울하고, 그 당시의 상황이 너무 싫고 해서 이제는 주변 사람 모두가 미워졌다. 다행스럽게도 아내가 고소를 당하자 그제서야 남편이 전면에 나서기 시작했다.

아이들은 미숙하니까 싸울 수도 있고 심각한 장난을 하기도 한다. 이럴 때 어떻게 해결하느냐에 따라 아이와 부모, 부부간의 관계 형성이 달라진다. 아이 문제가 생기면 평소 점잖던 사람도 돌변해서 "누가 내 새끼를 건드려?" 하면서 난폭해진다. 앞의 주동자 엄마 아빠의 경우, 누가 봐도 사과를 했어야 할 상황임에도 "뭘 그런 것 가지고 그러냐. 애들이 그럴 수도 있지."라고 나온 경우다. 이런 엄마 아빠들은 자기 자식을 보호하기 위해서 체면도 없다. 보호받는 아이는 그 순간만큼은 '부모가 내 편을 들어주는구나.' 하고 기분이 좋을 수 있다. 그 아이가 성장해서 올바른 생각을 갖게 되면 부모의 비이성적인 행동을 창피해하고 왜 그때 나에게 옳고 그름을 가르쳐주지 않았느냐고 원망할 수 있다. 이런 식으로 자신을 보호하는 부모가 이상하게 보일 수도 있다. 부부 중 남편은 투사를 하고 아내는 점잖은 편이라면, 아내는 남편의 가벼운 행동에 존경하는 마음이 사라질 수 있다. 이처럼 남편과 아내의 의견 차이가 있을 때 아내는 말리고 남편은 생각대로 밀고 나가는 경우가 많은데, 아내는 자신의 의견이 존중받지 못해 남편을 미워하는 마음이 점점 커진다.

피해 아이의 아빠처럼 지나치게 유보적인 태도도 썩 좋은 것은 아니다. 본인은 이성적이고 점잖은 태도라고 생각하지만, 아이와 아내는 아빠의 태도에 큰 실망감과 피해의식을 갖게 된다. 아내는 이런 남편을 '가족을 전혀 돌보지 않는 사람, 믿지 못할 사람, 보호해주지 못하는 가장'으로 생각하여 불신감을 갖는다. 이런 불신감은 평소 서운함이 계속 쌓인 끝에 생긴 감정이고, 아이 또한 엄마와 비슷하다. 아빠가 자신의 생각이 확고하여 유보적인 태도를 취했다면 아내와 아이가 납득하도록 설명을 해야 한다. 이런 과정이 생략되면 부부와 부모 자녀 사이에 문제가 된다. "아빠가 신중한 이유는 이 일이 가벼워서도 아니고, 너를 사랑하지 않아서도 아니다. 아빠도 마음이 아픈데 너무 흥분하면 또 다른 문제가 생길 수 있다. 그 아이가 잘못한 것은 분명해. 그 아이가 아직 어린아이라서 너에게 사과하고 다시는 그런 짓을 하지 못하도록 하는 것이 교육이야. 모두가 흥분해버리면 그런 것을 제대로 못 배우니 조금 차분하게 대응하자."라고 해야 한다.

아이들은 성장과정에서 친구에게 맞고 오는 경우도 있고, 때리고 오는 경우도 있다. 같이 놀다가 실수로 다치기도 한다. 그럼 이런 일이 생길 때 어떻게 해결할 것인가? 아이가 맞거나 때리고 왔을 때 먼저 해야 할 일은 담임교사에게 전화해서 상황을 정확하게 파악하는 것이다. 교사가 상황을 파악하고 있고, 두 아이를 불러서 적절한 조치를 취했다면 괜찮다. 피해 아이를 위로해주고 가해 아이에게 다시는 이런 행동을 하지 않도록 가르치는 일이다. 학교나 유치원에서 이런 일이 발생하면 교사는 부모가 묻기 전에 미리 상황을 알려주어야 한다. 아이들끼리 상황이 잘 정리가 되었다고 해도 피해 아이 부모는 기분이 나쁠 수 있다. 감정이 상해버리면 일을 해결하기가 더 힘들어진다. 아이가 너무 아파하는데도 교사는 일체 말이 없으면 교사에 대한 불신을 갖게 된다.

교사는 두 아이의 이야기를 충분히 듣고 상황을 정확하게 파악하고 있어야 한다. 취조하듯 하면 자칫 사실과 다르게 왜곡될 수 있으니 유의해야 한다. 상황이 파악되었으면 두 부모에게 알려야 한다. 교사는 피해 아이와 가해 아이를 분명하게 구분하고 그때의 상황을 최대한 객관적으로 이해되게 설명해야 한다. "상황은 이러이러했는데, 甲이 乙을 때린 것은 분명합니다. 甲을 불러다가 잘 가르쳤고, 부모님에게도 얘기를 했습니다. 甲의 부모님도 잘 지도하겠다고 했습니다. 乙에게는 네가 잘못한 것이 없다고 하고 보듬어주었는데, 어머님께서도 많이 위로를 해주세요. 많이 다치지는 않은 것 같은데 좀 지켜보세요. 제사 상황파악이 다르다면 전화를 주세요."라고 해야 한다. 그런데 피해 부모를 진정시킨다고 "피해 아이도 문제가 많이 있다."라는 식으로 말하면 안 된다. 한쪽으로 편들어서 이야기하

불안한 엄마 아빠 행복 레시피

면 피해 아이 부모는 더 화가 난다. 그저 객관적으로 "상황은 이러했고, 이렇게 처리했다."라고 하는 것이 가장 좋다.

아이가 가해자 입장이라면 일단 상황에 대한 것은 차치하고, 맞거나 다친 아이 부모에게 "죄송합니다. 아이를 잘 가르치겠습니다."라고 우선 말을 해야 한다. 어떤 부모도 내 아이가 다른 아이를 때렸다는 것을 인정하고 싶지 않다. 어느 경우는 내 아이가 억울할 수도 있다. 부모는 어떤 상황이든 아이가 다른 사람을 때리는 방법으로 문제를 해결하는 것을 못하게 해야 한다. 교사한테 상황을 물어보고 파악해서, 내 아이가 때린 것이 확실하다면 이유 불문하고 무조건 "죄송합니다." 해야 하는 것이 자녀 교육에 도움이 된다. "우리 아이도 상처가 있거든요."는 하지 말아야 한다. "정말 죄송합니다. 아이가 많이 다치지는 않았나요. 제 아이를 잘 지도하겠습니다. 아이가 어디 아프면 병원에 다녀오셔서 말씀해주세요."라고 정중하게 말을 한다. 그래도 상대가 점잖게 받지 않을 수 있다. 그때는 어떻게 해야 할까? 그래도 참아야 하고, 그럼 분명 더 좋게 해결될 것이다. 그때 화가 난다고 "당신 애는 가만히 있지 않았어? 우리 애도 다쳤어! 사과했으면 됐지, 뭘 더 어쩌라는 거야?"라는 식으로 대응하면 상대편에서는 사과할 마음이 없다고 생각한다. 대화는 내용보다는 감정이고, 감정이 상하면 문제해결이 힘들다.

애들끼리 장난으로 했더라도, 그냥 아이들 싸움이라도, 부모 입장에서 내 아이가 맞거나 다쳐서 오면 속이 상하고 화가 난다. 그래서 일단은 제대로 된 사과를 받고 싶어 하는 것이다. 대개 피해자 부모는 가해자 부모가 '진정한 사과'를 하지 않아 기분이 많이 상한다. 상대의 사과를 있는 그대로 받아준다. 표현하는 방식이 사람마다 조금씩 다를 수 있다. 꼭 무릎을 꿇고 사과를 해야 사과가 아니다. 대화의 내용 중에 미안하다는 내용이 들어가 있으면 그대로 인정해준다. 내 자신이라도 부모 마음대로 할 수 없는 것이 자식인 것을. 자꾸만 따지면 그 부모는 속수무책이니 또한 화가 날 수 있다.

 "사과만 하면 다냐?"라는 말도 한다. 갈등이 생겼을 때 내 마음을 풀어주는 것은 어렵다. "내 마음이 많이 상해 있으니, 나를 만족스럽게 풀어줘." 하면 문제해결은 안 된다. 좀 속이 상해도 상대의 말을 받아준다. 완벽하게 마음에 들지 않더라도 객관적으로 받아들일 수 있는 선이면 받아준다. 아직도 남은 불편함은, 마음이 아프지만 내가 감당하고 스스로 해결한다. 아이에게 상처가 남았고 계속 치료를 받아야 한다면 더 아프다. 하지만 문제는 해결되어야 하고 매듭지어야 한다. 그래야 아이도 살고 나도 살 수 있는 것이고, 계속 이 일에만 매달려 있으면 다른 일을 할 수가 없지 않을까?

- 부모가 아이에게 친구를 못 만나게 하는 것은 2차 통제가 힘들어서
- 아이는 부모가 친구들을 싫어하는 것으로 오해하고 화를 냄
- 부모는 수직이나 친구는 대등관계로, 인간관계를 배우는 중요한 요소
- 아빠는 감당하기 어려운 불안으로 아이의 권리를 박탈하거나 회피함

03

아이의 인성과 훈육 문제 해법

아이의 양육에 대해 다소 과장해서 말하면 우리나라 아빠들의 모습은 '집의 대문 밖에서 서성이는 느낌'이다. 집안에 어떤 문제가 생기면 문밖에 있는 구경꾼 같다. "저 집 아이는 저렇게 되었네. 저 엄마처럼 하면 안 되는 것 알지?"하는 듯한 느낌을 준다. 아빠들은 문 안으로 들어와서 하는 행동이 지극히 적다. 가끔은 대문으로 한 발만 들여놓고는, "저 집은 아이가 두 명이구나." "쟤는 너무 뚱뚱하다. 뭘 저렇게 먹이는 거야?" 하는 느낌이다. 자신의 생각과 다른 상황이 벌어지면 쏜살같이 집안으로 들어와 집안을 뒤흔들어놓고 잽싸게 나간다. 이방인 같은 느낌이다.

아빠들은 대문 안으로 한 발만 넣은 상태에서 끊임없이 논리적이고 이론적인 얘기만 한다. 버릇없는 아이는 어쩌고저쩌고, 식사 예절은 이러쿵저러쿵 식이다. 엄마들은 이런 말을 들으면 섭섭하다. "직접 해보고 말 좀 해. 나도 알아. 당신 말한 대로 한번 해보지, 잘되는지." 말한다. 아빠들은 내 아이를 속속들이 알지도 못하는 상태에서 자신의 이론이나 논리를 적용한다. 종종 제3자 입장에서 말을 한다. 크게 걱정하는 엄마의 뒤에서 판결을 한다. 엄마들이 더 답답해하는 이유는, 그 이론이나 논리가 최근의 것 이라면 이해를 해주겠는데 그조차 옛날 것이라는 것이다. 아빠들이 생각하는 이상적인 양육방식은 자신을 키웠던 어머니 세대의 것이 많다. 옛날 자신이 자라온 양육방식에다가 신문기사를 가미시켜 아내의 양육방식에 태클을 건다. 아빠들의 이런 태도는 분명 문제가 있어 보인다. 아빠도 아이의 지금 모습에 대해 공부를 해야 한다. 옛날 양육방식이나 극단적인 신문기사로는 아이와 좋은 유대관계는 물론이고 아내와 좋은 부부관계도 유지하기가 어렵다.

엄마들은 아이의 인성, 건강, 안정에 대해 과도하게 걱정하고 매사 완벽하려고 한다. 아이와 자신을 분리해야 하는데 그러지 못해 과잉 개입하게 된다. 아빠들은 아이를 제3자 입장에서 바라보는 것이 문제라면, 엄마들은 아이가 마치 자신과 한 몸인 것처럼 행동하는 것이 문제다. 엄마들은 아빠들의 조언이나 참여를 좋아하지 않는다. 아빠들의 육아 참여를 바라지만, 엄마들이 하는 방식으로 따라주기를 원한다. 엄마들은 말로는 "아이는 함께 키워야지."라고 하면서, 남편이 어떤 의견을 내면 "왜 참견이야. 당신이 뭔데 내 자식에 간섭하는 거야."라는 식이다. 아빠들은 이것을 흔히 말하는 '엄마의 집착'이라고 생각한다.

엄마가 아이를 자신과 분리하지 못하고 동일시하는 것은 유전적인 현상이다. 동일시는 아이가 엄마의 생각대로 따라야 의미가 있다. 아이는 엄마와 아빠의 유전자를 반반씩 받고 태어났지만, 아빠는 아이가 내 아이가 아닐 수 있다고 의심도 한다. 이것은 무의식이긴 하지만 수컷들의 오랜 본능으로 오해를 할 필요는 없다. 아이가 못난 모습으로 보이면 더 객관적으로 보려고 냉정하게 대할 수도 있다. 엄마는 아이가 내 뱃속에서 나왔기 때문에 내 아이라는 것을 확신하고 심하면 분신이라고 생각한다. 뱃속에서 10개월 동안 같이 활동하고, 출생 후 2~3년 동안은 단짝이 되어 돌아다녔기 때문에 자신과 분리를 해서 생각하기가 쉽지 않다. 엄마도 이제는 변해야 한다. 사랑해서 분리하지 못한다고 항변하지만, 아이를 한 사람의 독립된 개체로 인정하지 못해서 오는 폐해는 이루 말할 수 없다. 그런 사랑은 사랑이 아니라 오히려 아이를 망칠 수 있다는 사실을.

부모가 잔소리로 훈육하고 싶을 때

나약하게 키우면 밥벌이도 못한다는 아빠

아빠는
험난한 세상에 나약하면 헤쳐나갈 수 없어.
아내는 따끔하게 혼내지 못하고
만날 쫓아다니면서 잔소리만 해.

불안한 엄마 아빠 행복 레시피

그러니 아이가 말을 들어 먹겠어?

따끔하게 말을 해야 무서운지를 알지.

잔소리를 해야 된다는 엄마

엄마는

아이 생각만 해도 불안해.

나쁜 습관, 공부, 숙제, 학원, 친구 등을 걱정해서

잔소리를 하는 거지.

내가 잔소리를 안 하면

집안과 아이는 엉망진창이 되거든.

아이가 잘못된 행동을 할 때는 그것을 교육의 기회로 삼아 스스로 행동을 교정하도록 해주어야 한다. 그것은 훈육이고, 품성이나 도덕을 가르침으로서 아이가 바람직한 인격을 형성하도록 돕는 것이다. 아이가 올바른 사람됨을 갖추기 위해서는 부모의 훈육이 필요한데, 그토록 중요한 훈육이 엄마 아빠가 가진 불안에 의해 왜곡된 형태로 표현되기도 한다. 아이를 잘 키우겠다는 걱정을 엄마는 '잔소리'로, 양육에 대한 불안을 숨기려고 대범한 척 하는 아빠는 '협박과 화'로 아이를 훈육한다.

집에서 왕자 대우를 받던 아이들은 초등학교에 들어가면 노예가 되어 경쟁을 해야 한다. 경쟁에는 많은 에너지가 소비되니 아이들이 학교를 가기 싫어한다. 학교를 가기 싫어하는 초등학교 1학년 남자 아이가 있었다. 엄마는 아이를 교실 복도까지 데리고 가서 실랑이를 벌이다가 가까스로 교실로 들여보낸다. 학교는 가기 싫어도 가야 되는 곳이고, 보낼 수밖에 없는 곳이다. 이런 것을 아이에게 가르쳐주는 것이 엄마의 역할이다. "교실 안에 들어가는 것이 뭔가 불편하지. 그래도 학교는 일단 가야 하지 않겠니? 힘들어도 노력을 해야 하지 않겠니? 엄마가 옆에 없어서 불안하면, 복도에서 기다리고 있을 테니 좀 시도를 해보자."라고 말을 한다. 아이가 들어가는 것을 망설이면, "시간이 있으니 서두르지 않아도 돼." 하고 기다려준다. 그런데 대개 이런 식으로 하지 않는다. "얼른 들어가라니까. 엄마가 여기까지 왔잖아. 옆집 사는 영수도 학교 가지, 네 동생도 유치원에 가지, 나중에 커서도 혼자 있을 거야? 저기 선생님들도 너만 쳐다보잖아." 라고 말한다. 이것이 흔히 말하는 엄마의 잔소리다. 그런데 이런 식으로 잔소리를 하다 보면 핵심이 없어진다. 아이는 엄마가 지금 나에게 무슨 말을 하고 싶은지를 모른다. 아이를 훈육하고자 할 때는 하고자 하는 말을 정리한 후, 그 말만 한다.

아이가 몰래 옷 속에 게임기를 숨겨서 나가다가 들켰다. 이럴 때 어떻게 말을 해야 할까? 이때 엄마는 "네가 게임 좋아하는 것 알아. 친구에게 자랑하고 싶은 것도 알고 있어. 하지만 거짓말은 절대 안 돼. 게임을 못 가지고 나가게 한 것은, 오늘 게임을 너무 많이 했고 가지고 나가서 잃어버리거나 고장이 날 수 있어서 그런 거야. 엄마와 약속을 지키기 어려웠으면 다시 의논을 했어야지. 어쨌든 엄마를 속이는 것은 나쁜 행동이야." 이렇게 엄마가 하고 싶은 말을 정리

불안한 엄마 아빠 행복 레시피

해서 한 번에 해준다. 같은 말을 여러 번 하면 아무리 좋은 소리라도 '잔소리'이고 그저 '소음'에 불과하다.

엄마들은 아이의 모든 것을 살펴야 하기 때문에 항상 불안하다. 그 불안을 점거하다 보니 잔소리가 많아지고, 그 잔소리는 숙명인지도 모르겠지만 그 잔소리가 소음이 되지 않게 참아야 한다. 그럼 어떻게 참아야 할까? '내가 지금 무엇을 가르치려 하는지'를 생각해서 한 가지만 가르치면 된다. 엄마가 걱정하는 모든 것을 다 말하면 말도 많아지고 같은 말을 반복하게 된다. 한 번에 한 가지만 말하고, 나머지는 과감하게 버려라. 아이가 숙제를 안 하려고 한다. 어떻게 해야 할까? "공부는 꼴찌 해도 되는데, 숙제는 해야 되지 않겠니? 이것은 공부가 아니라 책임감이야."라고 말하고 숙제만 시킨다. 그런데 대개 엄마들은 "너는 자세가 틀렸다. 연필도 없잖아."라고 말을 한다. 이것이 잔소리다. 한 가지라도 가르치려는 것을 정리해서 얘기를 하는 것이 좋다. 혹시 자신이 잔소리가 많은 것 같다고 생각하면, 아이에게 할 말이 생겼을 때 '잠시' 생각을 멈추라. 마음을 멈추라. '어떻게 얘기하면 좋을까?' 하고 생각을 정리한 후 말하면 감정이 빠져나가고 생각이 객관화가 되어 말투가 부드러워진다. 생각의 멈춤이 없으면 '따다다' 따발총처럼 말이 나간다. 이러면 에스컬레이터가 올라가듯 감정이 점점 고조되면서 말의 톤이 커지고 흥분하게 된다. 문제는 본인의 감정 변화를 알지 못하고 있다는 점이다. 아이는 엄마가 흥분해서 '따다다' 말을 시작하면 '아, 또 시작이네.' 하면서 귀를 막아버린다. 딴 생각을 하면서 '아, 네.' 하고 건성으로 대답하고 듣는다.

아빠들은 '협박'을 하거나 '화'를 내는 경우가 많다. 그것도 예상할수 없이 충동적으로 한다. 아빠들은 회사에서 지친 몸으로 퇴근해서 집에 올 때 집안 분위기가 평화롭기를 원한다. 그런데 현관문에 발을 내딛는 순간 엄마는 소리를 지르고, 아이는 엉엉 울고 있고, 거실은 지저분하다 못해 난장판 수준이다. 아빠는 화가 나고 짜증이 나기 시작하고 눈에 보이는 대로 훈계를 시작한다. "하루 종일 TV만 봐서 뭐가 되려고 그래? 방에 들어가 공부 안 해? 매일 컴퓨터 들고 사나?"라고 한다. 아빠는 자꾸만 문제를 일으켜서 자신이 쉴 수 없는 것이 너무 싫다. 아빠들은 아이가 인터넷에 빠져 있는 것보다는, 아내가 아이에게 그만하라고 잔소리하고 이에 반항하는 상황이 싫은 것이다. 그러면 눈에 보이는 대로 지적하고 야단친다. 이런 분위기에서 아빠들의 훈계는 교육에 전혀 도움이 되지 않는다. 눈치가 빠른 아이들은 아빠가 진정으로 자신을 가르치려고 하는 것이 아니라, 아빠 자신의 불편을 해소하려 하는 것임을 잘 안다.

아빠들 훈계의 마지막은 "세상이 얼마나 살기 힘든 줄 알아? 이렇게 공부를 안 하면 대학을 나와도 밥 벌어먹기 힘들어." 하는 식이다. 아이가 "아빠 오늘 짝꿍하고 싸웠어요."라고 말을 해도 아이의 감정에는 별로 신경을 쓰지 않는다. "겨우 그까짓 것 가지고 고민이야. 서로 싸울 수도 있지."라고 말한다. 그 다음은 "내가 얼마나 힘든 줄 알아? 일하고 들어왔는데 자식새끼는 공부도 안 하고 마누라

불안한 엄마 아빠 행복 레시피

는 앵앵대고… 너 이렇게 공부하다 대학도 못 간다." 이런 식으로 훈계를 한다. 하지만 이런 식의 훈계는 아이에게 분노와 적개심을 불러일으킬 뿐이다. 아빠가 하는 말의 깊은 의미는 "사회에 나오면 힘드니까 열심히 공부해서 잘살기 위해서 하는 말이다."라는 내용이 담겨 있지만, 아이는 아빠의 생각과는 전혀 다르게 아이는 '아빠가 자신을 비난하고, 우습게 생각하고, 무시하고 협박한다'라고 여긴다. 아이들은 아빠의 훈계를 들을 때마다 화가 난다.

엄마 아빠의 훈계방식도 문제지만, 그 훈계의 과정에서 갈등 상황이 일어나는 것이 더 큰 문제다. 우리가 흔히 경험하게 되는 상황으로, '컴퓨터, TV, 휴대폰 사용시간'과 '식사시간에 아빠의 훈계' 등이다. 이런 훈계는 부모와 아이 간의 갈등도 유발하지만, 이로 인해 부부 사이의 갈등도 심해진다. 대부분의 아빠들이 컴퓨터, TV, 휴대폰을 사용하고 있고 엄마들은 아이들에게 시간 조절하라고 잔소리하다가 그 화살을 아빠한테 돌린다. "당신이 매일 집에서 컴퓨터만 하고 사니까 아이도 그것을 배워서 저러잖아!"라고 한다. 그럼 어떻게 해야 할까? TV를 아예 없애는 것도 하나의 방법이다. 대부분의 엄마들은 수긍할 수 있으나 아빠들은 저항한다. 엄마들은 아이를 위한 것인데 그것을 못 하느냐며 화를 낸다. 엄마들은 '아이를 위한 희생'이라는 단어가 마음속에 박혀 있다. 엄마들은 아무리 좋은 것이라도 아이를 위해서라면 뒷전으로 한다. 그렇게 멋을 부리던 여자도 결혼하면 아이를 보살피기 편리한 평범한 모습으로 변한다. 아이 콧

물이 옷에 묻어도 별로 신경을 쓰지 않는다. 아빠들은 사정이 다르다. 결혼을 해도 그대로 하고 싶은 것이 많다. "나는 사회생활을 하는 사람이잖아."라고 말하고 합리화한다. "내가 직장에서 힘들게 일을 하고 들어왔는데 좋아하는 프로그램 하나 못 본다는 게 말이나 되는 거야?"라고 항변한다. 같이 TV를 보던 아이한테 "너는 얼른 들어가서 숙제하고 공부해."라고 말한다. 엄마들은 "당신이 아빠가 되어서 모범을 보여야지. 당신은 하고 싶은 것 다 하면서 아이한테 하지 말라고 하면 말이나 돼?"라고 하면서 갈등이 시작된다.

식탁 앞에서 엄마 아빠가 싸우는 장면도 흔히 본다. 아빠들은 아이와 보내는 시간이 적다 보니 뭐든지 눈에 보이면 가르치고 싶어한다. 그 장소가 바로 식탁이다. 아이가 편식을 하는 상황을 발견하면 바로 훈계에 들어간다. "골고루 먹어. 이것 먹어 봐." "젓가락질 똑바로 해야지?" 심지어 아이가 안 먹는다고 하면 입안에 밀어넣기까지 한다. "너 이거 안 먹으면 식탁에서 못 일어날 줄 알아!"라고 협박도 한다. 아이는 입에 무언가를 가득 넣은 채 삼키지도 못하고 눈물만 뚝뚝 한 방울씩 떨어뜨린다.

또한 아이들끼리 수시로 싸워서 '언제 기회가 되면 혼내주어야지.'라고 생각하고 있다가 대개 식탁에 모여 밥을 먹고 있을 때를 기회로 생각한다. "너희들 앞으로 계속 싸우면 집 밖으로 내보낸다." 하면서 훈계를 한다. 엄마는 "밥 먹을 때는 개도 안 건드린데, 그만 좀해."라고 하면, 아빠는 "당신이 그렇게 싸고도니까 애들이 제대로 배우지 못하고 엉망진창이잖아."라고 한다. 부부싸움의 시작이다. 이런 상황에서도 엄마는 눈치를 보며 밥을 먹는 아이 모습이나 눈물 뚝뚝 흘리면서 밥을 먹는 아이 모습이 너무 안쓰럽다. 한 숟가락이라도 맛있게 먹이고 싶은 것이 엄마의 마음인데, 아빠는 꼭 아이가 밥을 먹을 시간에 훈계하는 것이 화가 난다.

부모들이 하는 훈계에는 정말 중요한 것이 빠져 있다. 아이들에게 하는 훈계는 거의 생활 습관이나 예절과 관련된 것이 많이 있고, 이것을 가르치는 가장 좋은 방법은 부모가 모델이 되는 것이다. 아이를 혼낼 것이 아니라, 부모가 모범적인 행동을 하면 된다. "순만아, 젓가락질은 이렇게 하는 것이 쉬워. 아빠 손가락을 자세히 볼래?"라고 하고, 편식하는 습관을 교정시키고 싶으면 '부모가 음식을 골고루 맛있게 먹는 모습'을 보여주면 된다. 아이들끼리 싸우지 말라는 것을 보여주고 싶으면 부모가 서로 배려하고 이해하는 모습을 보여주면 된다. 아이가 머리를 잘 안 감는다면, 아이와 함께 목욕탕에 가서 머리를 감으면서 가르쳐주면 된다. TV를 적당히 보게 하고 싶으면 아빠가 적당히 보면 된다.

자신은 예외로 하고 아이만 다그치면 아무런 효과가 없다. 아빠들은 식탁에서 혼내지 말아야 한다. 원초적인 것을 해결하는 식탁에서 느끼는 불쾌한 감정은 다른 공간보다 수십 배나 더 강하다. 식사 예절은 부모가 그 자리에서 바르게 식사하는 모습으로 보여주는 것으로 만족하면 된다. 문제가 있어 꼭 말하고 싶으면, 기억을 해두었다가 적당한 시간에 말을 한다.

우리는 아이의 잘못을 바로 그 순간 고쳐주고 싶어 하지만, 그것은 만 3살 정도 아이들이 고집 부리거나 떼를 쓸 때 해당된다. 아이들이 아무리 잘못된 행동을 한다 하더라도 그 행동에는 분명한 자기 의지가 있다. 그것을 존중해야지, 그 자리에서 혼내면 안 된다. 아이의 행동에 즉시 개입을 해야 하는 경우는 뜨거운 것을 만지거나 위험한 것에 노출되는 긴급한 상황뿐이다.

개입하기 좋은 타이밍은, 식사를 마치고 과일을 먹거나 차를 마실 때다. 시간이 잘 안되면 그런 시간을 일부러라도 만들어야 한다. 사춘기가 되면 아이들은 대개 부모와 이야기를 하지 않으려고 한다. 아이가 어릴 때부터 의식적으로 가족들이 모이는 시간을 만들어놓으면 여러 가지로 좋다. 평일보다는 주말에 가족들끼리 모여서 식사를 하고 평소에 고쳤으면 하고 생각했던 것을 조심스럽고 진지하게 말한다. 아침에 아이가 이상한 행동을 보였다면, 퇴근 후 아이 방으로 들어가서 "아빠가 생각을 해봤는데, 아침에 네가 한 행동은…"이라고 말을 해야 한다. 그래야 아이의 행동에 변화가 온다.

아이의 행동변화를 위해 엄마 아빠가 지켜야 할 여러 가지 원칙이 있다. 아이가 게임이나 인터넷에 몰입하고 있을 때는 즉시 혼내지 마라. 부모가 하는 말에 짜증이나 화만 낼 뿐이다. "그만 해. 너무 많이 하고 있잖아." 하면 아이는 답을 하지 않다가, "너 빨리 안 꺼?" 하면 부모의 목소리가 커질 때 "알았다고요." 하며 신경질적으로 반응한다. 아이는 바로 행동은 중단하지만 잘못된 행동이니 고쳐야겠다는 생각은 들지 않는다. 잠시 강제로 중단을 했을 뿐이다. 부모나 아이 모두 기분이 나빠지고 사이도 멀어진다. 그럼 어떻게 해야할까? 휴대폰이나 TV 등을 사용할 때 아이가 너무 조절이 안 되는 것 같으면 그 순간은 피하고, 시간을 기억해두었다가 다음 날 안 하고 있을 때 대화를 시도한다. "너 어제 TV 얼마나 본지 아니?" "30분쯤요?" "엄마가 시간을 재봤는데 3시간이야." 자신도 몰랐다는 듯이 "그래요?" 하면서 부모 얘기를 듣는다. 이때 아이가 한 행동이 무엇이 문제인지, 왜 조절해야 하는지를 조용하지만 단호하게 설명해야 한다. 대부분의 아이들은 바로 고치지는 못하더라도 부모의 말을 일단 호의적으로 받아들이고 나름대로 행동을 교정하려고 노력한다.

군소리는 빼고 아이의 행동원칙과 잘못된 행동에 대한 이유만 설명한다. 화가 난다고 훈계의 강도를 높여서 아이의 인격을 무시해서는 안 된다. 어떤 행동을 해서는 안 된다는 분명한 원칙을 주고, 그런 행동을 하면 안 되는 이유만 설명한다. "너, 그따위로 게임만 하면…"처럼 감정적으로 혼내서는 안 된다. 그것은 아이의 행동이 아니라 아이 자체를 혼내는 것이 된다. "너 그따위…"가 아니라 "네가 그런 행동을 해서는 안 되는 거야."로 말한다. 부모가 화가 나 있거나 불안하면 그 순간은 어떤 훈계도 해서는 안 되고, 마음이 진정될 때 해야 한다. 훈계 중에 화가 난다면 "지금 엄마가 감정이 다스려지지 않는다. 그만하고 다음에 얘기하자."라고 한다.

아이를 혼낼 때는 공적으로 해야 한다. 엄마들은 아이가 하지 말아야 할 행동을 제어할 때 단호하게 하지 못하는 경우가 많다. "예쁜 딸, 그러면 안 되는데…"라고 사정하듯 말한다. 혼낼 때는 공적으로 말을 해야 한다. 감정적으로 지나치게 과잉 반응하지 말라는 것이다. 아이가 위험한 장난을 할 때 "그런 위험한 장난을 하면 안 돼."라고 단호하게 한다. "아들, 그런 위험한 장난을 하면 안 돼요. 이제 그만 해요."라고 말하면 안 된다. 간혹 엄마들은 아이가 말썽을 부리고 있을 때 지나가던 어르신이 "얘야, 너 그러면 안 돼."라고 하면 "당신이 뭔데 내 아이 기를 죽이고 그래?"라고 항의를 하기도 한다. 여기서 '기'는 건강한 형태의 자신감으로, 잘못된 행동까지 당당하게 하는 것이 기는 아니다. 자칫 아이가 기고만장한 형태의 기를 가지게 될 수도 있다. 인간이 타인으로부터 존중을 받을 때는 사회의 질서를 지킬 때다. 사회의 일정한 틀 안에서 배려를 하고, 배려를 받아야 한다. 부모가 아이에게 해야 할 일과 하지 말아야 할 일을 분명하게 가르쳐야 한다. 그래야 아이가 불안하지 않고 존중받는 사람으로 성장한다.

내가 불안해서 혼내는 것은 아닌지 돌아봐야 한다. 엄마 아빠 중에는 지나치게 도덕적이어서 남에게 피해를 주는 것을 극도로 싫어하는 사람들도 있다. 이런 부모들은 아이를 너무 엄격하게 해서 힘들어 한다. 조금만 뛰어다녀도 못하게 한다. 그런 훈육방식이 잘못된 것은 아니지만, 너무 야단을 많이 맞으면 아이의 마음속에 부모에 대한 분노와 화가 생긴다. 심하게 말하면 이것은 가정교육이 아

불안한 엄마 아빠 행복 레시피

니라 부모의 불안을 해소하기 위한 행동이다. 너무 원칙을 강조하는 사람은 자신이 생각의 틀에서 벗어나면 마음이 불편하다. 아이는 뛰어노는 것을 좋아하고, 또래 아이들이 많이 쓰는 거친 말을 일시에 따라 하기도 한다. 다른 사람에게 피해를 주면 주의를 해야겠지만, 그렇지 않으면 부모는 자신을 돌아봐야 한다. 지나친 훈육은 어떠한 내용도 교육적 힘을 잃게 된다. 아이가 거친 말을 많이 쓴다면, "너희 나이 때는 그런 말을 쓸 수도 있어. 가정교육을 잘 받은 사람은 그런 말을 순화해서 써야 돼. 너희들끼리 있을 때는 할 수도 있지만 다른 사람들에게는 불쾌감을 줄 수 있어." 정도만 말을 한다. 너무 엄하지 않으면서도 부모의 지침을 명확하게 한다.

단정적인 표현보다는 중립적이고 제안적인 표현이 좋다. "이것은 문제다."가 아니라 "이런 점은 추후에 문제가 되지 않겠니?"라고 말한다. 아이가 "저는 괜찮다고 생각해요."라고 말하면 "괜찮기는 뭐가 괜찮아?"라고 단정해서 말하지 말고, "너는 그렇게 생각하니? 그건 좀 생각을 더 해봐야 될 것 같아."라고 하는 것이 중립적인 것이다.

상황을 주관적으로 말하는 것이 아니라 객관화해서 말한다. 누나가 동생을 때렸다면, "동생을 때리면 안 돼."가 아니라 "어느 누구도 사람을 때려서는 안 되는 거야."라고 말을 하는 것이다. 부모는 누구의 편을 들어서 혼내는 것이 아니라, 사회적으로 해서는 안 되는 행동을 일반화시켜서 말을 한다. 아이가 간혹 "엄마도 그렇잖아."라고 말하는 경우는 부모의 잘못을 바로 지적하는 것이다. 변명하거나 흥분하지 말고, "그래 맞다. 엄마도 잘못했어. 그런데 너는 엄마의 그런 점을 닮지 않았으면 해서 이런 것을 가르쳐주는 거다."라고 말한다.

부모가 체벌하고 싶을 때

때려서라도 가르쳐야 한다는 아빠

아빠는

말로 해서 안 들을 때는 때려서라도 가르쳐야 해!

아내는 자꾸 싸고돌면서 오냐오냐하기만 해.

혼낼 때는 따끔하게 혼내야 하는데

아내가 말리는 바람에 이도 저도 안 되네.

때려놓고 미안해하는 엄마

엄마는

미안해. 아까 정신이 어떻게 되었는지 너를 때리다니.

조금만 참을걸.

요즘 왜 이렇게 화가 조절이 안 되는지 몰라.

나 엄마 맞아?

어떻게 홧김이라도 내 아이를 때릴 수 있어!

불안한 엄마 아빠 행복 레시피

왜 부모는 아이를 체벌할까? 아마 '아이를 바르게 가르치기 위해서'라고 말할 것이다. 아이의 나쁜 행동은 '때려서라도' 고쳐야 된다고 생각하는 것이 부모의 생각이다. 때리는 부모에게는 이런 명제가 신념 내지 가치관으로 자리 잡고 있다. 그들은 체벌을 '가정교육'이라고 생각한다. 하지만 체벌의 가정교육은 백해무익하다. 체벌이 안 좋은 이유는 세 가지다.

첫째는, 체벌은 아이를 불안하게 하고 두려움과 공포감을 준다는 점이다. 공포감은 현재이고 불안은 미래이다. 인간은 누구나 지키고 싶은 안전의 경계선이 있다. 누구와 관계를 맺든 심리적인 경계선이 보호되어야 안정된 상호작용이 가능하다. 경계선이 누군가에게 침범당하면 생각 이상으로 불안감과 공포감에 포위된다. 누군가가 경계선을 침범하면 적으로 인식하고 싸울 준비를 하게 된다. 경계선을 아무렇지도 않게 침범하는 것이 체벌이다. 아이가 믿고 의지하는 부모나 교사의 체벌은 더욱 문제가 된다. 부모와 교사는 아이를 안전하게 보호하고 사랑해주어야 할 사람들이다. 부모와 교사의 처벌은 안전을 위협하여 아이는 혼란에 빠지게 된다. 아이는 안전의 경계선이 침범당했다는 불안감과 나를 지켜줘야 할 사람이 나를 공격했다는 불안감까지 이중으로 겹쳐지게 되어 극도의 공포감을 느낀다. 인간은 존엄하기 때문에 체벌은 누구든지 해선 안 되지만, 특히 부모나 교사는 더욱 안 된다.

둘째는, 체벌은 부모의 생각처럼 교육적이지 않다는 점이다. 때려서라도 아이를 가르치겠다는 생각에서 체벌을 하지만 때려서는 아이를 바르게 할 수 없다. 체벌은 반복될수록 '에이, 한 대 맞으면 되지 뭐.' 하고 매로 때우려 한다. 아무리 '사랑의 매'라 해도 매를 맞는 입장에서는 아프고, 어린아이일수록 더 그렇다. 아이들은 그 아픈 것을 맞음으로써 자신이 잘못한 것을 상쇄해버린다. 부모나 교사의 생각처럼 '맞으면 아프니까 다시는 그런 나쁜 행동을 하지 말아야지.'라고 생각하는 것이 아니라, 속된 말로 '맞았으니 이제 끝났지 뭐?' 하는 식이다. 아이들은 구질구질한 잔소리 듣는 것보다 깔끔하게 몇 대 맞는 것을 오히려 더 편하게 생각한다. 부모의 생각처럼 아이기 자신의 잘못된 행동을 고치기는커녕 되돌아보지도 않는다. 부모가 처음에 의도했던 것과는 전혀 상반된 결과가 나온다. 이렇게 되면 부모는 체벌의 강도를 더 높이고 심하면 양육이 위험한 방향으로 흘러간다. 더 심각한 것은, 체벌에 만성이 된 아이들은 누군가 자기 마음대로 해주지 않으면 일단 때리고 보는 심리가 있다. 자신이 받은 체벌에서 폭력성이 학습된 것이다. 그 아이가 성장해서 부모가 되었을 때, 매부터 드는 부모가 될 수 있다.

셋째는, 체벌은 아이와의 관계 형성에 전혀 도움이 되지 않는다는 점이다. 아이가 잘 자라기 위해서는 무엇보다도 애착 형성이 중요하다. 부모와의 좋은 경험은 아이가 살아가는 과정에서 가장 큰 영향을 미친다. 어떠한 위기에 처해도 어려서 부모가 보내준 미소, 격려, 사랑이 있으면 잘 극복할 수 있다. 체벌은 그런 힘을 방해한다. 체벌할 때 부모들은 화난 얼굴을 하고 소리를 지르고 공포의 분위기를 만든다. 아이는 성인이 될 때까지는 어쩔 수 없이 부모의 보살핌을 받고 살아가야만 하는데, 부모가 나를 버릴 것 같은, 나에게 주었던 사랑을 빼앗을 것 같은 분위기가 형성된다. 아이는 그 순간 상상을 할 수 없을 정도의 공포감을 경험한다. 아이들은 부모가 자신을 혼내고 야단친 것들, 계속 생각하면 무섭기 때문에 무의식적인 갈등은 남겨놓고 빨리 잊어버린다. 당시 부모가 했던 교훈적인 말들, 부모가 매를 들었던 구체적인 상황을 모두 잊어버린다. 오직 그 순간 부모에게 느꼈던 두려움과 공포감만 남는다. 이러한 부정적인 느낌은 부모와 아이와의 관계 형성을 방해하고 심할 경우 부모와의 관계를 단절해버릴 수도 있다.

체벌하는 부모나 교사는 어떤 마음일까? 체벌하는 순간 자신들이 지금 교육을 하고 있다고 느낄까? 아니면 부모나 교사 자신의 공격성과 분노를 아이에게 표출하는 것은 아닌가? 체벌하는 순간 불안이나 화가 빠져나가 희열을 느끼는 것은 아닌가? 분명한 것은 '아니다.'라고는 못할 것이라는 점이다. 체벌하는 순간의 희열이 자꾸 폭력을 쓰게 만든다. 그 순간 상대를 압도하고 통제권을 가진 존재인 것 같아 희열을 느낀다. 그 희열은 자칫하면 술이나 마약과 같이 중독이 될 수 있다. 처음에 아이를 가르치기 위해 체벌을 시작하다가 시간이 지나면서 부모는 자신도 모르게 아동학대를 할 수 있다.

체벌에 대한 엄마와 아빠의 생각은 서로 다르다. 엄마는 아이를 가르치기 위해 체벌이 꼭 필요하다고 생각하지 않는다. 엄마들은 대개 자신이 감정을 조절하지 못해 아이를 때리기도 하지만, 때리고

난 후에 죄책감과 미안한 마음이 있다. 아빠들은 대게 가르치기 위해 체벌은 필요하기 때문에 체벌 후에 후회를 하지 않는다. 아빠들은 엄마처럼 미안해하며 '때리지 말걸.'이 아니라 '그때 확실하게 했어야 했는데, 아내가 말리는 바람에 아이가 여전히 말을 듣지 않는 거야.'라고 생각한다. 엄마들은 아이와 자신을 분리하기가 어렵고, 남편이 아이에게 가하는 체벌은 마치 자신에게 하는 것 같다고 생각한다. 그렇다면 엄마가 하는 체벌을 아빠는 어떻게 바라볼까? 부모가 하는 체벌은 엄마든 아빠든 상처를 주지만, 굳이 누가 더 심한지를 따져본다면 아빠다. 아빠는 엄마보다 힘이 세기 때문에 더 무섭게 느껴진다. 아빠와 사이가 안 좋은 편이라면 어린 시절에 겨우 한두 대 맞은 것도 큰 상처가 되어 극복이 어려울 수 있다. 평소에 모든 양육권을 아내에게 위임하고 돈을 벌기 위해 밖으로만 다니다가 어느 날 혜성처럼 나타나서 체벌을 하는 경우는 정말 복구가 힘들어진다.

초등학교 때 아빠로부터 회초리로 몇 대 맞은 것이 지금도 생생한 학생이 있다. 또 중학교 때 아빠한테 회초리로 맞았는데, 지금 결혼 후에도 그 장면이 생생하다는 여성이 있었다. 그 당시 아빠의 매가 상처가 된 것이다. 그런 상처를 아물게 하는 가장 좋은 방법은, 상처를 준 사람이 상처를 풀어주는 것이다. 대학교 1학년 학생인데 어려서 아빠한테 상처를 너무 많이 받아서 공부든 뭐든 다 싫어졌다면서 자퇴를 하고 군대나 가야겠다는 학생이 있었다. 그 학생은 다행히도 학교에서 배운 상담의 효과를 아빠에게 말을 했고, 아빠가 아들의 말을 수용하여 아빠가 아들에게 사과를 했다. 그 덕분에 학생은 상처가 치유되어 대학을 무사히 졸업하고 군대에 갔다.

체벌을 옆에서 지켜만 봐도 체벌과 같은 효과가 있다. 어떤 중년 여성이 아빠에 대한 분노가 너무 심해서 돌아가신 아빠를 다시 살려서 죽이고 싶다는 사람이 있었다. 사연은, 어려서 아빠가 거의 매일 오빠를 회초리나 주먹으로 때리는 광경을 목격해야만 했다. 그때 오빠는 무서워서 숨을 못 쉬는 것 같고, 이를 지켜보는 딸도 불안하고 공포에 떨어야만 했다. 그것이 화근이 되어 지금 성인이 되었지만 화병으로 힘들어 하는 사람이다. 아빠가 6·25 때 장교로 남한에 내려왔다가 포로가 되어 한국군에게 죽기 직전까지 맞은 것이다. 그 분노를 자신보다 약하고 통제권에 있는 아들에게 표출한 것이다. 이런 인간의 본능을 전혀 이해하지 못하는 딸 입장에서는 분노가 있을 수밖에 없다. 그 딸에게 질문을 했다. 돌아가신 아버님을 살려올 테니 죽이라고, 그럼 당신에게 어떤 도움이 되느냐고 물었다. 그 딸은 아무런 도움이 되지 않는다고 한다. 도움이 안 되는데 왜 아빠를 다시 죽이고 싶을까? 자신도 잘 모르겠다고 한다. 아빠는 정상적인 사람이 아니라 정신병자다. 그러지 않고서는 오빠를 때릴 수가 없다. 정신병자를 죽이고 싶은 당신도 정신병자다. "계속 아빠를 미워하면 다음에 당신의 아들이 당신을 죽인다고 할 수 있다. 그것을 원하느냐?" 그 순간 깨우침이 와서 갑자기 표정이 밝아지면서 확 웃었다.

아빠의 체벌 후 아이는 아빠를 적으로 간주한다. 외관상으로 나타나는 말이나 행동까지 그렇게 하는 것은 아니지만 무의식적으로 아이에게 아빠는 적이다. 아이 자신도 모르게 아빠를 멀리하게 된다. 자신이 안전하려면 적을 멀리해야 한다. 고민은 물론이고 자신의 어떤 문제도 아빠에게 노출하지 않는다. 아들의 경우는 아빠를 닮아가려고 하지 않는다. 아이는 동성의 아빠를 보면서 동일하게 닮아가야 건강한 사람으로 성장할 수 있는데, 체벌을 당한 아이는 그런 점이 힘들다.

아빠들은 본때를 보여주기 위해 큰아들을 대표로 체벌하기도 하는데, 큰아이가 아들인 경우에 더 심하다. 우리나라는 큰아들에게 심리적 압박을 가하여 나중에 부모가 없어지면 아빠의 역할을 대신해야 한다는 것이 정서에 깔려 있다. 아이에게 이런 큰 책임감을 부여하려면 그만큼 아이를 존중해야 한다. 아빠들은 큰아들을 존중하지는 않으면서 희생양으로만 삼는 경향이 있다. 동생들이 "형도 저렇게 아빠를 무서워하는데, 아빠 말을 잘 들어야겠다."라는 생각을 하게 하고 싶지만, 아빠의 예상과는 달리 동생들은 어떻게 하면 아빠한테 혼나지 않을까 하는 궁리만 하고 형을 무시한다. 위계를 잡겠다고 한 아빠의 행동이 오히려 위계가 무너뜨린다. 지금까지 우리가 알고 있는 훈육 방법에는 잘못된 것이 너무 많다. 훈육 방법 중에 체벌이 미치는 영향에 대해 공부를 한 적이 없다. 그러다 보니 체벌을 어떻게 하는지도 모를 수밖에.

서양은 아이를 한 인간의 독립체로 존중하는 사상이 동양보다 발달되어 있다. 아이는 결코 부모의 소유물이 아니다. 아이가 가진 안정된 경계선을 부모가 함부로 침범하지 않는다. 어른들은 "너도 한 개체로서 어느 정도의 안전한 거리를 유지하고 함부로 침범하지 않는다."라고 생각한다. 아이를 최대한 존중하고, 내 자식이라도 함부로 하지 않는 것이다. 서양 부모들은 아이를 체벌로 가르치지 않는다. 그런데 우리나라 부모들은 체벌을 너무 쉽게 생각한다. 내 자식이니까 내 맘대로 한다는 것이다. 분명한 것은 서양 아이든, 한국 아이든 느끼는 감정은 똑같다는 점이다. 체벌은 나를 존중하지 않고, 나를 함부로 대하고, 나를 아프게 하여 나를 불안하고 공포감을 주는 것이다. 체벌은 어떤 이유든 절대로 해서는 안 된다. 이런 사회의 흐름에 따라 우리나라 민법에서 제915조 '체벌' 조항이 폐지되었다.

개를 훈련시키는 조련사들이 이구동성으로 하는 말이 있다. "절대 때리지 마라."를 강조하고 있다. 개가 뭔가 잘못을 했을 때 단호하게 '하지 마!'라고 말을 해야지, 때려서는 훈련이 안 된다고 했다. 만물의 영장인 인간이 개만도 못하다는 말인가? 교육이란 속임수로 아이를 때려서는 절대 안 된다. 성철 스님은 '젊은 사람들을 속인 것이 태산보다 높다.'라고 했다. 체벌을 하는 사람들에게 경종을 울리는 말이다. 부모나 교사가 아이를 사랑한다는 명분으로 얼마나 아이를 속이면서 체벌을 하고 있는가?

아이가 한 가지 음식만 먹을 때

안 먹으면 주지 말라는 아빠

아빠는

애가 누구를 닮아서 저렇게 편식을 할까?

애가 회사에서 이것저것 못 먹는다고 하면

사람들이 얼마나 덜떨어지게 볼까?

따끔하게 혼내서라도 저 버릇을 고쳐줘야지.

안 먹으면 키가 안 큰다는 엄마

엄마는

성장기에 영양이 중요한데

우리 애는 왜 이렇게 싫어하는 것이 많을까?

편식하면 키도 안 크고 두뇌 발달에도 안 좋은데.

음식을 골고루 먹이지 못하니 남들이 뭐라고 생각할까?

아이의 편식 문제에는 엄마 아빠 모두 예민한데, 이유는 서로 다르다. 엄마는 아이가 음식을 골고루 먹고 건강하게 자랐으면 하는 마음이 강하다. 5대 영양소를 골고루 먹여야 한다는 명제가 항상 머릿속에 박혀 있다. 아이를 건강하게 키우는 것이 엄마의 역할이고, 아이가 편식하면 그 역할을 제대로 못 한 것 같아 죄책감과 걱정이 앞선다. 아빠들은 엄마가 생각하는 마음보다는 아이가 자라서

불안한 엄마 아빠 행복 레시피

사회생활을 할 때 문제가 될까 하는 마음이 더 크다. 편식을 하는 사람은 남들이 보기에 까칠하게 보여 윗사람이나 아랫사람을 불편하게 만든다고 생각한다. 직장 내 구내식당에서 찍힐까 봐 걱정한다. 아빠들은 아이가 편식 때문에 손가락질을 받으면 그것이 곧 자기 얼굴에 흠집이 된다고 생각한다.

엄마는 아이의 성장 상태, 편식, 치아관리, 정리정돈, 키 같은 생활 습관 문제로 자신이 평가받는다고 생각한다. 이런 것들은 부모가 어려서부터 잘 관리를 해야 되는 것이 의무다. 사전에 충치를 예방해주고, 키가 잘 크도록 환경을 만들어주고, 음식을 골고루 먹도록 습관을 잡아주고, 정리정돈을 잘하게 하고 하는 것들이 아이를 강하게 훈육한다. 그런 습관을 잘 지키도록 하는 것은 옳다. 아이가 싫어한다고 내버려두면 안 되는 사안들이지만, 아이마다 받아들이는 속도가 다르다. 꼭 가르쳐야 하는 것들도 아이가 어떻게 받아들이는지 살피고 조심스럽게 접근해야 한다. 너무 강하게 밀어붙이면 오히려 아이가 좋은 습관을 갖는 데 방해가 될 뿐이다.

아이의 편식 습관을 교정해줄 때는 왜 그렇게 해야 하는지 그 이유가 납득이 되도록 차근차근 설명을 해주어야 한다. 이때 교과서적인 설명은 효과가 거의 없다. 부모가 편식 습관을 고쳐주고 싶은 솔직한 이유, 편식을 하면 어떤 것이 안 좋은지 등을 분명하게 말해준다. "네가 음식을 골고루 먹어야 하는 이유는 네가 나중에 회사의 구내식당에서 밥을 먹게 되었을 때 네 마음에 드는 반찬이 나오지 않을 수도 있거든. 그때 밥을 안 먹을 수는 없어. 그러니까 힘들더라도 지금 연습을 좀 해야 되는 거야." 정도만 말한다. 이보다 과한 반응은 과잉 개입이나 과잉 통제에 불과하다. 사실이 어른이 되어서 아빠가 걱정하는 것처럼 편식을 하는 사람은 드물다. 설사 편식하는 음식이 있더라도 정서적으로 안정된 사람은 분위기를 봐서 참고 먹는다. 자기가 못 먹는 음식이 나왔다고 지금처럼 안 먹는다고 하기는 쉽지 않다. 아무리 참아도 먹을 수 없는 한두 가지 음식은 사회생활을 하는 데 아무런 문제가 되지 않는다. 누구나 한두 가지 싫어하는 음식은 있게 마련이다. 최근에는 음식의 종류가 많아서 편식을 해도 큰 문제가 되지 않는다. 아이가 편식을 하는 것이 지나치게 싫다면 그것은 아빠 자신의 불안 때문이고, 그 불안은 아빠 자신이 해결해야 할 과제다.

부모의 불안으로 아이에게 편식을 못하게 하면 아이는 그 분위기가 싫고 무서워서 음식에 대한 거부감이 더 커진다. 사람은 입으로 들어오는 것에 대한 경계심이 높은데, 그것은 생명에 위협이 될 수 있기 때문이다. 아이가 음식을 먹지 않겠다고 하는 의사를 표명하는 것은 자기 안에 음식에 대한 불안감이 있기 때문이다. 음식을 거절하는 아이에게 '먹어!'라고 하면서 음식을 억지로 아이 입에 쑤셔 넣으면 아이는 역겨움과 공포감을 느낀다. 이런 경험을 한 아이가 다음에 그 음식을 즐겁게 먹을 수 있을까? 아이가 그 음식을 거부하는 것은 음식의 맛이나 냄새 중 뭔가 싫은 것이 있어서이다. 그런 이유에 부모가 억지로 먹였던 공포스러운 기억까지 추가된다. 아이

불안한 엄마 아빠 행복 레시피

가 편식한다고 억지로 먹이는 것은 편식을 교정하는 데 방해가 될 뿐, 전혀 도움이 되지 않는다.

아이들은 낯설거나 새로운 것에 대해 공포감을 느끼는데, 보통 생후 6~7세부터 나타난다고 한다. 이것도 일종의 낯가림이다. 음식에서도 '낯선 음식, 새로운 음식에 대한 공포증'이 있다. 아이들이 보이는 편식 습관은 '음식의 낯설음'으로 어쩌면 당연하다. 아이에 따라 덜할 수도, 더할 수도 있지만 발달 단계상 자신의 안전을 지키기 위한 반응이다. 보통 음식의 낯설음은 생후 6개월부터 새로운 음식들을 집중적으로 접하게 되는 만 2~7세까지 심하게 나타난다고 한다. 그 이후부터는 음식에 대한 친밀도가 늘어나다가 청소년기 초기가 되면 서서히 줄어든다고 한다. 어렸을 때의 편식 습관이 성인이 되어 같은 강도의 편식으로 이어지지 않는다.

음식의 낯설음은 아이들의 미각 발달과도 관련이 있다. 우리의 혀에는 맛을 느끼는 미각이 분포되어 있는데, 아이는 성인에 비해 미각이 3배나 많아 맛을 더 민감하게 느낀다. 아이들의 미각 수가 성인의 그것과 비슷해지는 것은 8세 이후라고 한다. 그 전까지는 성인보다 더 달게, 쓴맛은 더 쓰게 느낀다. 문제는 아이들에게 채소류의 기본 맛이 쓴맛이라는 데 있다. 아이들의 입에는 채소로 만든 김치나 나물 등이 무척 쓰게 느껴져서 넘기기가 힘들다. 엄마 아빠가 입에서 맛있다고 느끼는 음식도 아이 입에 넣어주면 너무 쓰다고 하면서 구역질을 하는 것도 이런 경우다. 그럼 왜 아이들은 쓴맛을 싫어할까? 진화론적 관점에서 보면, 원시인류는 살기 위해 자신에게 득이 되는 먹을거리와 독이 되는 먹을거리를 본능적으로 구분했다. 그런데 단맛을 가진 것을 먹으면 힘이 나지만, 쓴맛을 가진 것은 간혹독소가 있어 죽기도 했다. 원시인류의 머릿속에는 쓴맛은 곧 독이라는 관념이 있고 유전자가 아이들 속에 그대로 남아 있다. 부모가 입에 넣어준 채소를 아이가 못 먹는 음식인 것처럼 뱉어버린다. 채소를 참고 먹은 아이들은 너무 써서 정말 죽을 것 같을 정도로 공포스럽다.

최근 아이들은 김치를 잘 안 먹지만 크면 거의 잘 먹는다. 라면을 먹을 때 가장 맛있는 것은 김치다. 아이들이 친구들과 어울려서 라면을 먹는 나이가 되면 김치는 저절로 먹게 된다. 옛날에는 김치 이외의 다른 반찬이 없어서 김치에 빨리 적응을 했지만, 지금은 다양한 음식이 많아서 좀 늦게 적응할 수는 있다. 아이 입에 김치는 화끈거릴 만큼 매우면서 쓰기까지 하다. 아이가 김치를 거부하면 아이의 발달이 아직 김치를 받아들일 준비가 안 된 것이다. 엄마들이 5대 영양소에 너무 집착하는 것은 엄마 자신 안에 있는 불안이다. 엄마가 걱정하는 것처럼 영양소 한두 가지 빠진다고 극단적인 영양 결핍이 생기는 것이 아니다. 음식이 가지고 있는 대표적인 영양소는 대략 밝혀졌지만, 한 가지 음식이 가지고 있는 모든 영양소를 누구도 밝혀내지 못했다.

음식을 먹는 것은 인간의 가장 행복한 시간이고, 음식을 먹는 시간은 가족 간이나 친구 간에 즐거움을 나눌 수 있는 시간이다. 식사할 때 아이와 눈 한번 마주치지 않으면서 "이것은 먹어, 저것은 먹지 마." "빨리 삼켜!" 할 시간에 아이와 즐겁게 보낼 수 있는 시간이 사라진다는 사실.

아이의 외모에 열등감이 있을 때

엄마가 맞아 하는 아빠

아빠는

애가 먹는 것을 제대로 관리도 못해주고

집에서 뭐하는 거야?

저 살은 언제 빼고, 저 작은 키는 언제 크나?

아이 먹을 것을 제대로 못 챙겨서

저 지경까지 만들었지.

내가 밖에서 일을 하면서

이런 문제에까지 스트레스를 받아야 하나?

자신이 한심하다는 엄마

엄마는

남들은 척척 잘하는데

나는 왜 아이를 잘 못 키우는 걸까?

제대로 못하니, 과연 나는 엄마 자격이 있긴 한 걸까?

우리 애를 보고 남들이 어떻게 생각할까?

얼마나 나를 한심하게 볼까?

누가 봐도 뚱뚱한 상호. 식탁에 삼겹살이 올라왔다. 배가 고프던 차에 정신없이 먹기 시작하는 상호를 보는 아빠의 한마디.

"애 좀 봐! 고기만 먹잖아. 저렇게 먹으니까 살이 찌지. 운동 좀 시켜." 그 순간부터 상호의 젓가락 움직임이 느려졌다. 아빠의 또 한마디. "너 내일 학교 가면 친구들이 돼지라고 하겠다. 돼지라고 놀리겠다. 누가 돼지하고 놀아주겠어."라고 말하자 듣다 못해 화난 엄마도 한마디 한다. "그만 좀 해. 상호도 조심하고 있어. 왜 먹는 애한테 밥맛 떨어지게 그래? 실컷 먹어." 아빠는 삼겹살 접시를 뺏으려고 한다. 그러면서 "당신은 지금 아이를 학대하는 거야. 왜 매일 이렇게 많이 먹는지 모르겠네." "걱정이 되면 같이 나가서 운동을 시켜. 허구한 날 리모컨만 끼고 있지 말고."

아빠들은 아이가 뚱뚱하면 그 책임을 아내에게 돌린다. '집에서 뭐 하기에 아이 하나 관리도 못하고 저 지경으로 만드나.'라고 생각한다. 모든 책임을 엄마한테 묻는 경향이 있다. 아이가 뚱뚱한 것은 모두 아내 탓이다. 엄마들은 먹는 것으로 인해 일어나는 아이의 모든 문제를 자기 책임이라고 생각하는 경향이 강하다. 주변 사람들

불안한 엄마 아빠 행복 레시피

이 "애는 키가 좀 작네요? 애가 왜 뚱뚱해요?"라고 하면 예민해진다. 자신이 아이의 건강을 해치고 있다는 죄책감이 자극된 것이다. 다른 사람이 내 아이를 쳐다만 봐도 자신한테 뭐라고 하는 것 같은 불편함이 있다.

꾸역꾸역 먹어대는 아이도 밉다. 아무리 말을 해도 말을 듣지 않는다. 엄마는 자신의 죄책감과 아이에 대한 미움이 합쳐져 먹을 것을 통제한다. "먹지 마라. 그만 먹어라." 하면서 '먹는 것'에만 몰두하여 아이와 하루 종일 실랑이를 벌이는 것이다. 그 시간에 비만이 건강에 미치는 영향도 알려주고 운동도 함께 해보고 칼로리를 줄일 수 있는 현실적인 대책을 이야기할 수도 있지만 그런 것은 사라지고 하루 종일 그냥 "아까 먹었는데, 또 먹어…"라며 아이와 싸우기만 한다.

엄마는 먹는 것 말고도 학교에서 있었던 일에 대한 이야기도 하고, 놀이도 함께 하면서 아의의 마음도 읽어봐야 한다. 이때 엄마가 생각하는 여러 가지 가치관도 전달되어야 한다. 그런데 아침에 눈을 떠서 저녁에 잠이 들 때까지 아이에게 음식을 먹이고 관리하는 데에만 시간을 보내고 있다. 엄마들은 '먹이는 것조차 제대로 못하고 있는데, 어떻게 공부를 시키겠어. 나는 엄마 노릇을 제대로 못하는 것 같고, 나는 엄마로서 부족한 엄마야.'라고 생각한다. 사람들의 시선도 부담스럽고, 손 하나 까딱 안 하면서 매일 지적만 하는 남편도 미워진다. 공부야 잠시 잊었다가 성적이 나올 때만 괴롭지만, 키가 작고 뚱뚱한 모습은 하루 종일 봐야 하니 엄마의 죄책감은 더해진다. 지나친 책임감도 불안감이고, 그 불안을 해결하지 않으면 아이를 건강하게 키우기 어렵다는 사실을 알고는 있지만.

최근 엄마들은 사람들 앞에서 "애가 너무 뚱뚱하지요. 너무 말랐지요."라는 말을 서슴없이 하는 경우가 많다. 엄마는 걱정이 되어서 하는 말이지만, 그 말을 듣는 아이는 어떤 생각을 할까? 아이는 자신이 죄인 같다고 느낄 것이다. 그 죄책감은 '대화를 할 때 고개를 숙이거나 눈을 마주치지 못하고 말을 하게' 한다. 이런 아이들에게는 뚱뚱한 것보다도 더 심각한, '사회공포증'이라는 불안장애가 올 수 있다. 우울하고, 다른 사람을 쳐다보지 못하고, 지나치게 부끄러워하고, 사람들 앞에서 자신을 비하한다. 살이 찌거나 지나치게 마른 것, 키가 작은 것이 죄인가? 엄마 아빠에게 묻고 싶다.

아이들은 자라면서 자신의 자아상이라는 정체성을 만들어간다. 자아상에는 신체에 대해 자신이 생각하는 이미지도 있다. 아이들은 어려서부터 자신의 신체에 대한 이미지를 평가받고 자랐다. 아이는 당연히 왜곡된 자아상, 부정적인 신체 이미지를 갖게 된다. 긍정적인 신체 이미지를 가지려면 부모가 아이를 존중하며 아이가 스스로를 귀하게 여기도록 해야 한다. 그런데 아이들은 그런 말을 거의 들어본 적이 없고, 자신은 못나고 뚱뚱한 사람이라고 생각한다. 그래서 남들 앞에 나서는 것이 겁나고, 무엇이든지 자신감이 없는 것이다. '다른 사람들이 나를 어떻게 볼까, 어떻게 저렇게 뚱뚱할까, 내가 정말 못생겼다고 생각할 거야.' 하는 생각으로 위축되어 있어 자

불안한 엄마 아빠 행복 레시피

신의 능력을 펼치지를 못한다.

키가 작은 아이를 달달 볶는다면 정해진 키보다 조금 더 자랄 수는 있지만 그 시간 동안 엄마가 만들어준 부정적인 자아상은 평생 간다. 키가 조금 더 큰 것과 건강한 자아상 중 어떤 것이 더 중요할까? 당연히 건강한 자아상을 택할 것이다. 키가 좀 작으면 어떤가. 구두를 좀 높은 것으로 신으면 되는데. 아이의 키 문제로 아이의 평생 행복을 망치고 싶은가? 살을 찌우거나 빼거나 하는 것에 너무 집착하지 말고, 그럴 시간에 어떻게 하면 아이가 긍정적으로 살아가게 할 수 있을까 하는 연구를 해야 한다. 아이가 자신의 모습을 긍정적으로 바라보게 되면 살이 빠지고 키가 클 수 있다. 아이가 자기 자신을 귀하게 여겨서 스스로 노력을 하기 때문이다. 자존감이 높은 사람은 어떤 위기가 닥쳐도 노력을 해서 극복을 하지만, 자존감이 낮은 사람은 아예 노력을 하지 않는다. 자존감이 높은 사람은 변화에 대해 두려워하기보다는 도전을 한다.

간혹 아이의 체형이나 키에 대한 부부간의 묘한 입장 차이가 갈등을 낳는다. 아이의 체형이나 키는 부모의 유전자로, 아무리 노력을 해도 크게 달라지지 않는다. 대개 남자가 키가 크면 여자는 키가 작은 사람과 결혼을 한다. 아이가 키가 작으면 엄마는 아이의 작은 키가 싫어서 모든 수단과 방법을 동원해서라도 키를 키우는 데 열중을 한다. 그런 아내를 바라보는 남편은 마음이 불편하다. 아내가 자신을 평가절하한 것 같고, 아내가 열등하게 생각하는 것처럼 느껴진다. 남편은 무의식적으로 '아내에 대한 미움을 키울 수 있고, 아내가 하는 매사가 마음에 안 들고, 아내가 자신을 무시한다는 생각'을 하게 되어 화를 낼 수도 있다.

　최근 부모들이 체형이나 키에 집착하는 이유는, 매스컴에서 각종 홍보를 목적으로 극단적인 사례를 들어 지금 당장 살을 빼지 않으면 큰일날 것처럼 떠들어대기 때문이다. 매스컴을 통해 쏟아지는 수많은 정보는 우리의 말초신경을 자극하도록 포장되어 있다. 모두 틀린 것은 아니지만, 그렇다고 내 아이에게 적용할 때 꼭 옳은 것도 아니다. 전문가의 검증이 필요한 경우도 많은데, 검증되지 않은 정보를 '어떻다고 하더라.' 하면서 아이에게 적용하려고 한다. 그 정보에서 취할 것은 취하고 버릴 것은 버려야 하는데 그런 과정도 거치지 않고 아이에게 그냥 던져서 상처를 준다. 인터넷에서 떠도는 소아비만에 대한 정보를 본 아빠가 뚱뚱한 아이한테 "뚱뚱하면 일찍 죽는대."라고 말한다. 뚱뚱하면 다양한 질병에 걸릴 위험이 높으며, 각종 성인병이 올 수 있어 오래 못 살 수도 있다. 아빠들은 그 정보의 앞뒤를 모두 자르고 "뚱뚱하면 죽는대."라고 아이한테 협박을 한다.

　정보가 유용하려면 그 정보를 바탕으로 나의 문제를 해결할 수 있는 현실 가능성이 있어야 한다. 소아비만에 대한 정보도 '이런 질병이 올 수도 있구나. 아이의 식습관을 조금씩 변화시켜야겠다.'라고 이해를 해야 한다. 살을 뺄 수 있는 구체적 실천 방법을 찾아야 한다. 아이에게 "우리 연말까지 2킬로그램만 줄이려는 노력을 해볼까?" 하고 제안한다. 1킬로그램도 좋고 500그램도 좋다. 아이가 하고 싶은 동기가 생기도록 낮게 정하는 것이 좋다. 한 달에 한 번씩 정해진 날 체중을 재보고 목표가 달성되었는지 확인을 한다. 성공했다면 아이를 격려해주고, 실패했다면 '뭐가 문제인가?' 하며 원인을 분석한다. 대개의 아이들은 자기 나름대로 원인을 분석하여 답을 제시한다.

우리는 아이의 부족한 점에 대해 강하게 얘기해줘야 한다고 생각한다. 아이에게 강하게 각인시켜 정신을 차리게 해야 한다고 생각하는데, 그렇지가 않다. 성격, 외모, 공부 등은 강하게 얘기해서는 안 된다. 이것들은 아이가 노력을 해도 단번에 변화가 오는 것들이 아니다. 부모가 강하게 지적할수록 아이는 자신에 대한 부정적인 자아상을 갖게 되고, 패배감을 느끼면서 부모에 대한 강한 불신과 분노만 남는다.

- 엄마의 과잉 보호는 문제해결능력의 결여로, 직장생활이나 결혼생활에 문제 발생
- 집 밖에서 서성대는 아빠, 아이와 한 몸처럼 움직이고 싶어 하는 엄마
- 식사시간 훈계는 아이가 적대감과 분노를 갖게 함
- 아이가 게임을 할 때 즉각 혼내지 말고, 다음에 조용히 말하기
- 체벌은 아이에게 불안과 공포감. "한 대 맞으면 되지." 생각하게 되므로 교육 효과 없음
- 체벌은 사랑이라 속이는 것으로 아이에게 상처와 적대감만 형성
- 6~7세까지는 성인 미각의 3배로 음식 낯가림 있으나, 청년이 되면 거의 없어짐
- 아이에게 강하게 할수록 패배감과 불안과 분노감만 형성

04

다양한 생활 문제들의 해법

외국에서 오랫동안 살다가 한국으로 돌아온 사람이 있다. 그는 우리나라 남자들의 술 문화를 보고 깜짝 놀랐다. "여기는 남자들의 천국이네요." 서양 아빠들은 회사에 다니면서도 아이의 양육에 일정한 역할을 담당한다. 회사 일이 끝나면 집으로 달려가고, 아이를 유치원이나 학교에 데려다주고 데려온다. 그런데 우리나라 아빠들은 퇴근시간이 부정확할 뿐더러 일찍 끝나도 술자리를 찾는다. "나도 스트레스를 풀어야지. 이렇게 안 풀면 돈을 벌 수가 없어!"라고 자신의 행동을 정당화한다. 우리나라처럼 아빠의 역할이 사라지고 퇴근 후 밤 문화를 당연시하는 나라는 세계 어디에서도 찾아볼 수 없다. 서양 아빠들은 어쩌다 하는 공식적인 술자리나 친구와 술자리를 하더라도 가족이나 부부가 동반한다.

변화가 파도처럼 밀려오는 이 시대에 아빠들이 많은 스트레스를 받는 것은 사실이지만, 아빠들도 그 존재의 출발지는 가족이다. 술자리에서 정치와 사회현실을 비판하고 술값을 내면 잠시나마 자존감이 높아질지 몰라도, 그것은 잠시 거짓된 가면의 모습이다. 그 가면의 덫에 갇혀 또 술을 마시게 된다. 술자리에서 스트레스가 잠시 해소되는 것 같지만, 술이 깨면 아이 학교도 보내야 하고 대출금도 갚아야 하는 것이 현실이다. 아빠들도 이제는 사회적으로 꼭 필요한 술자리만 참석하여 그 횟수를 반 이하로 줄이고 나머지 시간은 아내를 돕고 아이와 놀아주었으면 한다. 그것이 진짜 아빠의 역할이고 그 자리에서 편안함을 느낄 수 있는 길이다. 아빠들은 가정이 자신의 뿌리이고 내 삶의 가장 중요한 터전임을 인정해야 한다. 아빠들은 어떤 일보다도 가족의 문제를 최우선으로 해결하고, 내 가정을 위해 불필요한 행동은 줄여야 한다. 이것은 선택이 아니라 필수다.

아빠들이 집안의 구성원으로 우뚝 서게 하려면 엄마들도 변해야 한다. 엄마들은 양육이나 가사 일을 본인들이 알아서 미리 처리하는 경우가 너무 많다. 아빠들은 그런 일이 있었는지조차 모른다. 아빠들은 양육이나 가사 일에 서투르기 때문에 가르쳐주어야 한다. 그런데 엄마들이 미리 처리를 해버리면 아빠들은 배울 기회가 없고, 가정으로 돌아와도 발 뻗을 자리가 없다. 엄마들은 아빠들이 가사에 서툴고 아이에 대해 잘 모른다고 구박하지 말고, 자기 마음을 몰라준다고 화내지 말고 도움을 요청하는 방법을 배워야 한다. 아빠들이 잘할 수 있도록 아이에 대한 정보도 알려주고, 자신의 마음을 차분히 설명해주어야 한다. 알아서 해줘야 한다는 말은 하지 말라는 것과 같다. 아이가 아파서 병원에 가야 할 상황이면 "여보, 아이가 열이 많이 나, 어쩌지?"라고 어정쩡하게 말하면 안 된다. "여보,

지금 아이가 열이 많이 나는데, 병원에 가봐야 되겠어. 그런데 내가 혼자 아이를 데리고 가기는 벅차. 당신이 나를 태워서 갔으면 좋겠어. 올 때는 내가 택시를 타고 알아서 올게."라고 분명하게 말한다. 엄마의 사정과 생각을 설명하고 타협을 해야 한다. 이렇게 엄마들은 혼자 불안해서 미리 알아서 처리를 해버리고, 아빠들이 그 속도를 못 쫓아오면 화를 낸다. 이럴 때 아빠들은 자기가 어떻게 행동을 해야 할지 잘 모른다. 아빠와 같이 양육을 하고 싶다면 엄마들은 어떻게 해야 할까?

맞벌이 아빠가 육아를 해야 할 때

집에서 살림을 하는 것이 낫겠다는 남편

남편은

아내가 일을 하는 것이 불편해.

아내가 집에 있어야 집안도 깨끗하고

맛난 음식도 먹을 수 있으니까.

본인이 밖에서 나가서 일하는 것을 결정했으면

힘들어도 참아야지.

아이가 걱정이 되면 차라리 그만두고 집에 있든지.

일과 집안일을 완벽하게 못한다고 자책하는 엄마

아내는

나도 일을 하면서 자아실현을 하는 것이 중요해.

아이가 잘 자라지 못하면 어쩌나 하고 항상 불안해.

남들은 일하면서 살림도 잘하는데

난 왜 안 될까?

밖에서 일하는 엄마들의 공통점이 있다. "내가 전업주부로만 살아야 하나? 점심 먹고 차 마시고 수다 떨고 그냥 살아야 하나? 귀한 시간을 그렇게 낭비하며 보내고 싶지는 않아."라고 전업주부의 일상을 평가절하한다. 속으로는 불안해하는 면도 있다. "지금이 아이한테 아주 중요한 시기인데, 내가 자아실현을 한다고 아이를 소홀히 해도 되는 것일까? 내가 아이의 엄마가 맞나?" 하는 생각도 한다. 이런 엄마들이 일을 그만둔다고 불안이 없어지는 것은 아니다. 집에 있어도 "남편이 가져다주는 돈으로만 살 수 있을까? 내가 밖에서 일을 할 때는 서로 데려가려고 했는데! 아이한테 소리를 지르면 안 되는데 왜 자꾸 소리를 지르지? 집에 있으면 아이한테 더 안 좋은 영향을 주는 것이 아닐까?" 하면서 엄마의 역할과 양육의 효율성에 대해 불안해한다. 일을 하고 싶어 하는 엄마들은 어떤 생각을 할까? 내가 불안해하는 마음을 누르고 집에 있으면 아이를 원하는 마음이 생기지 않을까 하는 근원적인 걱정도 한다. 이런 엄마들은 양육의 위기에 처할 때마다 딜레마에 빠진다. '직장을 다니는 것이 옳은

가?' '집에 있는 것이 옳은가?'

그렇다면 전업주부 엄마들에게는 어떤 갈등이 있을까? '일하는 엄마들은 아이보다 자기가 더 소중한 사람들이다. 집에서 아이를 보는 엄마들은 일을 못해서가 아니라 아이를 키우는 것이 더 소중해서 일을 포기한 것이다. 우리 때문에 일하는 엄마들의 아이까지 학교를 잘 다니고 있는 것이다. 우리는 급식 도우미, 각종 회의에 참석, 녹색어머니회 등 활동을 하기 때문에 제대로 굴러가는 것이다. 우리가 매일 모여서 남편 흉이나 보고 노닥거리는 줄로만 알지만, 그런 것들이 모두 아이를 더 잘 키우기 위한 것이다. 일하는 엄마들은 우리가 어렵게 구한 정보들을 가로채기만 해서 어느 때는 얄밉기도 하다.' 그러면서 전업주부 엄마들은 속으로 불안하다. '나는 이대로 도태되는 것은 아닌가? 내 이름도 잃어버리고 영영 누구누구의 엄마로만 남는 것은 아닐까?' 전업주부 엄마들은 아이가 한창 자랄 때는 잘 모르지만, 아이가 대학에 입학하고 나면 무척 공허하다. 아빠는 점점 사회적 지위도 올라가고 연봉도 높아진다. 이것은 아빠의 성공이지 나의 성공은 아니다. 남편은 그 공을 아내에게 돌리지 않고 오히려 자신의 공으로 돌린다. 이때부터 전업주부 엄마들은 누구의 엄마로 사는 것이 가치가 있더라도 이것이 나 자신을 찾아주는 것이 아니라는 것에 근원적인 좌절감과 불안을 갖는다.

일을 하든 안 하든 왜 엄마들은 모두 불안할까? 한마디로 말하면 욕심이다. 불안은 두 가지의 가치 중 근소한 차이로 한쪽을 선택하고 그 나머지에 대한 미련을 접지 못할 때 생긴다. 일하는 엄마들은 자신이 집에 있었다면 아이에게 줄 수 있었던 혜택을 포기하지 못해 불안하다. 전업주부 엄마들은 자신이 일을 했다면 가질 수 있었던 성취감과 경제적인 여유를 포기하지 못할 때 불안하다. 그럼 어떻게 하면 불안이 줄어들까?

일하는 엄마가 되었으면, '그래, 나에게는 사회적 성취와 돈이 중요해. 나는 계속 이렇게 살아갈 거야.'라고 현실을 인정하고, '에너지와 시간의 배분을 잘해서 살아야지.'라고 생각을 하면 불안이 많이 줄어든다. 그런데 한쪽 일을 접지 못하고 계속 '나는 좋은 엄마가 아닌 것 같아. 나는 왜 아이를 위해서 희생하지 못할까?'라는 고민만 되풀이하다 보면 불안은 증폭되고 양쪽 일 어느 것도 제대로 되지 않는다.

전업주부 엄마들은 어떻게 해야 할까? 마찬가지로 '지금은 아이를 돌보는 것이 가장 중요한 시기야. 살림을 알뜰하게 해서 경제적인 어려움을 이겨내야지.'라고 생각을 해야 한다. 과거 엄마들은 일을 하더라도 요즘 엄마들처럼 불안해하지 않았다. 그들에겐 일 자체가 아이를 키우기 위한 수단 중에 하나이기 때문이다. 요즘 엄마들이 불안이 더 많은 것은 '엄마의 본능인 유전자에 의한 아이의 보살핌'과 현대교육으로 깨우친 '자아실현의 본능'이 엄마 마음에 병존하고 있기 때문이다. 엄마들은 항상 육아와 일을 동시에 저울질한다. 어느 하나를 쉽게 선택하지 못하고 주저한다. 어쩔 수 없이 하나를 선택하고 후회하고 불안해한다.

하나를 선택했으면 다른 하나를 놓아야 한다. 내가 선택한 것을 인정하고 책임을 져야 한다. 사람은 누구나 자기 가치관으로 움직인다. 어릴 때부터 경제적인 어려움을 겪은 사람은 대개 일하는 엄마가 되는데, 그것이 결코 아이보다 더 중요해서가 아니다. 반면 어렸을 때 좀 풍요하게 살았지만 엄마의 사랑에 항상 갈증을 느꼈거나, 개인적으로 어떤 사건으로 인해 그 무엇보다도 아이가 우선순위라고 생각한 사람은 전업주부가 된다. 이들 역시 결코 자아실현에 관심이 없어서가 아니다. 어떤 선택이든 간에 그 사람이 조금이라도 더 중요하다고 생각되는 가치가 반영된 것이다.

일하는 주부는 의식적으로 '아이를 위해 일을 그만두어야 하나?'라고 생각도 하지만, 무의식에서는 여전히 일하는 것을 중요시하고 있다. 전업주부는 '나는 일을 좀 해야 하지 않을까?'라고 생각을 하지만, 역시 무의식적으로 지금은 무엇보다 아이를 돌보는 것이 더 중요하다고 생각한다. 이것들이 진심이다. 불안할 때 가장 중요한 것은 자신을 솔직히 인정하고 받아들이는 것이다. 오해는 금물이다. 일하는 엄마는 '나는 자아실현과 경제력을 중요시하는 사람이다.'를 인정하되, 아이를 돌보는 것보다 그것을 더 중요하게 생각한다고 오해를 해서는 안 된다. 전업주부의 엄마는 '나는 아이와 함께 시간을 보내는 것을 가장 중요시하는 사람이다.'라고 인정하고, 자신의 삶이 도태될 것이라는 오해는 던져버려야 한다. 인정할 것은 인정하고 오해를 하지 않을 때 불안이 해소된다.

밖에서 일하는 엄마들은 아이들에게 어떤 영향을 줄까? 엄마가 아이에게 사회적 역할의 중요성을 알려줄 수도 있고, 한 사람이 여러 가지 역할을 할 경우 시간을 배분하는 방법을 알려줄 수도 있다. 하루 종일 아이와 같이 있지 못했다고 해서 좋은 엄마가 아닌 것은 아니다. 아이에게 같이 있는 시간이 적을 수밖에 없는 이유를 충분히 설명해주고, 아이가 자신의 존재가치를 의심하지 않도록 한다. 전업주부 엄마들은 자신의 모습을 본 아이가 사회 속에서 진취적인 역할을 못 할까 봐 걱정도 하지만, 전혀 그렇지 않다. 아들이 엄마의 모습에서만 사회적 역할을 배우는 것은 아니다. 엄마가 준 정서적인 안정이 사회에 나갔을 때 더 자신감을 갖게 하고 모든 일을 진취적으로 할 수 있다.

지금 불안을 느낀다면 자신을 돌아보아야 한다. 나는 어떤 사람인가? 나에게 가장 중요한 것은 무엇인가? 불안할 때 자식 핑계를 대지 마라. 불안의 제공자는 '아이'가 아니라 바로 '나 자신'임을 기억하라. 세상의 모든 일은 '나 자신'에서 출발해야 한다. 내가 전업주부인 것은 아이를 잘 키우기 위해서가 아니라 아이한테 '올인'하지 않으면 자신이 불편해서다. 자신의 선택이다. 내가 일을 하는 것은 밖에 나가서 힘들게 일을 하는 것이 좋아서 선택한 것이다. 전적으로 수입 때문만은 아니고 그것이 행복감을 주기 때문이다. "내가 너를 키우기 위해 밤늦게까지 일한다."라고 말하면 안 된다.

일하는 엄마들 중에서 육아가 자신과 맞지 않아서 일을 선택하는 경우가 종종 있다. 엄마라는 이름으로 '육아가 어렵고 두렵다.'라고 인정하는 것이 부끄럽다. 그러지만 엄마라고 모두 아이를 잘 키우는 것은 아니다. 내가 아이를 키우는 것이 힘들어서 일하는 것을 선택했다면 그 사실을 인정해야 한다. "요즘 사교육비가 너무 비싸서 둘이 벌어야 한다."라고 가면을 쓰고 말하지 마라. "나는 아이 키우는 게 너무 힘들고, 아이가 울 때는 어떻게 해야 될지를 모르겠다."라고 인정하라. 그것이 밖에 나가서 일하는 이유의 전부는 아니지만, 그런 면도 있다는 것을 인정하지 않으면 일하면서 불안은 해결되지 않는다. 내가 아이를 키우는 기술이 부족함을 인정할 때 친구나, 경험이 있는 사람이나, 전문가로부터 제대로 된 조언을 들을 수 있다. 진정으로 자신을 돌아봐야 다른 사람의 조언이 가슴으로 이해된다.

일하는 엄마들은 대개 '나는 좋은 엄마가 아닌 것 같다.'라는 죄책감을 갖는데 그 죄책감은 많은 문제를 낳는다. 미안한 마음에 아이의 요구는 뭐든 받아주면서 키우고, 함께 시간을 보내지 못하는 안타까움에 돈이나 물건으로 대신한다. 아이와 이야기를 하는 것이 두려워 일방적인 지시나 지적을 아이와의 대화라고 착각한다.

죄책감은 부끄럽고 수치스러운 감정이며 너무 불편한 감정이다. 그 감정을 떨치기 위해 만만한 남을 탓하는 버릇이 생기는데, 그 대상은 주로 남편과 아이다. 남편에게는 "당신이 돈만 잘 벌어 왔어 봐. 내가 집에서 아이를 잘 키웠겠지. 당신이 못 벌어 오니까 내가 일을 할 수밖에 없어."라고 말한다. 아이에게는 "엄마가 이렇게 힘들게 일하고 들어왔는데, 방이 왜 이리 난장판이야? 숙제는 안 하고 뭐 했어? 너무 힘들어 못 살겠다."라며 아이를 괴롭히고 부담을 준다.

모든 선택의 주체는 '나'이고, 문제의 본질도 '나'이다. 남편이 돈을 많이 못 버는데도 일을 하지 않는 엄마들도 많다. 일을 하겠다고 선택한 주체는 다른 사람이 아닌 '나'이다. 내 깊은 마음속에는 분명일을 좋아하고, 살림만 하는 것보다는 '과장님'이라는 소리도 듣고 싶고, 자아실현도 하고 싶고, 궁핍보다는 여유를 갖고 살고 싶고, 하루 종일 아이 교육에만 신경을 쓰는 자신의 모습이 싫고, 아이랑 온종일 보내면 왠지 불안해지는 것이 '나'라는 것을 인정하자.

맞벌이를 하려면 아빠들은 집안일과 육아를 같이 해야 한다. 어떠한 엄마도 일과 집안일, 그리고 육아를 혼자 할 수 없다. 최근에는 맞벌이 부부 중 남편이 아이도 돌보고 집안일도 하는 경우가 많다. 자신은 너무 바빠서 집안일과 육아를 할 시간이 없다고 생각하면 자신을 돌아보라. 집에 일찍 들어와서 집안일이나 육아를 하는 것이 싫은 것은 아닌지, 아니면 본인이 원해서 바쁜 일을 만든 것은 아닌지 스스로에게 물어보라. 아내가 일을 한다면 남편도 회식이나 야근을 줄여야 한다. 남편은 "어떤 회식은 가기 싫은데 어쩔 수 없이 갈 때도 있어. 어떤 회식은 나도 즐거워서 가기도 하지만 줄이도록 노력할게. 꼭 가야 할 회식은 내가 얘기를 할 테니 그때는 좀 양해해주라."라고 솔직하게 말하면 아내도 이해한다.

불안한 엄마 아빠 행복 레시피

맞벌이를 하면서 육아나 집안일을 완벽하게 하는 엄마들도 가끔은 슬럼프에 빠진다. 어느 날 갑자기 자기만 힘든 것 같고, 집안일을 하기 싫고, 억울해서 아이를 돌보는 것도 귀찮을 때가 있다. 특별한 사건이 있는 것도 아닌데 문득 억울함이 밀려올 때가 있다. 이럴 때 특효약은 무엇일까? '남편의 솔선수범'이다. 너무 피곤한 나머지 설거지가 산처럼 쌓여 있는 것을 보고도 그냥 잠든 날 아침, 일찍 일어난 남편이 밥을 짓고 군말 없이 설거지를 하고 있을 때 아내는 감동한다. 그럼 아내는 에너지를 300% 충전하여 아침 식사를 차리고 아이를 돌보게 된다. 남편이 집안일은 고사하고 밤늦게 술 먹고 들어와서 소파에 누워 있다면 어떨까? 이때 아내가 느낄 억울함은 말로 표현할 수 없다. 부모와 아이들 사이에서만 모델링이 일어나는 것이 아니고 부부 사이에도 일어난다. 아내는 남편이 조그마한 집안일을 해도 고마워하고 만족해한다. 남편은 회사가 바쁘다는 핑계만 대지 말고 아내에게 조금이라도 멋진 모습을 보여야 한다.

맞벌이 부부라면 육아나 집안일만큼이나 중요한 것이 있다. 신뢰와 공유, 그리고 존중이다. 그것이 없으면 많은 문제가 생긴다. 아빠들의 회사에 여성이 있는 것처럼, 엄마들의 회사나 거래처에도 남자들이 있다. 일하다 보면 이들과 전화도 주고받고 회식을 하는 상황도 벌어지는데, 생각 외로 이런 것에 예민한 아빠들이 많다. 늦게 들어오는 것만으로 의심을 하고 스트레스를 준다. 신뢰를 주지 않으면 아내가 바깥일을 잘할 수가 없다.

엄마가 일을 하면 아이는 물론이고 아빠에게도 소홀해질 수 있는데 그런 것에 서운해서는 안 된다. 엄마가 일을 하다 보면 '엄마, 주부, 아내'라는 역할에 일이 하나 더 늘어나니 조금씩 소홀해질 수 있다. 이때 아빠들은 아내가 일을 하게 되면 이전보다 자신이 존중받지 못한다는 생각에 섭섭함을 느낀다. 이런 감정을 품게 되면, 사이가 좋을 때는 괜찮지만 좋지 않을 때는 사사건건 문제가 된다. 아내에 대한 섭섭함이 무의식에 깔려 있기 때문에, 아내의 모든 행동이 마음에 들지 않는다. 엄마가 일을 할 때 아빠들은 시간이든 마음이든 부족하다고 느끼는 것에 대해 이해를 해야 한다. 일하는 아내가 자신에게 소홀히 하는 것 같아 섭섭하면 가면을 쓰지 말고 솔직하게 말해라. "여보, 나는 이런 마음이 어디서 생겼는지 모르겠지만, 나도 보살핌을 받고 싶은 생각이 강하게 생기는 같아. 최근 이 상황이 좀 힘들어."라고 말을 해라. 말을 뱉은 순간 그 문제가 바로 해결되지 않더라도 마음이 훨씬 가벼워진다.

일하는 배우자의 벌이나 사회적 인식이 대단해 보이지 않더라도 그 일의 의미와 가치는 존중해야 한다. 아무리 작은 일이라도 그 노동을 함으로써 생기는 가치가 있고, 그 가치에 좋은 라벨을 붙여야 한다. "당신이 이렇게 해주니까 정말 고마워. 당신이 지금 하는 일은 참으로 소중해."라고 존중을 해주어야 한다. 그렇지 않으면 아내들은 멀티플레이를 할 힘이 생기지 않는다. 마지못해 하거나 죽지 못해 사는 것이 된다. 그 힘의 원천은 자기 안에서 나오지만, 배우자

불안한 엄마 아빠 행복 레시피

나 가족이 불어넣는 힘이 더 크다.

아빠들이 흔히 하는 말, "그렇게 힘들거나 걱정이 되면 직장 그만 둬."라는 말을 하지 말아야 한다. 일하는 엄마들은 아이에 대한 본질적인 죄책감으로 아이를 걱정하는 습관이 있다. 아빠들은 대화를 하다가 말문이 막히거나 자신에게 화살이 돌아올까 봐 선수를 친다. 아무런 대안도 없이 말부터 내뱉는다. 엄마는 어떤 생각을 할까? 이런 아빠는 당연히 걱정 없고 대책 없는 남편으로 본다. 맞벌이를 할 때는 누가 돈을 많이 벌고 적게 버는 것을 떠나서 상대방 일에 대한 가치를 존중해야 한다. 전업주부의 엄마들도 남편이 늦게 들어오면서 벌이도 시원치 않다고 불평을 하면서 "차라리 내가 버는 게 낫겠다. 당신이 아이를 돌봐."라고 말해서는 안 된다. 일은 경제적 의미도 있지만 자아실현과도 관련이 있기 때문에 돈을 많이 벌고 못 버는 것으로 판단할 있는 가치가 아니다.

아이를 어린이집에 맡겨야 할 때

모두 비슷비슷하다는 아빠

아빠는

비슷비슷한데 대책도 없이

좋은 곳만 찾으면 어쩌겠다는 거야.

보낼 때가 되면 눈을 딱 감고 보내야지.

쓸데없는 걱정만 한다고 문제가 해결되나?

그렇게 걱정이 되면 아예 보내지를 말든지.

조금이라도 좋은 곳에 맡겨야 한다는 엄마

엄마는

마음에 드는 어린이집이 왜 이렇게 없는 거야.

분위기 좋고 안전한 곳에 보내야 하는데 믿을 수가 없네.

남편은 아무 곳이나 보내라고 하는데

어쩜 이리 무책임하게 말하는지 몰라.

저 사람은 아빠인지 남인지 모르겠어.

엄마들은 "참 서운해. 너무 걱정하지 않아. 당신이 우리한테 신경 한번 쓴 적 있어?"라는 말을 아빠들에게 자주 한다. 어떤 의도를 갖고 한 것은 아닌데 엄마들은 사사건건 "당신이 그러면 그렇지, 신경 써주는 게 이상하지."라며 가슴 깊은 원한이라도 있는 듯 비난한다. 아빠들은 엄마들의 이런 태도를 보며 "내가 도대체 뭘 잘못했다는 거야?" 하며 억울해한다.

엄마들이 아이와 자신을 한 팀으로 생각하고 남편에게 '서운함'을 말하는 것은 산후조리원을 고를 때부터다. 아빠들의 미지근한 태도인 "비슷비슷해 보이는데 대충 고르지 뭐." 또는 "며칠 있다가 나갈 텐데 왜 이렇게 비싸?"에서 첫 서운함의 시작이다. 산후조리원은 엄마와 아이가 처음으로 같이 있는 기관으로, 무섭고 설레는 출산을 마치고 머무는 곳이다. 아빠가 생각하는 것처럼 단지 머물다 가는 여행지가 아니다. 이때부터 엄마는 내 아이에 대해 아빠가 갖는 사랑의 깊이를 가늠한다. 무심하게 굴면 내 아이에게 무심한 아빠로 낙인을 찍는다. 엄마들이 아이가 맡겨진 곳에 민감한 반응은 엄마의 본능이다. 더 안전한 곳, 더 편안한 곳을 찾는 것은 무의식적이다. 무심한 듯 행동하는 아빠는 아이의 안전이나 나의 불안에 관심이 없는 사람으로 여긴다. 그래서 아빠들은 가능한 아이와 관련된 것에 최소한의 성의라도 보여야 한다. 산후조리원을 알아보는 과정에서 바쁘다는 핑계로 회피를 하지 마라. 아빠라면 아이와 관련된 모든 것의 가치를 가장 중요하게 생각하는 것이 중요하다. 아이가 자라면서 펼쳐지는 다양한 양육의 과정을 어떤 형태로든지 공유하라.

아내가 임신을 한 순간부터 아이와 관련된 중요한 일을 서로 의논하지 않으면 나중에 아빠로서 자리매김을 하는 데 큰 어려움을 겪는다. 엄마들은 그때의 서운함을 마음 깊이 간직을 하기 때문에, 아이가 어릴 때 걱정하지 하다가 좀 성장하면 관심을 보이는 아빠에게 정보를 주지 않는다. 엄마가 고등학교에 다니는 아들의 공부 때문에 "언어영역이 글쎄…" 할 때, 아빠가 "그게 뭐야?"라고 물으면 "모르면 가만히 있어." 하고 무안을 준다. 마찬가지로 아이도 자기의 생활을 전혀 모르는 아빠와 대화하는 것을 싫어한다. 아빠와 아이와 관계는 어린이집, 유치원을 선택할 때도 문제가 될 수 있다. 시간이 없고 바빠서 나설 수 없다면 성의를 보여야 한다. 최소한 한 군데 정도는 같이 가보고, 몇 군데 중에서 선택을 해야 할 때는 진지하게 잘 듣고 성의 있게 봐야 한다. 그럴 시간조차 없다면, '당신이 마음에 드는 가장 좋은 곳을 선택해.'라고 말해준다. 아내와 아이와의 관계에 좋은 영향을 준다.

엄마들이 산후조리원, 어린이집, 유치원을 찾는 과정에서 느끼는 공포감이나 불안의 정도는 상상을 초월할 정도다. 특히 취학 전 엄마의 불안이 심하게 나타난다. 아이가 초등학생만 돼도 자신이 겪은 것에 대해 이렇다 저렇다 말하지만, 그 이전에는 자신이 겪은 일에 대해 제대로 설명하지 못한다. 문제는 엄마들이 이런 불안을 이야기하면 아빠들은 "괜찮아. 다른 애들도 다 다니고 있는데 뭐. 그렇게 걱정이 되면 보내지 말든지."라고 말한다. 엄마들은 자신의 불안을 공유해주지 않으면 무척 서운하다. 서운함이 심해지면 분노가 되고, 아빠를 믿을 수 없다는 불신이 생겨 아이를 키우면서 처리해야 할 중요한 일을 남편과 의논하지 않게 된다. 아이를 어떤 기관에 맡기게 될 때 엄마들이 갖는 불안을 당연하게 여기고, 그 마음에 공감해야 한다. 공감하고 걱정만 해주어도 엄마들이 알아서 답을 찾는다. 엄마가 가진 불안을 무시하지 마라.

그렇다고 엄마들도 자신의 불안을 무한정 키워서는 안 된다. 그 불안은 자신은 물론이고 아이를 비롯한 가족에게 전혀 도움이 되지 않는다. 불안을 줄이려면, 이곳저곳 알아본 후에는 어느 정도 믿는 것이 필요하다. 경험했던 사람들의 평가도 참고가 되는데, 한 기관에 대해 한 사람의 의견만 듣지 말고 여러 의견을 들어본 후 그중 70% 이상이 좋다고 하면 믿고 선택해야 한다.

　불안한 사람은 자신의 마음에 들지 않는 사소한 것에도 집착한다. 내 마음을 만족시키는 기관은 어디에도 없다. 그것은 엄마가 자기 아이를 돌본다고 해도 마찬가지다. 몇 년간 한 장소에서 어린이집을 운영했다면 분명 주변의 평판이 있다. 그 평판을 토대로 내가 직접 방문해 교사를 만나보고 시설을 살핀 뒤 결정하면 된다. 교사를 볼 때는 어디 출신인가를 볼 것이 아니라 어떤 사람인가를 봐야 한다. 교사가 아이를 돌보는 모습을 곁에서 지켜보면, 대체로 믿을 만한 사람인지 알게 된다. 모든 점검이 끝나 가장 적당하다고 생각되는 기관에 보내기로 결정을 했으면, 그다음부터는 걱정은 접고 그 기관을 믿어야 한다.

　아이의 안전을 위해서는 아이가 다니게 될 그곳이 엄마가 믿을 수 있는 곳이라는 인상을 주어야 한다. 선생님들은 엄마처럼 좋은 사람이라는 것을 아이에게 전달해야 한다. 그렇게 어린이집을 믿는 것처럼 아이도 잘해낼 것이라고 믿어야 한다. 어린이집에 감기가 돌고 있다는 소문이 돌면 몇 주 동안 아이를 보내지 않는 엄마들도 있다. 그러면 안 된다. 감기에 안 걸리면 좋겠지만 감기에 걸릴 가능성이 있어도 보내야 한다. 어떤 엄마는 어린이집에서 아이가 조금만 다쳐도 지나치게 항의하고 안 보내는 경우도 있다. 그래도 안 된다. 친구랑 놀다가 넘어지는 것도 배움의 과정이다.

인생에서 우리가 겪어야 하는 위기는, 불안하든 불안하지 않든 찾아오기 마련이다. 반드시 겪을 수밖에 없는 위기의 대처 방법을 익히고, 그 과정 속에서 더 나은 사람이 되면 된다. 막연하게 무언가 닥칠까 봐 아이에게 어떤 것도 못 하게 한다면 그 아이는 인생에서 값진 것을 배울 기회를 잃게 된다. 엄마 아빠의 불안으로 아이가 살아가는 데 꼭 필요한 것들을 배울 기회를 빼앗으면 안 된다.

시댁이나 처가와 갈등이 있을 때

부모를 내가 어떻게 할 수 없다는 남편

남편은
아내가 속이 상한다는 것은 알지만
내가 어떻게 할 수 없잖아.
싫다고 부모를 안 보거나
본가에 안 갈 수도 없잖아.
아내 편을 들어주기도 참 난처한데
일 년에 몇 번밖에 안 가는데
좀 참아주면 안 될까?

내가 이런 대접을 받으려고 결혼했냐는 아내

아내는

아들만 사람이고 나는 사람이 아닌가 봐.

어머니는 집안일을 다 시키면서

나에 대한 배려는 전혀 없어.

남편이라도 한마디 하면 좋겠는데,

그런 생각도 못 하니 서운해.

저 사람이 과연 나와 아이들을 돌볼 수 있을까?

40대 후반의 여성이 이런 감정 상태로는 남편과 더 이상 못 살겠다고 한다. 아내는 꼭 이혼을 하겠다는 것은 아니지만, 매번 반복되는 남편의 행동에 너무 화가 난다는 것이다. 남편은 3남매 중에 장남이다. 그들은 분가를 해서 서울에 살고 있고 시댁은 지방이다. 평상시에는 아무런 문제가 없는데, 문제는 명절 때나 집안 행사 때 시가에 다녀온 후 발생한다. 시댁만 다녀오면 아내는 화가 나서 남편하고 말을 하지 않는다. 아내는 시어머니를 보기만 해도 너무 무서워 주눅이 든다. 지적을 받으면 쥐구멍이라도 찾고 싶은 심정이다. 반면 동서는 시어머니에게 당당하게 말을 하고 전혀 불안해하지 않는다. 아내는 '내가 부족한가?'라는 생각도 한다. 이럴 때 남편이 좀 도와주면 좋겠는데 전혀 도와주지 않고 오히려 시어머니 편을 든다.

시댁에 다녀온 후 남편에게 "내가 시댁에 안 가겠다는 것도 아니고, 눈치껏 내 편 들어주면 안 돼?"라고 항의하면, 항상 돌아오는 말은 "일 년에 딱 몇 번 가는데 불편한 점이 있더라도 좀 참아주면 안 돼? 당신이 시어머니를 모시고 사는 것도 아닌데 그것도 못 참아?"였다. 아내는 남편의 이런 태도에 명절만 다가오면 불안하고 미치겠다고 했다. 남편 입장에서 보면 그 순간에는 아무것도 아닌 것처럼 보이지만 매번 반복되면 남편을 믿지 못하는 마음이 생긴다. 이것은 단순히 혼자 음식을 하고 하지 않고의 문제가 아니라 남편에 대한 신뢰의 문제가 생긴 것이다. "이 사람이 과연 나와 아이에게 중요한 일이 생겼을 때, 저렇게 우유부단한 사람이 우리를 지켜줄 수 있을까?"라는 생각이 든다.

남편은 그다지 고지식하거나 가부장적인 사람은 아니다. 그는 자기 어머니가 옳다고 생각하지도 않았고, 아내가 왜 힘들어 하는지도 충분히 알고 있다. 문제는 그런 위기 상황에서 자신이 어떻게 처리를 해야 할지 모르고 있다가, 어머니의 말에 눌리고 마는 것이다. 사실 남편의 지원이 없으면 수줍음과 불안이 많은 며느리 입장에서 시어머니한테 속수무책으로 당할 수밖에 없다. 남편은 아내가 지금 무엇 때문에 마음이 상해 있는지를 모르고 있는 것 같아 그 점에 대해 정확하게 알게 해야 한다. 아내는 시어머니가 싫어서가 아니라 자신이 인간으로서 받아야 할 가장 기본적인 존중을 못 받았다고 느낀다. 아들만 자식이고 자신은 단지 노동 인력으로 취급받고 있다고 느낀다. 그런 감정을 느끼는 아내는 1년 몇 번 다녀오는 것이 중요한 것이 아니라고 남편에게 짚어주어야 한다.

부부가 시댁에 내려가기 전에 상의를 해야 한다. 남편은 시어머니의 배려가 바뀌지 않고 지적만 할 때 좀 도와주어야 한다. 시어머니가 이런 말을 할 때는 남편은 이런 말을 하고, 아내는 저런 말을 하는 등 내려가기 전에 미리 각본을 짜야 한다. 시어머니 앞에서 며느리가 자기 의견을 말하기는 결코 쉽지 않으므로 이것은 남편이 해줘야 할 몫이라고 했다. 또 아내는 남편의 이 정도 역할에 만족을 해야 한다. 그리고 시어머니는 다른 것을 기대하지 말아야 한다. 시어머니가 약간의 잔소리를 할 때 남편이 그 상황에서 구렁이 넘어가듯 행동을 해도 만족해야 한다.

문제는 남편들은 이런 것을 그리 심각하게 생각하지 않는다는 점이다. 시댁에서 매일 사는 것도 아닌데 하루 저녁 눈 감고 넘기면 될 것을 아내가 너무 복잡하게 생각한다고 말한다. 아내들은 그 사건 하나에 심리적 의미가 부여되기 때문에 절대로 눈 딱 감고 하루를 보낼 수 없다. 아무리 간단해 보이는 불만이나 갈등이라도 반복되면 상대방에 대한 믿음이 깨지는 것이다. 둘 중에 한 사람이 참을 수 없이 괴로운 상황이라면 더욱 그렇다. 그럴 경우 배우자는 최선을 다해 그 사람의 고통을 이해하고 해결하려는 행동을 보여야 한다. 우리나라 정서상 당사자가 나서서 해결하기란 결코 쉽지 않다.

아내들이 시댁 어른들을 어려워하는 것처럼 남편들도 처가 어른들이 어렵다. 장모가 우리 집 살림살이에 개입하거나 자신에게 잔소리하는 것을 불편하게 생각한다. 이런 상황에서 아내는 친정 가는 날이 많고, 처가 식구들을 만날 때마다 우리 딸을 고생시킨다고 하면 남편들은 정말 괴롭다. 게다가 처가에서 지나치게 참견을 하면 남편들은 자신의 삶이 독립적이고 자기 주도적이지 못하다고 생각해 무력감도 느낀다.

이때는 어떻게 해야 할까? "당신은 결혼을 했고, 이제 당신 인생에 가장 중심이 되는 인간관계는 아이와 남편이다. 아무리 부모가 당신을 낳았고 사랑을 하더라도, 아이와 남편의 밖에 있는 사람들이다. 이것을 분명하게 구별해야 된다."라고 조언한다. "내 가정을 지키기 위해서 친정에 가는 횟수를 줄여야 한다. 주말마다 간다면 격주로 가라." 친정어머니의 도움을 받고 있다면 이제는 혼자 감당해야 한다. 집안일이 많으면 두 사람이 나눠서 해결하고, 경제적인 여유가 있다면 차라리 도우미를 부르는 것이 낫다. 두 사람의 삶은 다른 사람의 도움 없이 스스로 독립되어 살아가야 한다.

시댁이나 친정에 아이를 맡겼을 때 부부간의 갈등을 겪게 되는 상황이 자주 있다. 평소 남편의 행동에 대해 문제가 있다고 생각한 점이 있는데, 시어머니가 남편을 키운 방식으로 내 아이를 키울 때 아내들은 힘들어 한다. 내 아이에게도 남편과 같은 문제가 생길까 봐 걱정이 되기 때문이다. 마찬가지로 남편이 아내를 봤을 때 감정기복이 심하고 소리도 잘 지르는 모습이 싫었는데, 아내는 장모님의 성격과 똑같다. 내 아이를 장모님의 성격대로 키우는 것 같을 때 남편들은 불안해진다. 이런 갈등이 표출되면 "우리 엄마가 뭐가 어떻다고 그래?" 하면서 언성이 높아져 싸움이 최고조에 다다른다. 그러면

"너나 잘해."라며 서로 격한 감정을 내뱉는다.

이런 갈등은 다른 두 집안이 결혼한 이상 누구에게나 발생할 수 있다. 이럴 때는 너무 예민하게 받아들이거나 흥분하지 말고, 솔직하게 감정을 정화해서 말을 한다. 너무 미화시키면 의미가 전달되지 않기 때문에 안정된 마음으로 해야 한다. "나는 당신이 좋아서 결혼은 했어. 그런데 당신이 이런 면을 보일 때는 좀 힘들어. 아마 어머님의 그런 면이 당신에게 영향을 준 것 같아. 어머님이 우리 아이한테도 그렇게 대하시는 것 같을 때는 내 마음이 불편해. 내 마음은 그래. 당신이 받아들이지 않아도 어쩔 수 없어. 가는 횟수를 줄였으면 좋겠어!"라고 진솔하게 말한다.

시댁이든 친정이든, 부모와 육아 갈등이 심하다면 아이를 맡기는 시간을 가능한 줄여야 한다. 부모에게 그 이유를 말할 때는 부부끼리 이야기하듯 솔직하게 해서는 안 된다. 부모들이 "우리가 이렇게 행동한 것을 저렇게 받아들이는구나." 하고 너그럽게 생각하는 경우는 없다고 해도 과언이 아니다. 오히려 굉장히 서운해하실 수 있기 때문에 말을 하지 않는 것이 낫다. 자칫하면 그것이 도화선이 되어 가정불화가 생길 수 있다. 부부끼리는 그 이유를 공유하고 있어야 한다. 지금 막 갈등이 일어나려고 할 때 배우자와 부모님이 상처받지 않도록 적절하게 대처해야 한다.

시어머니가 며느리에게 "너는 아이를 잘못 키우고 있다."라고 말하면 남편은 어떻게 해야 할까? "그냥 두세요. 애들은 크면서 변해요."

하고 두루뭉술하게 말한다. 시어머니와 며느리 간에 갈등이 생길 것 같으면 남편은 "우리 약속이 있어서 가봐야겠어요."라며 눈치껏 행동한다. 마찬가지로 장모와 사위 사이에 갈등이 생겼을 때는 아내가 나서서 상황을 종료시킨다.

시어머니와 며느리가 육아방식의 차이로 갈등이 심한 상황이라면 어떻게 해야 할까? 대개 남자들은 이런 상황을 회피한다. 왜 그럴까? 중간자의 입장에서 어찌해야 할지를 모르기 때문에 당황스러워서 피하는 것이다. 가장 바람직한 해결 방법은 두 사람의 편을 모두 들어주는 것이다.

주의할 것은 첫째, 그 갈등의 상황만 다루어야 한다. 둘째, 두 사람이 있는 자리에서는 말하지 않는다. 아내에게 어떻게 말을 해야 할까? "당신 말이 맞아. 나도 그렇게 생각해. 그런데 어머니 기분이 상해 있으니까 그런 식으로 얘기를 하지 않았으면 좋겠어. 당신도 너무 예민해진 것 같아."라고 말한다. 그럼 어머니에게는 어떻게 말해야 할까? "어머니가 많이 속상하실 것 같아요. 그런데 저 사람이 아이 엄마잖아요. 자기 주도적으로 키우고 싶어서 그러는데, 아이 문제는 저 사람한테 맡겨보자고요." 정도로만 말한다. 이런 이야기를 상대편이 있는 자리에서 말을 하면 당사자는 자존심이 상할 수 있으니 피한다. 누군가를 창피하게 만드는 것은 인간관계를 어렵게 한다. 그래서 어머니를 방으로 모시든지 아니면 아내를 밖으로 데리고 나와서 조용히 말을 해야 쉽게 받아들인다.

아이 양육 문제로 부모님과 자주 갈등을 빚는 것이 과연 아이를 위한 일인가? 깊이 생각을 해야 할 문제다. 할머니가 낮 동안 아이를 봐주는데, 엄마랑 할머니랑 자주 싸우면 그 광경을 바라보는 아이는 어떤 생각을 할까? 아이는 불안에 떨게 될 것이다. "할머니가 나한테 해주는 것이 잘못된 것일까?" 하는 의문이 들면서 아이의 마음에도 갈등이 생긴다. 한 남자아이가 사춘기에 접어들면서 할머니의 잔소리가 심해서 짜증이 난 상태다. 엄마도 시어머니가 너무 잔소리가 심하다는 것을 알고 있다. 그렇다고 해서 아이 앞에서 할머니를 헐뜯어서는 안 된다. 엄마가 믿고 너를 할머니에게 부탁했다는 안정감을 주어야 한다. 아이와 할머니의 관계에 금이 가지 않도록 해야 한다. "할머니가 잔소리가 많으시지?" "맞아요." "그럴 때는 어떻게 하면 좋을까? '알았어요.'라고 대충 넘기고 공손하게 '네.' 하고 말해. 할머니는 너에게 확답을 들을 때까지 계속 이야기를 하실 거거든. 네가 무척 힘들어 하는 것 알아. 엄마도 어릴 때 그런 잔소리가 너무 싫었어. 그래도 할 일은 했어. 할머니가 너를 얼마나 사랑하는지 알지?" 그럼 아이도 '네.'라고 말하면서 많이 안정이 된다.

아이를 불안하지 않게 하려면, 아이와 엄마와의 관계만큼 할머니와의 관계도 중요하다. 그러려면 엄마와 할머니 관계가 좋은 관계라는 것을 아이에게 보여준다. 아이 앞에서 할머니 흉을 보거나 싸워서도 안 된다. 남편이나 아내를 위해서가 아니라 내 아이의 안정을 위해서라도 아이를 돌보는 부모님과 좋은 관계를 유지하려는 노력이 필요하다.

💬 나의 행복 메시지

- 아빠는 무조건 "돈 없어, 학원 안 돼!"라고 하기보다는 경제 상황을 말하기
- 엄마는 무조건 학원 보내야 한다고 말하지 말고, 아빠 말을 경청하기
- 엄마는 일이 좋아서 일을 하는 것에 대해 육아 핑계를 대지 말고 나의 불안을 인정하기
- 남편들은 여자가 산후조리 때 불안으로 예민하니, 어떤 말도 받아주기
- 시댁이나 처가의 갈등은 양가 부모님 앞에서 따로따로 말하기

불안한 엄마 아빠 행복 레시피

부모의 불안이 높으면 아이는 부모의 불안해결 도구가 된다.
부모의 불안이 아이의 불안을 낳는다.

누구나 불안은 있다. 성격마다 불안의 형태가 다를 뿐이다.
누구는 불안 때문에 미치고, 누구는 불안이 있어도 행복하다.

그 불안의 차이는 뭘까?
이 불안을 어떻게 행복하게 할 수 있을까?

불안 없는
아이로 키우기

01

불안이 없는 엄마 아빠가 되기

불안이 느껴질 때 자신을 돌아보기

남편이 아내에게 갖는 불만이 있다. '아이를 위한 것이라면 아내는 이성을 잃어버리는 것 같다'는 점이다. 지금 딱히 필요가 없는데도, 집안 경제 상황에 무리가 되어도, 엄마들은 소위 '오버'를 한다. 엄마들은 원시인류 때부터 종족 보존을 위한 보살핌 본능으로 그럴 수밖에 없다. 연약한 아이가 성인이 될 때까지 누군가의 절대적 보호가 필요하다. 그 역할을 하는 것이 엄마다. 런던대학교 바르텔리스 박사는 엄마들의 본능을 파악하기 위해 '뇌 영상 촬영 실험'을 했다. 그는 젊은 여성 18명에게 세 종류의 사진을 보여주었다. 첫째는 자신의 아이들 사진, 둘째는 잘 알고 지내는 아이들의 사진, 셋째는 성인인 친구들의 사진을 각각 보여주고 촬영했다. 어떤 결과가 나왔을까? 그 엄마들은 자신의 아이를 사진으로 볼 때, 음식이나 금전적 보상을 받으면 나타나는 뇌 영역이 활성화되었다. 이 영역이 활성화

되면 부정적 감정을 일으키는 뇌 활동은 줄고, 행복감을 일으키는 뇌 활동이 늘어난다. 이때의 뇌 모습은 사랑에 빠진 연인들의 뇌 활동과 비슷하다는 것이다. 엄마들이 자신의 아이에 대해 감성적으로 되어버리는 것은 아이에 대한 끔찍한 사랑 때문이다. 엄마는 아이에 대한 사랑으로 소위 눈에 콩깍지가 씐다. 성인이 사랑에 빠졌을 때 그 유효 기간에 대해서는 3년, 2년 6개월, 최근에는 3개월이란 말까지 나올 정도로 한계가 있다. 하지만 엄마 사랑의 뇌는 아이를 키우는 20년 동안이고, 그 이후에도 그런 상태가 유지되는 것이 엄마의 사랑이다.

엄마를 더욱 엄마 되게 만드는 옥시토신이라는 호르몬이 있는데, 그것은 아빠들이 이해할 수 없는 엄마의 행동을 잘 설명해준다. 옥시토신은 엄마의 몸에서 분만과 수유를 촉진하고 육아의 민감성을 높이는 호르몬으로, 상대에 대한 신뢰감을 높이는 작용도 한다. 옥시토신이 왕성하게 분비되는 임신 마지막 달부터 수유 기간 동안 엄마들이 다른 사람의 말을 유독 잘 믿기 때문에 아이와 관련된 불필요한 물건을 구입하는 경우가 많다.

진화심리학자들은 엄마들의 모성 본능을 번식의 속도로 설명한다. 아빠들은 상황만 되면 평생 수백 명의 아이를 가질 수 있지만, 엄마들이 가질 수 있는 아이의 수는 몇십 명밖에 안 된다. 엄마와 아빠의 노력에 비례하는 가치가 다르다. 사람은 자신이 엄청난 노력을 기울인 일일수록 높은 가치를 부여한다. 엄마와 아빠가 아이를 갖게 되기까지 부여하는 시간이 다르다. 아빠들은 아이를 갖는 과정에서 적은 시간만 투자해도 되는 반면, 엄마는 열 달을 투자해야 한다. 많은 시간을 투자할수록 귀하게 여긴다면, 많은 시간을 투자한 쪽인 엄마가 아빠에 비해 아이를 더 귀하게 여길 수밖에 없다.

예전에 아이의 문제행동을 교정하는 방송 프로그램을 본 적이 있다. 여섯 살 남자아이는 엄마에게 말 한마디도 하지 않는다. 이것이 문제행동이다. 세 살 때까지 자신을 돌봐준 할머니에게는 애교도 부리고 할머니 걱정도 한다. 마트에 가서 엄마가 "뭘 사줄까?" 해도 손으로만 가리킬 뿐 말은 하지 않는다. 심지어 방송 관계자들에게도 말을 잘하는데 유독 엄마에게만 말을 안 한다는 것이다. 왜 그럴까? 엄마와 아이의 24시간을 촬영하고 나서 그 원인을 알았다고 한다. 엄마는 아이가 마음에 들지 않는 행동을 할 때마다 공포감을 주는 태도로 아이를 대했다. 놀이 중 범인 역할을 해야 하는데 경찰 역할을 한다고 아이를 발로 차고, 아빠랑 통화를 할 때 울지 말라고 했는데 계속 울었다고 휴대폰으로 아이의 입을 때렸다. 엄마의 말에 대답을 하지 않는다고 멱살을 잡고 베란다로 나가게 했다. 그 문제행동을 촬영하여 제작팀과 전문가와 부모가 함께 그 장면을 본다. 엄마들은 평소 전혀 의식하지 못했던 자신의 행동을 보고 깜짝 놀라며 아이한테 미안하고 부끄럽다면서 눈물을 흘리며 그동안의 행동을 반성한다. 본인이 아이한테 한 행동을 제3자 입장에서 보면 스스로 '변해야겠다.'라고 생각하게 되는 것이 모성애다. 대개의 엄마들이 그동안 잘못된 내 행동 때문에 아이가 얼마나 힘들었을까 생각하며 우는 것이 모성애다. 엄마가 자신을 뒤돌아본 것이다.

그런데 위의 여섯 살 남자아이의 엄마는 어떤 태도를 보였을까? 놀랍게도 그 영상을 보고 눈물을 흘리거나 아이에게 미안해하지도 않았다. '저 아이가 나한테 한 것에 비하면 저것은 별것 아니라는' 식의 말을 했다. 제작팀과 전문가들조차 "엄마의 그 놀라운 대답은 너무나 의외였다."라고 한다. 이것은 학대의 수준이다. 어찌 된 사연일까? 엄마라면 그럴 수가 없는데…. 그 내막을 들어보니, 아이를 출산할 때 과다 출혈로 며칠 혼수상태에 있었고, 자궁을 제거했고, 뇌하수체가 파괴되면서 평생 동안 호르몬을 조절하는 약을 먹어야 했던 것이다. 엄마는 그 남자아이를 볼 때마다 과거의 상처가 떠올라 아이를 가해자라고 믿고 있는 것이다. 그런 엄마의 아픔이 십분 이해는 되지만, 그렇다고 해서 아무것도 모르는 아이를 학대하는 것은 용인할 수 없는 일이다. 학대받는 아이들이 대개 그렇듯 또래에 비해 뇌의 기능이 뒤처져 있거나 제 기능을 하지 못한다. 많은 엄마들에게 "만약 자동차가 내 아이를 덮치려고 할 때 엄마들은 뛰어들지 않을까요?" 묻는다면 엄마들은 "당연히 뛰어들겠지요."라고 대답할 것이다. "그때 만약 다친다면 뛰어든 것을 후회할까요? 그것이 모성입니다. 비록 자궁을 잃고 평생 약을 먹어야 하지만 대신 아이라는 축복을 얻은 것이 아닐까요?"라고 말을 해주어야 한다. 엄마는 그 한마디에 지난날의 잘못을 후회하고 눈물을 멈추지 못할 것이다. 이것이 모성이다. 혹시라도 내 아이를 학대하는 엄마들이 있다면, 과거 나 자신에게 어떤 상처가 있는지를 돌아봐야 하지 않을까?

가끔 방송이나 인터넷에 뜨는 엄마처럼 개인적인 상처나 아픔 때문에 모성을 잠깐 잊고 있을 수도 있지만, 순간의 깨우침만으로 모성이 되살아난다. 서양 속담 중 '신이 모든 곳에 있을 수 없어 어머니를 세상에 보냈다.'라는 말이 모성애를 잘 표현해주고 있다. 엄마는 인류의 생존을 책임지는 존재이다. 어느 누구도 엄마가 갖고 있는 모성애를 폄하하거나 가벼이 다뤄서는 안 된다. 이런 모성애가 없다면 우리는 지금 생존할 수가 없다. 이런 엄마의 본능에는 조금 변화를 주어야 한다. 원시인류일 때는 아이를 먹이고 입히고 필요한 것을 구하기 위해 눈에 불을 밝혔지만, 최근에는 세상이 변해서 물불 안 가릴 정도로 아이 일에만 집착을 하면 문제가 생길 수 있다. 본능적으로 하는 행동이 가끔은 지나친 것이 아닌지 점검을 해봐야 한다. 타고난 본능의 모성애에 개인적으로 해결되지 않은 불안까지 겹쳐진 상태에서 아이를 키울 수 있으니, 혹시라도 비이성적인 감정으로 아이에게 몰입하는 것은 아닌지 순간순간 자신을 뒤돌아봐야 한다.

남성의 부성애 깨우기

아빠들에게 부성애는 없을까? 이들에게도 엄마만큼이나 엄청난 부성애가 있다. 문제는 이들의 부성애가 아직 원시인류의 상태에 머

물러 있다는 점이다. 원시인류 사회에서는 엄마와 아빠의 역할이 분명하게 구분되어 있었다. 아빠들이 사냥을 해서 먹을 것을 구해 오는 역할을 했고, 엄마들은 그 사냥감을 요리해서 아이와 남편에게 먹이는 역할을 했다. 엄마들이 역할을 잘하기 위해서는 아빠들의 보호가 있어야 했다. 연약한 아이의 생존을 위해서는 엄마와 아빠의 역할이 모두 필요했다. 원시인류의 아빠는 맹수와 싸움을 잘할수록 사냥감을 많이 가져올 수 있었다. 이것이 아이에 대한 사랑이다. 목숨을 걸고 맹수와 싸우고, 위험을 무릅쓰고 낯선 곳을 탐험했던 것은 바로 아이에 대한 사랑이다. 아빠의 사랑은 엄마와는 다르지만, 그런 형태로 아내와 아이를 사랑했다. 아빠의 사랑도 엄마의 사랑과 마찬가지로 진화론적 입장에서 자연선택된 것이다.

아빠들은 아이가 태어나면 무한한 책임감으로 불안이 몰려온다. 원시인류가 아이가 태어나면 더 많은 사냥감을 잡아 와야 했던 것처럼, 최근 아빠들도 아이에 대한 책임감을 느낀다. 뉴질랜드 넬슨 지역 보건위원회의 연구에 따르면 처음으로 아빠가 된 남성 13%가 산후우울증에 시달리고 있고, 한 미국 연구기관의 조사는 이보다 더 심각하여 남성 60%가 산후우울증을 경험했다고 한다. 산모들 중 69%가 산후우울증에 시달리는데, 초보 아빠들도 엄마만큼 산후우울증에 시달리고 있음을 잘 보여주고 있다. 아빠들이 느끼는 산후우울증의 가장 큰 원인은 경제적 부담이다. 이런 경제적인 부담은 어느 때는 죄의식이 되기도 하고, 어느 때는 분노가 되어 아기를 낳은 아내한테 화로 나타나기도 한다. 그런데 문제는 엄마들의 산후

후유증은 호르몬 탓으로 3주 내지 5주가 지나면 사라지지만, 아빠들의 후유증은 심리적인 것이라서 내 버려두면 더 심해진다는 것이다. 이때 필요한 것은 아내의 관심과, 아내가 남편의 경제적인 부담을 이해해주는 것이다. 육아를 도와주는 시간이 아니라 아이와 편안히 함께할 수 있는 시간도 필요하다.

아기가 태어나면 다정했던 남편이 냉정한 사람으로 변하기도 한다. 신혼 시절에는 아내가 걱정을 하면 "걱정 마. 내가 있잖아."라고 자신감 있게 말하던 사람이, 아기를 낳고 나서는 변해서 "뭐 그런 것 가지고 걱정해."라고 말한다. 이렇게 남편이 변하면 아내들은 남편이 자신을 사랑하지 않는 것 같아 불안해지고 서운함을 느낀다. 자신에 대한 사랑을 아이에 대한 아빠의 관심으로 가늠하고 싶어 한다. 더군다나 남편이 출산 후 경제적 부담감에 일을 더 하기 위해서 밖으로 돌면 냉정한 남편이자 걱정하지 않는 아빠로 취급한다. 이 또한 남성의 부성애다. 아내에게 보다 독립적이 될 것을 요구하고 강해질 것을 요구하는 아빠들은 그래야 아이를 안정하게 키울 수 있다고 생각하기 때문이다. 원시인류 때의 습성과 밀접한 관련성이 있다. 사냥을 갈 때 아빠는 엄마에게 아이를 맡겨놓고 나가야 하는데, 그때 다른 부족이나 맹수가 침입하면 엄마가 아이를 지켜야 했다. 아빠들은 아이를 낳으면 본능적으로 아내가 강해지기를 원한다.

아빠들의 이런 변화는 아이나 아내를 사랑하지 않기 때문이 아니

불안한 엄마 아빠 행복 레시피

라, 유전적이고 진화론적인 것일 뿐이다. 아빠들의 이런 행동은 어느 정도 부성애로 봐야 한다. 그런데 우리 주변에는 다른 부성애를 보이는 아빠들도 있다. 사회가 변하면서 가정에서의 아빠와 엄마의 역할이 많이 달라지는 것은 문화적 환경 또한 원시인류의 그것과 다르기 때문이다. 최근 아버지의 모습은 더 이상 원시인류처럼 싸움을 해서 아내와 아이를 지킬 필요가 없어져서 조금은 어머니의 모습과 닮아 있다. 과거에 비해 좀 더 다정해졌고, 튕겨나가기보다는 집 안으로 들어와서 아이를 보살피는 모습을 취한다. 엄마와 아이는 이런 아빠들을 더 반갑게 맞이하고, 이런 모습은 아이의 발달과 부부 관계에 좋은 영향을 준다. 이런 아빠들의 모습은 다른 아빠들의 모습에 비해 한 단계 진화된 것이다.

진화는 현재 살고 있는 환경 속에서 생존에 유리한 형태로 점점 발달해가는 것이다. 대개 암컷이 새끼를 키우는데, 그것이 종족 보존에 유리하다. 하지만 동물은 수컷이 새끼를 키우는 일을 담당하기도 한다. 황제펭귄은 암컷이 야구공 두 배만 한 알을 낳고 먹이를 먹기 위해 바다로 달려가면, 수컷이 그 자리에서 꼼짝하지 않고 온갖 남극의 찬바람을 맞으며 먹지도 않고 두 달 동안 알을 품는다. 알이 부화할 때가 되면 황제펭귄의 체중은 절반으로 줄어 있다. 그런데도 알에서 깨어난 새끼들을 위해 자기 위 속에 저장해둔 비상 식량을 토해서 먹인 후, 새끼들에게 줄 먹이를 찾기 위해 바다로 달려간다.

인간도 동물과 다를 바가 없다. 동물들이 환경에 맞게 암컷과 수컷의 역할이 달라지는 것처럼, 인간도 달라진 환경에 적응하기 위해 엄마 아빠의 역할이 진화되고 있다. 너무나 오랫동안 고정된 유전자 때문에 여전히 어려운 것은 사실이지만, 우리가 사는 환경으로 인해 이제는 옛날 아버지의 모습을 탈피해야 한다. 최근에는 권위적이고 위력을 가하는 아버지보다 자상하고 친절한 아버지와 남편을 원한다. 이젠 아버지들이 자기 안에 있는 아이에 대한 사랑을 부끄러워하지 않고 그대로 드러낼 때 진화가 된다. 이미 아빠들의 몸 안에서 그런 진화가 일어나고 있다. 최근 아빠들의 몸 안에서는 아내가 임신을 하는 순간 엄마와 같은 변화가 일어나고 있다. 이러한 변화야말로 엄마와 아빠가 함께 아이를 키워야 한다는 증거다.

캐나다의 연구진은 아내의 출산 직전 아빠의 몸에서는 양육과 젖샘을 자극하는 호르몬인 프로락틴의 수치가 20%나 상승하고, 스트레스 호르몬인 코르티솔 수치도 2배로 오르면서 갓 태어난 아기를 키우기 위한 민감성도 증가한다고 보고하고 있다. 또한 남성호르몬인 테스토스테론은 아이가 태어난 후 얼마 동안은 3분의 1 수준으로 급격히 감소한다고 한다. 엄마만큼은 아니지만, 아빠들도 아내가 임신한 순간부터 자상한 아빠가 될 준비를 하게 되는 것이다. 환경이 변하면 우리 몸의 호르몬도 변화하면서 그 환경에 유리하게 적응을 한다. 갑자기 아내를 잃은 남자의 몸에는 자신과 아이들을 보살필 수 있는 여성호르몬이 급격히 증가한다. 마찬가지로 남편을 잃은 여자의 몸에는 자신과 아이를 보살필 수 있는 남성호르몬이 급격히

불안한 엄마 아빠 행복 레시피

증가한다.

자신의 성이 남자든 여자든 상관없이 '부모'라는 역할이 주어졌을 때 일어나는 변화이다. 모성애가 선천성이라면 부성애는 후천성이 강하다. 모성애 못지않게 부성애도 아이를 위해서 꼭 필요하다.

내 생각이 아닌 아이 생각으로 키우기

초등학교 6학년 남자아이가 아빠를 가정폭력으로 경찰에 신고했다. 그 아이는 이 세상에서 가장 싫은 사람이 아빠라고 말했다. 아이의 감정은 어느 날 갑자기 생긴 것이 아니고 어릴 때부터 생긴 감정이다. 아빠가 '왜' 싫을까? 아빠와 이야기를 하면 아빠는 화부터 내고, 항상 자신에 대한 비난으로 대화가 끝난다. 아빠는 권위적인 사람이라, 자신이 아빠 말대로 하지 않으면 화를 내고 폭력을 행사한다. 아이가 아빠에게 느끼는 적대감은 무척 컸다. 아이가 아빠를 신고한 이유가 있다. 아빠와 아들이 말다툼을 하다가 아들을 한 대 때렸다. 그다음 날 아빠가 아들과 대화를 시도하려고 자기 방에 있는 아들을 거실로 불러낸다. 아이는 아빠가 자기를 또 때릴 것이 두려워 불러도 나가지 않았다. 화가 난 아빠는 아이를 또 때린다. 아이는 공포감에 경찰에 전화를 했고, 경찰은 다시는 때리지 말라는 다짐을 받고 아빠를 집으로 돌려보냈다.

아들은 아빠를 폭력적이라고 말하지만, 아빠는 아이를 키우면서 14년 동안 딱 두 번밖에 안 때렸다며 억울해한다. 아주 어렸을 때 한 번, 최근에 한 번이 전부라는 것이다. 그런데 왜 아들은 아빠를 '권위적으로' 느꼈을까? 아이를 절대 때려서는 안 된다. 아빠는 성실하고 책임감이 강한 사람이다. 어느 날부턴가 아이가 의욕도 없고, 머리는 좋은데 공부를 하지 않는 것 같아 앞으로 살아갈 것이 걱정이 되어 좀 엄하게 대한 것이다. 책임감이 너무 강한 아빠는 아들이 자기가 생각하는 수준으로 올라올 때까지 늘 강압적으로 대한 것이다. 그렇지 않으면 자신이 느끼는 걱정과 불안이 너무 크기 때문이다. 많은 아빠들이 아이가 온전한 성인이 되어서 책임감을 갖고 인생을 살아갈 수 있도록 자신이 다리 역할을 해야 한다고 생각한다. 그 역할을 못하면 내가 평생 동안 이 아이를 책임져야 하는 것이 아닌가 하고 불안해한다. 그럼 엄마들은 어떨까? 엄마들은 아빠들만큼 불안해하지 않는다. 성인 아이를 부양하게 되더라도 뒷바라지는 당연하다고 생각한다. 아빠들은 어떨까? 아이가 정신적, 경제적으로 독립해서 떠나감으로써 홀가분해지고 싶어 하는 마음이 강하다.

우리나라 아빠들은 걱정이 생기면 아이를 강압적으로 대한다. 아이가 자신의 품 안에 있을 때는 자기의 말을 절대적으로 거역해서는 안 된다. 자신의 말을 거역하면 권위와 폭력으로 두려움을 주어 아이로 하여금 따르게 한다. 아이가 인사를 하지 않을 때 어떻게 하는가? "다음에 인사 제대로 해라. 이런 것은 잘 배워야 한다."라고

불안한 엄마 아빠 행복 레시피

하는가? "이놈의 새끼, 인사도 안 해!"라고 소리치고 '손'이 올라가지는 않는가? 아이가 영어 학원을 다니고 있는데, 생각만큼 열심히 하지 않을 때 아빠는 "네가 공부를 못하니까 많이 힘들다. 아빠는 너만 할 때 영어를 배울 형편이 아니었거든. 지금 영어를 배워두는 것이 이다음에 네가 좀 편할 거야."라고 말하면 된다. 그 말 대신 "한 시간에 네 학원비가 얼마 들어가는지 알아? 그따위로 하려면 그만 둬!"라고 하지는 않는가? 이때 아이가 "그렇게 돈이 아까우면 학원 끊으세요. 저도 사실 학원 가기 싫어요."라고 말을 하면 아빠들은 화가 난 나머지 아이에게 폭력을 쓴다.

왜 아빠들이 이런 폭력적인 행동을 할까? 근본적인 이유는 자신 안에 있는 불안 때문이다. 그 불안은 아이와 내가 다르다는 것을 개별화하지 못해서 일어나는 측면이 크다. 마찬가지로 엄마들의 잔소리도 아이와 자신을 개별화하지 못해서 일어나는 행동이다. 엄마와 아빠가 모두 불안해하는 것은, 아이의 인생은 아이 몫이라는 것을 인정하지 못하기 때문이다. 우리는 왜 그래야만 하는가? 우리 사회가 유독 혈연과 가족 중심이기 때문이라는 생각이 든다. 또 단일민족으로 한 핏줄이라 하나의 덩어리라고 여기기 때문이라는 생각도 든다. 우리는 처음 만나는 사람에게 사는 지역, 출신 학교 등을 물어보고 나와 한 덩어리의 요소를 갖춘 것이 있는지를 확인하려고 한다. 우리는 남과 나를 분리해서 생각하기보다 하나의 덩어리로 생각하고 싶어 한다. 남한테도 이 정도인데, 하물며 나의 피와 살을 물려받고 태어난 아이한테는 오죽할까. 우리 부모들은 아이와 내가 다른 사람이고, 내가 존중해야 할 인격체라는 사실을 인정하지 않는다.

　나는 아빠들에게 질문한다. "아이들이 왜 아빠 말을 들어야 하는가?" 아빠는 당황해한다. "아빠와 아이는 다른 사람인데, 왜 아빠의 말을 다 들어야 하나? 아빠와 의견이 다를 수도 있는 것이 아닌가?" 하면 대개 잠시 생각한 아빠들은 "그런가?" 하고 대답했다. "다른 생각을 가진 아이에게 아빠 생각을 이야기하려면 무엇이 옳고 그른지에 대한 생각을 묻고 의논을 해야 하는데, 아빠들은 그렇게 하지 않는다." 그러면 아빠들은 고개를 끄덕이면서 "그렇겠네요."라고 대답한다. 어쨌든 아빠가 계속 그런 식으로 아들을 대하면 더 큰 문제가 일어날 수 있다. 아빠의 의도가 아무리 좋아도 아이를 그렇게 대하면 안 된다.

　우리나라 부모들은 자식이 자기를 닮아야 한다고 생각하고 자기 명령과 행동을 그대로 따르라고 강요한다. 아이가 자신의 예상과 다른 반응을 보이면 '어떻게 쟤가 저렇게 나와 다른 생각을 할 수 있지?'라고 생각한다. 우리는 남녀, 부모, 아이가 다름을 인정해야 한다는 것을 머리로는 다 알고 있는데 현실에 직면하면 모두 잊어버리는 듯하다. "아이가 왜 엄마 말을 들어야 하는가?" 그러면 엄마들은 대개 약간 당황하면서 "당연히 그래야 하는 것 아닌가?"라고 반문한다. 엄마 이름이 김순옥인데 "한번 생각해보세요. 이 아이도 김순옥인가요?"라고 묻는다. 그 엄마는 "당연히 아니죠." 한다. "아이가 왜 김순옥 엄마의 말을 다 들어야 하나요? 생각이 다를 수 있잖아요.

분명한 것은, 아이는 김순옥이 아닙니다."

열등감이 많은 부모는 아이의 의견이 자신과 다른 것을 마치 '반역'처럼 여기고 아이가 자신을 무시한다고 생각한다. 아이가 아빠에게 "저는 아빠와 생각이 달라요."라고 말하면 아빠의 생각과 일부가 다르다는 의미인데, 아빠는 아이가 자신의 모든 것을 부인하는 것으로 오해한다. 그러면서 '얘가 나를 무시하네.'라고 생각하고 화가 난다. 아이한테 장점이 많은데도 한두 가지가 아빠 마음에 안 들면 "너 그것밖에 못 해?"라며 아이 전체를 부인한다. 그 부분이 아이에게는 별로 중요하지 않은 것인데, 아빠가 그런 것까지 모두 잘하라고 하니 자존감이 떨어지고, 의욕도 없어져 무기력해진다. 어느 순간까지 부모가 원하는 수준에 도달하려고 노력하다가 버거워지면 아이는 결국 '자신'을 놓아버린다. 부모들은 스스로를 돌아봐야 한다. 자신의 특징 중 정말 버려야 할 것이 무엇인지 말이다. 그리고 아이는 자신과 분명 다른 사람임을 알고 있어야 한다. 아이가 부모에게 반기를 들 때는 그것이 어떤 한 '부분'임을 인식해야 한다. 아빠 전체를 부정하는 것도 아니고, 엄마가 나를 사랑한다는 사실을 무시하는 것도 아니다. "엄마가 이렇게 하면 정말 싫어."라는 아이의 말은 엄마의 그 행동이 싫다는 것이고, 엄마가 키워주는 사랑을 부인하는 것도 아니다. 그런데 엄마들은 "내가 너를 어떻게 키웠는데, 나한테 그렇게밖에 말을 못 해! 먹여주고 입혀주고 사달라는 것 사주고 했는데!"라며 화를 낸다. 그렇게 감정적으로 대해서는 안 된다. 아이는 분명 나와 다른 생각을 가졌고, 내가 낳았다는 것만으로 자신의 단점까지 아이가 좋아할 수는 없다는 것을 받아들여야 한다. 그래야 아이와 부모가 모두 성장한다.

아이의 발달에서 개별화는 생후 6개월부터 시작된다. 이유식을 시작하면서 좋아하는 음식과 싫어하는 음식이 생기고, 그때부터 부모는 아이가 다른 생각을 갖고 있다는 것을 인식하게 된다. 먹이고 싶은 대로 먹지 않고, 하라는 대로 하지 않는 시기를 흔히 미운 세 살이라고 하는데, 그때부터 아이의 뜻을 존중해야 한다. 그래야 사춘기가 된 아이를 대할 때, 성인이 된 아이를 독립시킬 때 편안해진다. 물론 아이를 개별화된 존재로 보는 것이 힘들 수 있다. 예컨대 언니와 동생이 놀다가 동생이 실수로 언니의 안경테를 손으로 쳤다. 언니는 너무 아파서 악을 쓰면서 울었다. 동생은 실수로 그런 것이라며 언니에게 미안하다고 사과했다. 그런데 언니는 계속 아프다고 울기만 한다. 이런 장면을 지켜보는 엄마는 어떻게 해야 할까? 난감하다. 그래도 대개는 언니가 "괜찮아."라고 말해주기를 바란다. 또 한마디 한다. "동생이 사과했잖아, 언니가 되었으면 용서해줘야지." 라고 언니에게 강요한다. 그때 언니는 어떤 생각을 할까? 아직도 너무 아프고, 평소에 "미안해."라는 말을 자주 하는 동생이 너무 밉다. 동생의 사과를 받아들이고 싶지 않은 것이다. 그래서 "싫어."라고 말하면 "동생이 그럴 수 있지!"라며 오히려 언니를 혼낸다. 우리는 언니가 된 아이의 마음이 부모의 마음과 다르다는 것을 인정하지 않는다. 아이를 개별화하거나 존중하지 않는 것이다. 엄마가 봤을 때 마

불안한 엄마 아빠 행복 레시피

음에 좀 안 들더라도 그것이 어쩔 수 없는 아이의 마음이고 행동임을 인정해야 한다. 그럼 어떻게 말을 해야 할까? "네가 아직 사과를 받을 마음이 아닌가 보다. 지금은 아프니까 나중에 기분이 풀리면 동생한테 잘 말해주렴."이라고 말한다. 그것이 아이가 나와 다르다는 것을 인정하고 개별화하는 것이다. 아이의 뜻을 존중해주는 것은 하루아침에 이루어지는 것이 아니라 평소에 연습이 돼야한다.

부모의 불안이 아이의 상처가 됨을 알기

인간은 사회 속에서 다른 사람과 자신을 비교하면서 사는 사회적 동물이다. 이러한 비교는 삶의 좋은 기준이 되고, 자신을 행복하게 하는 활력소가 될 수 있다. 하지만 잘못된 비교는 인생의 모든 면을 고달프게 하고, 비교에 집착하면 열등감에 사로잡힌다. 만약 비교를 당하는 사람이 '아이'라면 더 치명적인 결과가 올 수 있다. 잘못된 기준의 비교는 아이에게 부정적인 자기 이미지를 형성하여 모든 일에 무기력감을 준다. 또 부모가 자신의 부족한 부분에 대해 지적만 하니 자신을 믿지 않는다고 생각한다.

엄마는 중학교 1학년 남자아이와 함께 시험 준비를 하고 있다. 그런데 아이가 학교에 간 사이, 이웃집 엄마로부터 6학년 여자아이는 혼자 알아서 시험 준비를 한다는 말을 들었다. 엄마는 학교에서 돌아온 아들을 보자마자 화를 내기 시작했다. "친구는 혼자서 공부한다는데, 너는 뭐 하는 거야? 엄마가 시키는 것도 하지 않고 말이지." 아이는 말없이 자기 방으로 들어갔다. 비교당한 아이는 열등감을 느낀다. 엄마는 6학년 여자아이의 이야기를 들었을 때, '6학년이면 혼자 할 수 있는 부분이 있구나'라는 정도만 생각해야 한다. 아들에게는 "6학년도 혼자서 시험공부를 하는 아이들이 많다더라. 우리 같이 노력해보자."라는 정도로만 말하면 된다.

많은 부모들이 비교를 통해 잘못된 기준을 설정하고 있다. 아이가 가진 다양한 기능을 하나하나 분리해서 그것을 최고의 수준인 것과 비교한다. 전국 1등을 한 아이의 영어 점수, 학년이 6학년인 아이의 시험 준비 등을 내 아이와 비교한다. 시험 준비는 혼자 잘하지만 성적은 별로일 수도 있고, 전교 1등은 하지만 과외 교사가 철저히 공부를 시킬 수도 있는데, 다른 아이가 잘하는 것 하나씩을 떼어 내 아이와 비교한다. 그렇게 비교당한 아이의 감정은 어떨까? 그 아이는 끊임없이 열등감을 느낀다. 아무리 열심히 해도 나보다 잘하는 기준으로 비교당하니 열등감을 느낀다. 엄마 또한 내 아이의 어떤 모습 하나에 만족하지 못하고, 끊임없이 불안해한다.

아이는 마치 사과나무의 사과와 같다. 작은 사과도 있고, 큰 사과도 있고, 덜 익은 사과도 있고, 알맞게 익은 사과도 있다. 그 모든 사과가 모인 것이 하나의 사과나무이고 내 아이다. 그런데 부모들은 아이가 가진 모든 것을 통합해서 아이 자체를 받아주지 못하고 다

불안한 엄마 아빠 행복 레시피

른 것과 아이를 비교해 아이를 비참하게 만든다. 아이가 공부를 못하지만 심성이 좋으면 "의사, 박사는 못하겠지만, 뭘 하든 인정받는 사람이 되겠다."라고 평가를 해주어야 한다. 아이가 축구를 열심히 하는데도 잘 못하면, '네가 축구 선수가 될 것도 아닌데 그 정도면 되지.'라고 말해주어야 한다. 인간은 사과 처럼 작은 부분이 모여서 전체를 이룬다. 그런데 하나의 사과를 다른 배에 비교하고, 다른 사과는 복숭아에 비교하여 그것을 모두 합쳐서 아이를 만들려고 한다. 이렇게 되면 아이는 어떤 정체성을 갖지 못하고 혼란스럽다.

　부모들이 잘못된 기준을 가지고 끊임없이 남과 비교하는 것은 자신의 열등감과 불안감에서 오는 것이다. 이런 엄마들은 변명한다. 아이가 행복하게 살게 하기 위한 것이라고 한다. 그런데 아이를 괴롭히면서까지 과도하게 이런 행동을 하는 것은 아이를 위한 것이 아니라 자신을 위한 것이다. 그럼 부모는 "공부를 안 시켜도 된다는 말입니까?"라고 묻는다. 물론 공부는 해야 한다. 시험에서 100점을 맞거나 1등을 하기 위한 것이 아니라, 참고 견디는 태도를 배우기 위한 것이다. 아이에게 '공부를 잘해야 하는구나.'가 아니라 '공부는 중요한 거구나. 열심히 해야겠다.'라는 생각을 심어주는 것만으로 만족해야 한다. 많은 엄마들이 자신의 불안을 해결하기 위해 아이에게 강요하고, 결국 자신이 가진 불안보다 더 큰 불안을 아이에게 심어준다. 내가 살기 위해서 아이를 죽이는 것이다. 아이가 열심히 하는 것 같은데 아이가 공부를 못한다면, '이 아이는 공부 스타일이 아닌 것 같다.'라고 판단하고 그 아이의 인생에 다른 몫이 있다고 믿어야 한다. 그것을 견디지 못하고 미래에 일어날 일들을 미리 걱정하면 엄마나 아빠 모두 불안할 수밖에 없다. 아이가 부족하다면 그것은 그 아이가 감당해야 한다. 부모는 그저 아이가 그것을 감당할 수 있도록 도와주면 된다. 그래야 아이가 자신의 몸에 맞는 옷을 입게 된다.

엄마 아빠가 불안한 만큼 아이 문제에 대해 융통성이 부족해진다. 그것을 빨리 깨닫고 바꾸지 않으면 아이에게 분명히 무리가 생긴다. 아이가 수동적으로 변하거나 부모의 불안을 해결하는 도구가 될 수 있다. 그래야 부모가 덜 불안하다. 부모가 시키는 대로 해서 아이가 좋은 결과를 얻는 것은 길어야 초등학생 때까지다. 사춘기가 되면 아이 몸의 호르몬이 엄마 아빠의 말을 듣지 않는다. 아이는 독립적이고 자율적이기를 원한다. 아이 안에서 일어나는 역동의 진행은 아이 자신도 통제를 하지 못한다. 그 호르몬은 아이가 서서히 독립하는 법을 가르치는 호르몬이다. 이 시기까지 부모가 힘으로 조정하려고 하면 아이는 시행착오를 통해 자기만의 기준을 세우지 못하고, 성취감도 경험하지 못한다. 그 나이에 맞는 책임감도 기르지 못한다. 그리하여 자율성, 성취감, 책임감이 필요할 때 수동적으로 행동을 하게 된다. "엄마, 이것 어떻게 해요?"라는 식으로 지나치게 의존적인 아이가 되거나 자기조절의 기준이 없어 충동적인 아이가 된다. 엄마 아빠들은 "우리 아이가 말을 잘 듣고 모범적이었는데…"라고 종종 하소연하지만, 그 아이는 부모의 뜻에 따를 수밖에

불안한 엄마 아빠 행복 레시피

없는 나이였다. 그 나이에는 부모의 말에 거역하기도 해봐야 자율성, 책임감, 독립성을 갖추게 된다.

부모들은 자신에게 질문을 하라. '나를 불안하지 않게 하기를 원하는지, 아이가 자신만의 기준을 가지고 살기를 원하는지' 말이다. 불안한 부모는 아이가 자신이 원하는 대로 해주기를 바란다. 그래야 자신이 덜 불안하고, 어쩌면 자기감정을 조절하지 못해서 "나 하자는 대로 좀 따라줘."라고 아이에게 투정부리는 것과 같다. 내 마음이 불편해서 아이를 달달 볶고 배우자를 달달 볶는 것이다. 내 마음을 좀 편하게 해달라고 아이와 배우자에게 애원하는 것이다. 진짜 사랑한다면 배우자나 아이를 있는 그대로 봐야 한다. 그들의 선택을 격려하고 지지해야 한다. 사회적, 문화적으로 절대로 해서는 안 되는 범법행위가 아닌 이상 내 마음이 원하는 것과 자식이 원하는 것이 다름을 인정해야 하지 않을까?

아이를 변하게 하려면 낮은 자세로 대하기

엄마들은 아이에게 핀잔을 주면서 잘못된 행동을 지적한다. 아이가 뭔가 불안해서 어린이집에 가지 않겠다고 할 때가 있다. 엄마는 아이가 왜 불안한지를 생각하지 않고, "너 어제 엄마랑 어린이집에 가기로 했잖아. 약속 안 지키면 나쁜 사람이야."라는 식으로 말한다. 아이가 휴대폰을 사달라고 하면 어떻게 하는가? 아이의 마음을 보는 것이 아니라 "그게 너한테 왜 필요해? 네가 돈 낼 수 있어?"라는 식으로 말한다. 이런 대화를 하면 아이는 상처를 받는다. 한번 상처를 받으면 그 아픔으로 마음을 굳게 닫는다. 부모의 말대로 하면 왠지 자신이 싸움에서 진 사람 같고, 부모가 나를 인정하지 않는 것 같아 더 말을 듣지 않는다.

아빠들 역시 아이들을 가르칠 때 핀잔을 주어 무안하게 하거나 겁을 주는 경향이 있다. 어느 날 일요일에 장학퀴즈를 보는 아빠와 중학교 1학년 아들. 퀴즈로 제시된 상식 문제를 보고 아빠가 말한다. "너 저 문제 답 알아?" 아들은 "몰라요."라고 대답했다. 아빠는 약간 우쭐대며 답을 맞혔다. 아빠는 옛날에 가난해서 과외도 못했고 책이 없어서 공부도 제대로 못했지만 정말 열심히 살아서 저런 것도 맞춘다. 아빠가 전하려는 메시지는 "이놈아, 상식도 좀 키워봐." 일 텐데, 아이를 끌어내리면서 핀잔을 주고 자기가 똑똑하다는 것을 전달했다. 아빠들은 마치 상사처럼 위에서 아래를 내려다보듯 "내가 하는 말 잘 들어."라고 하는 경우가 많다. 이런 의사소통방식은 아이에게 '아빠는 나를 인정하지 않고 무시하는구나.'라는 서운함과 상처만 남길 뿐, 아빠가 전달하고자 하는 진짜 속마음은 전달하지 못한다.

중학교 3학년 남자아이가 머리에 노랑물을 들였다. 학교에서 머리카락의 노랑물을 빼라고 하니까 왜 머리카락 노랑물을 빼야 하느냐며 대들다가 담임선생님한테 혼났다. 엄마는 "왜 이런 것 가지고 신

284   불안한 엄마 아빠 행복 레시피

경을 쓰게 하느냐. 머리를 좀 자르라." 하며 아이를 어르고 달래고 혼낸다. 아이는 머리카락에 노랑물을 빼느니 아예 학교를 안 다니겠다는 것이다. 아이의 얼굴은 잔뜩 붓고 입은 댓 발 나와 있었다.

아이가 왜 그럴까? 아이에게 물었다. "엄마에게 끌려왔어, 네가 원해서 왔어?" "끌려서 왔지요."라고 대답한다. "너한테 최선을 다할 것이고, 나는 네 입장에서 너를 이해하려고 노력할 거야. 우리 얘기를 좀 해보자." 그럼 대부분의 아이들은 화가 한풀 꺾인다. "머리카락 노랑물을 뺀다고 얼굴이 이상하게 변하는 것도 아닌데, 머리카락에 노랑물을 좀 빼지 그래?" 했더니 "저는 머리카락 노랑물을 빼는 것이 너무 싫어요."라고 대답했다. 머리카락 노랑물을 빼는 것이 싫은 이유를 듣고, 아이의 입장을 충분히 이해할 수 있었다. 아이에게 물었다. "너희 담임선생님 싫으니?" "아니요. 좋으세요."라고 대답했다. "그럼 담임선생님 좀 봐주면 안 될까? 네가 머리카락 노랑물을 빼지 않으면 담임선생님이 학교에서 입장이 난처하거든." 그래도 아이는 "싫어요."라고 대답했다. "그럼 나 좀 봐줘라." 아이는 이해하기가 힘들다는 표정을 하면서 "왜요?"라고 묻는다. "나도 상담을 하는 사람인데 나까지 만나고 가서 네가 머리카락 노랑물을 빼지 않으면 체면이 말이 아니잖아? 나는 엄마와 너 사이에 중재를 해야 하는데 나를 만나고 가서 네가 조금이라도 변해야 엄마가 계속 내 말을 듣지 않을까? 나 좀 봐준다고 생각하고 머리카락 노랑물을 빼고, 졸업 후에 머리카락 노랑물을 들이면 되잖아." 했다. 아이는 기분이 많이 누그러졌다. "머리카락 노랑물을 다시 들이기가 힘들잖아요."라고 대답했다. "미용실에 가면 금방 해줘."라고 했다. 아이는 "아, 이번에 선생님을 봐서 딱 한 번만 머리카락 노랑물을 뺀다."라고 했다.

아이를 가르치려고 할 때 부모는 자세를 낮추어야 한다. 부모가 강한 모습으로 나오면 아이는 그 권위적인 힘에 적대감을 갖는다. 어린 시절 이런 적대감의 경험은 성장해서도 자기를 누르고 힘으로 조정하려고 하는 모든 것들에 적대감을 갖게 한다. 아이는 권위에 굴하면 자기에게 큰일이 일어날 것이라고 생각해 공격적으로 저항한다. 심하면 사회에서 지켜야 할 규칙에도 반감을 가질 수 있다.

아이들을 상담할 때는 권위적으로 대하면 안 된다. 힘들어 하는 아이들은 대개 권위에 대한 적개심이 크다. 권위에 저항하는 아이를 권위로 다스려서는 안 된다. 아이에게 꼭 가르쳐야 할 것이 있다면, 무시하거나 협박하지 말고 낮은 자세로 대하라.

불안한 엄마 아빠 행복 레시피

- "학원비가 얼마인지 알아?" "아까우면 끊으세요." 아이는 아빠에게 저항
- 아이를 다른 아이와 비교하면 열등감, 무기력, 정체성 혼란만 형성
- 부모의 불안을 가지고 아이에게 강요하면 아이는 더 큰 불안만 형성
- 사춘기가 되면 아이의 몸에서 부모의 말을 듣지 않는 자율신경이 형성
- 부모의 강요에 의해 아이가 모범생이 되면 시행착오 경험을 못 함
- 아이에게 핀잔을 주거나 무안하게 하면 상처만 남음
- 아이는 3살부터 존중받고 독립적으로 살기를 원함

02

불안이 없는 부부가 되기

불안을 낮추는 건강한 대화법 터득하기

사람 간의 관계는 '유리컵'과 같다. 유리컵의 일부가 조금 금이 갔을 때는 조심해서 사용할 수 있지만, 금이 깊게 갔을 때는 아예 사용하지 못한다. 부부가 불안하면 서로 날을 세우고 화를 내다가 유리컵을 깨뜨려 사용하지 못한다. 자신도 모르게 유리컵을 위험하게 흔들 때 상대에게 대화를 신청한다. 대화 신청을 받은 상대는 잘 들어주어야 한다. 누군가 공감해주는 것만으로도 불안의 정도가 낮아진다. 이야기를 하거나 듣다 보면 불안의 원인과 해결책이 나오기도 한다. 부부는 남남이 만나 이루어진다. 서로의 불안을 이해하고, 자극하지 않고 살려면 서로가 무슨 말을 하는지 잘 들어야 한다. 어떤 가치관을 갖고 있는지, 어떤 면에서 불안한지 들어야 한다. 답을 할 필요는 없고, 그냥 진심으로 들어주기만 하면 된다. 진심으로 듣는 것은 상대방의 이야기에 자신의 생각도 표현하는 것이다. 아무 표현도 없이 그저 듣기만 하면 상대는 그것을 수동적 공격이라고 느끼고, 그것을 무시한다고 느끼기도 한다. 전문 상담사의 기본은 잘 듣는 것이다. 전문 상담사도 상대의 이야기를 들으면서 상대의 말을 끊지 않을 정도로만 자신의 생각을 표현한다. "그렇죠."라고 공감하거나, "그것은 당연히 그렇죠."라고 확신을 주고, "저런, 어떻게 그런 일이 있나."라고 위로하며, "글쎄, 그건…"이라는 식으로 자신의 생각은 좀 다르다는 것을 표현한다. "그것은 나도 같은 생각이야." 하는 말은 상대를 신나게 만든다. 내 생각과 다르다면 "그게 아니야!"라고 하지 말고 "난 생각이 좀 다른데, 한번 생각해볼게."라고 말한다. "나는 그렇게만 생각하지는 않는다."라는 표현을 꼭 해야 한다. 그렇지 않으면 대화가 계속되기 어렵다.

인간은 기본적으로 언어를 통해 소통하고 이해하고, 언어를 도구 삼아 모든 배려와 위로와 존중을 표현하고 공격도 누그러지게 한다. 서로 대화를 해야 이해의 폭이 넓어지는데, 상담에서 만난 부부들은 '말을 하면 할수록' 더 싸운다. 그 이유는 서로 들으려 하지 않기 때문이다. 서로 상대방의 말을 자르고 내 얘기만 하려고 하니 점점 더 목소리가 커져서 상대의 말이 들리지 않는다. 내가 하고 싶은 얘기를 참고 상대의 얘기를 들어야 한다. 좋은 부부관계는 "당신이 하고 싶은 이야기를 해봐. 뭘 걱정하는지."라며 질문을 하고 듣는다. 말하는 중간에 끊어서는 안 된다. 남편들은 자신의 논리로써 상대를 설득하는 대화로 그 현장에서 바로 매듭을 지으려는 속성이 있다. "당신, 얘기해봐. 음, 그래? 이것은 이렇게, 저것은 저렇게 된 거지? 이제 끝난 거야!"라는 식의 대화법은 금물이다. 상대의 이야기를 충분히 듣고 자신의 생각과 많이 다를 때는 바로 결론내지 않는다. 나와 생각이 다를 때는 "나도 좀 생각해볼게. 당신도 좀 더 생각해봐." 하고 미룬다. 그날 결론을 내리려고 하면 싸우기 쉽다. 마찬가지로 아내도 남편의 말을 잘 들어준다. 사람의 관계는 노력을 한 만큼 유지가 된다. 상대가 그렇게 하니 나도 이렇게 한다는 보복심리가 작동해서는 안 된다.

사람 간의 관계에서는 솔직해야 한다. 아내가 "아이 교육에 좋은 것이 있는데…" 할 때 남편에게는 경제적 여유가 없다. 남편은 "여보, 나도 그게 좋은 줄은 알겠는데, 지금 내 경제 사정으로는 불가능해."라고 말한다. 그때 아내들은 "그러게, 당신이 돈 좀 잘 벌지."라고 하면서 처음에는 속상할 수 있지만, 진술하게 얘기하면 그 안에서 어떤 대안이 나올 수 있다. 그런데 남편이 날을 세워 얘기하면 아내는 그에 대한 공격을 한다. "바보같이 돈도 못 벌고…"라면서 비난만 돌아온다. 마찬가지로 아내는 "여보, 내가 입시 설명회 갔다 왔는데, 내가 뒷바라지를 못해 아이가 잘못될까봐 걱정돼."라고 말을 해야 한다. 그런데 "입시 설명회 가서 들었는데 이거 준비 안 하면 아이 대학 보낼 생각도 하지 말라더라."라고 말하면, 남편은 "미친 소리, 그놈들이 돈을 벌어 처먹으려고 그러지? 앞으로 그런 이상한 데 가지도 마."라고 말한다.

대화를 할 때는 자기 약점에 대해서도 진술하게 말해야 한다. 특히 배우자에게 말을 할 때는 나의 치부를 드러내도 괜찮은 사람이라고 생각해야 한다. 내가 나를 존중하듯, 상대의 기분을 배려하고 존중해야 한다.

왜 우리는 대화가 어려울까? 어린 시절에 한번쯤은 별거 아닌 데 엄마한테 혼날까 봐 말을 못 하고 가슴앓이를 경험한 적이 있을 것이다. 부부는 혼나기보다는 비난을 받을까 봐 배우자에게 솔직하게 말하지 못한다. 거절당하는 감정이 어려울 수도 있다. 한번 느낀 불안은 해결하지 않으면 절대로 사라지지 않는다. 아내건 남편이건 불안을 느꼈다면 그 주제로 대화를 나눠 불안을 줄여야 한다. 어떤 말도 비난하거나 무시해서는 안 된다. 그런 행동이 잦아지면 대화가 단절된다. 배우자에게 비난받거나 감정을 무시당하면, 남에게 당한 것보다 더 큰 좌절과 실망감이 있다. 대화는 상대를 가르치는 것이 아니다. 상대방이 어떤 말을 해도 나와 생각이 다를 수밖에 없다는 것을 인정해야 한다. 상대의 말을 끊지 말고 끝까지 들어야 한다. 생각이 다를 때는 자칫 비난으로 들을 수 있으니 잠시 한발 물러서야 한다.

모든 인간관계에 해당되지만, 특히 부부간에 대화를 하면서 반드시 지켜야 할 행동과 말이 있다. 경계선을 한번 넘으면 그다음부터는 너무 쉽게 넘게 되는데, 그러면 부부간의 존중이 한순간에 무너진다. 사과를 한들 한번 무너진 댐은 다시 쌓을 수가 없다. 더 심각한 것은 한번 때린 행동이 그 다음부터는 더 심해진다는 것이다. 격한 말도 마찬가지다. 처음에는 "야, 이 ××야." 하다가, 다음에는 "이 나쁜 ××야."라는 말을 하게 된다. 선을 넘지 말라는 것은 경계를 두라는 것이 아니라, 인간으로서 지켜야 할 기본적인 예의를 지켜야 한다는 것이다. 비난, 격한 말, 욕, 폭력, 학력이나 돈 같은 치명적인 약점이 선이다. 그 선을 절대 넘지 말라.

많은 남편들은 "우리 아내는 참 똑똑한데 말할 때 꼭 지적을 한다. 저는 그것이 너무 싫어요."라고 말한다. 그런데 아내는 자신이 지적한다는 것을 전혀 몰랐다. 그저 아내는 잘못된 행동이라서 고쳐야 된다고 말했을 뿐이다. 그런데 남편은 지적이라고 오해를 하고 있다. 누구나 지적이나 명령을 싫어한다. 분명히 남편에게 "내 행동을 당신이 오해하고 있는 것 같아. 나름대로 노력을 하고 있어."라는 말을 하려고 했다. 상대에게 100% 맞출 필요는 없지만, 최소한의 선을 지키려고 노력하는 것은 부부간의 존중과 배려다.

그럼 대화가 단절된 부부는 어떻게 할 것인가? 서로 큰 미움은 없지만 어느 순간부터 자연스럽게 대화가 단절된 부부라면 대화할 기회를 만들어야 한다. "여보, 우리 오늘 얘기 좀 해."라고 다짜고짜 말하면 남편은 회피한다. 대화가 적은 부부는 처음에 제3자에 대한 이야기를 한다. 드라마를 보면서 "저 사람 이상하다. 어떻게 저럴 수 있지?"라고 시작한다. 처음에는 그냥 편하게 주고받는 대화가 되어야 한다. 드라마 속에서 "당신은 저러지는 않는데."라고 살짝 남편을 띄우고, 남편도 아내를 띄우는 것이 필요하다. 드라마에는 극단적인

불안한 엄마 아빠 행복 레시피

성격의 캐릭터가 많이 등장하기 때문에 배우자를 칭찬할 것이 생각보다 많다. 대화가 좀 편안해지면 그 다음에 아이들 얘기를 꺼낸다.

말투, 배려, 존중, 대화를 하는 방법은 몸으로 배우는 것이지 머리로 배우는 것이 아니다. 아이에게 그런 분위기에서 살도록 해야 한다. 몸으로 그런 개념을 표현하려면 그 분위기에 젖어 있어야 한다. 사소한 일도 부모와 상의하고 부모와 대화를 즐기는 아이, 친절과 배려가 몸에 밴 아이, 따뜻함이 묻어 있는 아이…. 이런 모습의 아이를 원한다면 부부가 모델링이 되는 대화를 보여주어야 한다.

배우자의 말은 번역기를 통해 해석하기

많은 부부들이 남편의 술 때문에 싸운다. 남편들의 음주에 관한 아내들의 잔소리는 무한 반복되고, 그 반복을 아무리 해도 남편의 행동은 개선되지 않는다. 갈등이 반복되는 것은 한 사람만의 잘못이 아니라 두 사람 모두 귀를 막고 있기 때문이다. 두 사람 모두 배우자가 하는 말의 깊은 바닥에 숨어 있는 진심을 듣지 못하고 있다.

부부가 행복하려면 대화를 할 때 한 번 통역을 해서 들어야 한다. "이 사람이 정말 하고 싶은 이야기는 이것인데, 그것을 이렇게 표현하는구나." 하고 말 속에 숨어 있는 심리적인 부분을 이해해야 한다. 처음에는 쉽지 않겠지만 하다 보면 잘할 수 있다. 그렇게 소통을 시작하면 상대도 조금씩 부드럽게 변한다. "당신이 먼저 부드럽게 말하면 나도 부드럽게 말할게."라고 하지 말고 당신이 먼저 시작하라.

　남편이 밤 9시까지 야근을 하고 집으로 돌아오는 길에 친구와 갑자기 약속을 했다. 남편은 집으로 전화를 해서 오늘 친구를 만나서 좀 늦겠다고 했다. 아내는 "11시까지 들어와야 해."라고 말한다. 9시 넘게 친구를 만나서 11시에 귀가하기는 어렵다. 그런데 남편은 대충 "알았어."라고 대답한다. 11시는 넘어야 한다고 하면 전화를 붙들고 잔소리할 것이 뻔하니까. 그런데 남편은 그때 잔소리를 조금 들어주고, 잔소리 속에 깔려 있는 아내의 진심을 읽어야 한다. 아내가 남편이 술 마시는 것을 왜 싫어할까? 건강을 해칠까 봐, 음주운전 할까 봐 등 많은 걱정이 그 안에 담겨져 있다. 그 걱정들에는 '나에게 당신이 가장 소중한 존재야.'라는 것이 깔려 있다. 아내가 잔소리하는 방식이나 말투가 바뀌어야 하는 것은 사실이지만, 남편은 그런 말을 들을 때마다 '또 시작이군, 얼른 도망가야지.'라는 생각으로 대충 말한 뒤 전화를 끊지 말아야 한다. 아내 내면의 목소리를 듣고 거기에 답해야 한다. "술을 적게 마시도록 노력할게. 9시 넘어서 만나는데 11시에 들어가는 것은 어렵고, 12시까지는 꼭 들어갈게."라고 말한다. 아내가 가장 걱정하는 것을 들어주고 안심을 시켜야 한다. 또 돈을 많이 쓸까 봐 걱정한다면 "돈 걱정은 하지 마. 오는 술값은 각자 계산하기로 했어."라고 말한다. 아내의 잔소리가 다소 듣기 싫어도 아내가 무엇을 걱정하는지 안다면 그것에 대한 걱정을 완화해주는 말과 약속을 해야 한다. 그러면 남편의 술자리로 인한 부부갈등이 상당히 줄어든다. 아내의 잔소리를 잠시 회피하기 위하여 지키지도 못할 약속을 하면 아내는 남편을 '못 믿을 사람'으로 낙인찍어버리게 된다. 한번의 불신은 점점 강해진다.

그럼 아내는 어떻게 해야 할까? 아무리 좋은 마음이 숨어 있다고 하더라도 잔소리는 줄여야 한다. 아무리 좋은 내용이라도 표현방식이 옳지 않으면 상대가 들어주기 어렵다. 좋은 말이라도 반복되면 소음이 되고, 그 소음은 아무도 들으려고 하지 않는다. 듣고 있으면 기분이 나쁘다. 마치 공사장에서 전동 해머드릴로 '따따따따' 부수는 소리 같아서 머리가 지근지근 아프다. 그 소음이 듣기 좋은 '사랑의 메아리'라 해도 남편들은 흘려버리게 된다. 그런데 중요한 것은 한번 아내의 말을 소음으로 인식하기 시작하면 그 이후부터는 아내의 말이 모두 소음이 된다는 점이다. 아내가 무슨 말만 하면 "됐어, 그만해." 하면서 대화 자체를 거부한다. 상담을 하다 보면, 남편들이 퇴근해서 집에 갔을 때 아내가 말 좀 안 했으면 하는 사람들도 있다. 아내의 목소리를 듣는 순간부터 짜증이 난다. 요즘 부부들이 말을 안 하는 것은 이런 이유이다. 잔소리는 상대의 귀를 막아버린다는 사실을 기억하라.

그렇다면 어떻게 말을 해야 할까? 배우자의 말 속에 나를 사랑하고 염려하는 마음이 있다는 것, 차마 창피해서 말을 하지 못한다는 것, 자존심 때문에 반대로 말한다는 것을 믿고 배우자의 말을 한 번 걸러서 이해하는 것이 좋다. 말하는 사람도 솔직하게 말하는 것이 좋다. 조금 낯간지럽더라도 조금씩 연습하기 시작하자. 아내들은 남편이 소파에 누워서 TV를 보아도 잔소리를 하지마라. 정말로 하고 싶은 말은 "일주일 내내 당신하고 시간을 못 보내서 주말이라도 같이 보내고 싶어. 쇼핑을 하러 나가고 싶어."이지 않은가.

좀 멋쩍어도 솔직하게 말하라. 남편들도 아내가 "TV 좀 꺼. 하루 종일 잠만 자는 거야?" 하는 말을 번역기로 걸러서 "당신과 같이 시간을 보내고 싶어."로 받아들여라. 남편을 괴롭히기 위해 TV를 그만 보라고 하는 것이 아니다. 아내의 마음은 알지만 너무 피곤해서 들어주기가 힘들다면, "여보, 미안한데, 지금 너무 피곤해서 그래. 1시까지만 자고 피곤이 풀리면 그때 나가서 외식하자. 점심 먹고 공원 산책 가는 것은 어때?"라고 말한다. 자신의 마음을 솔직하게 말하되, 아내의 마음에 대한 배려도 있어야 한다.

아내와 남편의 말에는 특징이 있다. 상대가 호감을 느끼는 방식으로 말을 건네면 대화로 인한 갈등이 확 줄어든다. 남편들은 주로 "~해."라고 말하고, 반면 아내들은 "~하는 것이 어때?"라고 말하는 경향이 있다. 남편들은 해결을 중요시하는 뇌를 가졌기 때문에 되도록 긴 말을 하지 않는다. 상대가 자신에게 어떤 말을 하더라도 "~해."라고 말하는 것을 더 빨리 알아듣는다. 그래서 남편들은 결론이 나지 않는 대화는 싫어한다. 아내들은 관계를 중요시하는 뇌를 가

불안한 엄마 아빠 행복 레시피

졌기 때문에 상대방의 의견을 들어가며 이야기하고 싶어 한다. 가끔은 긴 대화 끝에 결론이 나지 않을지라도 서로의 감정을 주고받는 것만으로도 만족한다. 그런데 우리는 이런 특징과는 반대로 대화를 한다. 남편들에게는 "~하는 것이 어때?"라고 말하고, 아내들에게는 "~해."라고 말한다. 그래서 부부가 대화를 시작하면 마음이 상하는 것이 아닌가?

그럼 어떻게 말을 해야 할까? 아내들은 남편들에게 "~해줘."라고 말해야 한다. 남편들은 기분이 살짝 나쁘고 하기 싫어도 그 일을 꼭 해야 된다고 생각한다. 이 일을 "~해줬으면 좋겠어."라고 하면 그 일은 선택이 가능한 것으로 간주한다. 남편들은 확실한 지시를 내리는 것을 쉽게 받아들인다. 남편이 다소 바쁘더라도 "여보, 힘들겠지만 이것은 당신이 꼭 해줘야 돼. 그렇지 않으면 해결이 안 돼."라고 하면 하기 싫어도 자신이 해야 될 일이라고 생각한다. 그런데 아내들은 정반대다. 너무 분명하게 지시 형태를 취하면 거부감을 느낀다. 남편들이 "~해."라고 말하면 꼭 해야만 하는 일조차 '어디 대고 명령이야.'라고 기분 상해한다. 아내가 기분이 상해서 말을 따르지 않으면 남편들은 "그럼 그거 언제 할 거야?"라고 반문한다. 이미 기분이 상해버린 아내는 당연히 그것을 하고 싶지 않다.

상담실에서 아이와 상담이 끝나면 이제 엄마랑 얘기해야 한다면서 아이를 대기실로 내보낸다. 아이들은 보통 나갔다가 다시 들어온다. 선생님이 "엄마하고 얘기를 해야 하는데, 네가 나가야 시작할 수 있거든."이라고 한 번 얘기하면 아이들은 "네." 하고 순순히 나간다. 그때 엄마들의 한마디, "너, 자꾸 그러니까 엄마가 상담을 못 하잖아."라고 한다. 상담사의 말이나 엄마의 말은 모두 대기실로 나가게 하기 위한 말이지만 아이에게 주는 느낌은 전혀 다르다. 상담사는 아이한테 정보를 주는 것이고, 엄마는 아이를 비난하는 것이다.

우리나라 부모들은 수시로 아이와 부정적인 의사소통을 많이 한다. 아이가 짜장면을 먹고 싶다고 한다. 지금은 저녁 준비가 이미 끝났고 짜장면 배달도 끝난 시간이다. 이때 엄마들은 "오늘 짜장면 가게 문 닫아서 못 사. 내일 문 열면 사줄게."라고 말한다. 이 말은 "내일 사줄게. 오늘은 안 돼."라고 바꿔야 한다. 전자는 부정적인 의사소통이고, 후자는 긍정적인 의사소통이다. 이 두 가지의 말이 아이에게 미치는 영향은 상당히 다르다. 부정적인 의사소통은 아이를 화나게 한다. 또 아이가 부정적인 답변을 하게 하고, 엄마도 기분이 상하는 경우가 많다. 같은 메시지라도 긍정적인 의사소통은 두 사람 모두 편하게 해준다. '사줄게.'라는 말을 처음에 했기 때문에 아이는 부모가 자신의 말을 인정해주었다고 느낀다. 하지만 '안 돼.' 하면 자신을 거절했다는 느낌이 든다. 부정적인 의사소통은 엄마의 욕구를 먼저 생각한 것이고, 긍정적인 의사소통은 아이의 욕구를 먼저 생각한 것이다. 또한 전자는 엄마의 욕구와 동시에 '이렇게 해야 한다.'라는 압력이 들어가고, 아이의 욕구는 좌절시킨 것이다.

갑자기 이런 이야기를 하는 것은 부부간의 의사소통에서도 이런 모습이 자주 있기 때문이다. 번역기를 사용하여 배우자의 마음의

불안한 엄마 아빠 행복 레시피

소리를 듣는 방식으로 했다면, 그다음은 '긍정적인 의사소통'을 해야한다. 주말에 아내가 남편에게 아이를 학원에 데려다주고 데려오라고 한다. 대부분의 남편들은 '내가 이걸 매주 해야 되는 거 아니야?'라는 생각이 들어 미리 겁을 먹고 어렵다고 대답한다. 그럼 아내는 상당히 섭섭해한다. 이때 남편들은 긍정적인 의사소통을 해야 한다. "알았어. 해주는데, 어쩌다 회사에서 세미나가 있거나 가야 할 결혼식이 있으면 미리 얘기할게. 그때는 좀 양해를 해줘."라고 말해야 한다. 남편들이 '내가 지금 아내의 요구를 들어주면 앞으로도 계속 해야 한다.'라고 생각하는 것은 융통성이 부족해서도 있지만 한편으로는 책임감이 강해서다. 아내와 대화를 할 때 이것이 갈등의 요소가 되기도 한다. 남편들은 아내가 생각보다 융통성이 많다는 것을 알아야 한다. 약속했으니 이유 불문하고 그 일을 해야 한다고 우기지는 않는다. 그런 걱정은 할 필요가 없다. 혹시 걱정이 된다면 긍정적인 의사소통을 하면 된다.

엄마는 아빠의 불안한 영역에 관심 갖기

아빠들은 자신이 모르는 영역은 불안해하고, 그 부분에 대해서는 대화도 꺼린다. 누구에게나 그런 습성이 있지만 아빠들은 더 심하다. 원시인류의 사냥꾼 기질이 있는 아빠들에게는 어떤 일에 잘 대처하지 못하면 죽음을 당하지도 모른다는 불안감이 존재한다. 그래서 자신이 잘할 수 있는 것만을 하려고 한다. 회사 일은 자신이 잘 알고 있으므로 회사와 관련된 일은 이해도 잘하고 나서서 챙긴다. 그런데 내 아이에 대해서는 잘 모른다. 어느 학원에 다니는지, 몇 학년 몇 반인지, 입시제도가 어떠한지 잘 모른다. 모르면 물어봐서라도 알려고 하면 좋은데, 아빠들은 "난 모르겠어. 당신이 알아서 해."라고 쉽게 말한다. 회사 직원에 관한 일이라면 사돈의 팔촌까지 부탁을 해서 해결해주면서, 내 아이에 관한 것은 "몰라, 알아서 해."라고 하는 것이 아빠들의 모습이다. 엄마들은 '자기 할 일은 안 하면서 쓸데없이 오지랖만 넓어 가지고…'라고 생각한다. 아빠들은 회사 일은 자신이 할 수 있으니까 하는 것이고, 아이와 관련된 일은 잘 모르기 때문에 할 수 없는 것이다.

엄마들은 아이의 일에서 아빠를 너무 배제시키지 말라. 아빠들이 아이를 사랑하지 않는 것이 아니라, 내 아이에 관한 일을 어떻게 처리해야 하는지 모르는 것이다. 또 너무나 오랫동안 배제되었고, 누가 제대로 알려준 사람이 없고, 아이 영역에 대한 거부 반응과 불안 반응 때문이다. 아빠들을 양육과 집안일에 참여시키려면 그것에 대한 정보를 주어야 한다. 정보를 줄 때는 잔소리로 하지 말고 목록을 만들어 정리된 자료를 주어야 한다. 아빠들이 상황을 제대로 파악하면 의외로 좋은 의견을 내기도 하고 어떤 문제는 적극적으로 문제 해결 방법을 제시하기도 한다. 아이를 혼자 키워서는 안 된다. 엄마의 자리, 아빠의 자리에서 아이와 함께 있어야 한다. 두 사람 중 누구 하나의 빈자리로 인해 아이에게는 상상할 수 없을 만큼 결핍이 생긴다.

　엄마들은 아빠들에게 "당신이 언제 도와준 적 있어?" 이런 감정적인 비난을 해서는 안 된다. 감정적인 말이나 정서적인 말이 섞이면 남자들과 의사소통이 잘되지 않는다. 감정은 말의 핵심을 파악하는 데 어려움을 준다. 감정적인 말을 모두 빼고 '사실(fact)'만을 알려줘야 아빠에게 현재의 상황에 대한 개념이 생긴다. 그리고 아빠가 할 수 있는 제한적인 역할을 분명하게 해야 한다. 아빠들은 "당신은 아빠니까 잘해야지."라는 말을 들으면 '뭘 어떻게 잘하라는 거야?' 하고 의문을 갖는다. 그보다는 "평일은 내가 알아서 할 테니까 주말에는 이런저런 것 해줘."라고 말을 해야 한다. 주말에 소파에 벌러덩 누워 있는 남편에게도 "내가 오전에는 마트에 갔다 올 테니 충분히 쉬어."라고 배려를 해주고, "그 대신 오후에는 아이랑 놀아줘."라고 말한다. 아침부터 짜증 섞인 말투로 말하는 것보다는 배려할 것은 확실하게 배려하고, 요구할 것은 정확하게 요구하는 것이 더 효과적이다.

　아내는 남편이 아이와 시간을 보내는 방법을 알려주어야 한다. 아빠들은 아이와 단둘이 있는 상황에 처하면 상당히 불안해한다. 아빠들은 아이와 노는 것은 자신이 잘 모르는 영역이기 때문에 어떻게 놀아야 할지 모른다. 아빠가 아이와 시간을 보내기를 원한다면 아빠들에게 한번 물어보라. "당신이 아이와 시간을 보내는 것이 필요해. 그런데 아이와 있으면 좀 힘들지? 그 이유가 무엇인 것 같아?"
아빠들도 솔직하게 말해야 한다. "아이가 나하고 노는 것을 별로라
고 생각하는 것 같고, 나도 어떻게 놀아야 할지 모르겠어." 아빠들
에게는 아이와 노는 것이 막막할 수 있다. 이럴 때 엄마들이 아이가
좋아하는 것을 살짝 알려주면 아빠들은 잘 활용할 수 있다. "아이
가 찜질방을 좋아하니까 식혜도 사주면서 이야기도 들어주고 그래.
그리고 학용품도 살 것이 있다고 했는데, 문방구도 들러서 사주면
좋을 듯한데?" 이렇게 코치를 받으면 아빠들은 아이와 노는 시간이
조금씩 편해진다.

　아빠들은 어떻게 하면 아이와 친해질까? 매일 20분씩 놀아준다.
그것이 어렵다면 주말에 반나절이라도 아이와 함께해야 한다. 주말
만이라도 다른 일에 우선해서 아이와 대화를 나누는 것이 좋다. 너
무 피곤하면 오전에는 푹 쉬고, 오후 시간을 아이와 보낸다. 그 시
간은 아이와 무엇을 하든 함께 보내라. 처음에는 그냥 한 공간 안에
만 있어도 좋고, 옆에 가만히 있어주는 것부터 시작해야 한다. 아이
가 장난감을 가지고 놀 때 아이가 노는 모습을 가만히 지켜봐주라
는 것이다. 아이가 놀이를 하다가 중간중간에 뭔가 재미있어 할 수
있다. 그때 같이 웃어주고 "재밌어?"부터 시작한다. 아이와 그 시간
을 공유하는 것이 중요하다. 아이가 조금 성장했으면, 주말에 마트
에 가든 조금 긴 시간을 외출하는 것이 좋다. 뭔가 아이와 대화를
해야 한다는 부담을 버려야 한다. 같이 걸으면서 아이스크림 먹는
아이를 보며 "맛있니?" 하고 가볍게 말도 건넨다. "오늘 날씨가 춥다."

하는 말도 좋다. 이런 시간이 주어지면 아빠들은 그 시간을 훈육의 시간으로 하려고 한다. 그보다는 그냥 아이와 공유하는 시간만 갖는다. 반나절이 힘들다면 주말에 30분이라도 좋다. 아이와 친해지려면 연애하는 감정으로 그 시간만큼은 가르치려 하지 말고 그냥 바라만 보는 것으로 충분하다.

아빠를 가사에 끌어들이는 지혜

최근 아빠들은 옛날 아빠들에 비해 많이 다정다감해졌다. 다정한 아빠들조차 육아나 집안일은 자기 일이 아니고 '도와주는 것'이라고 생각한다. 이런 아빠들한테 '육아나 집안일에서의 평등'을 이야기해도 전혀 공감을 하지 못한다. 평등을 너무 따지면 서로 억울한 생각만 든다. 아빠들을 붙잡고 평등을 운운하는 것보다는 육아와 집안일에 조금씩 참여하도록 머리를 쓰는 것이 더 현실적이다.

"아이는 내가 키울 테니 당신은 돈만 벌어 와." 하는 엄마들도 간혹 있다. 엄마들은 발 빠르게 정보를 쫓아다니면서 그때그때 대처하고 아이 문제는 알아서 미리 처리한다. 이런 경우 아이는 대학까지는 가겠지만 그 이후의 문제에 대해서는 스스로 해결할 문제해결능력을 갖지 못한다. 아빠 역할의 부재이다. 아빠의 자리는 엄마가 아무리 열심히 해도 채워지지 않는다. 아빠가 있음에도 마치 없는 것처럼 엄마 혼자 아이를 키우면 제대로 된 아빠의 남성상을 가질 수 없다. 이런 아이는 인간관계의 노하우를 배우지 못하고, 다음에 결혼생활을 할 때도 제대로 부모 역할을 하기 어렵다.

엄마 혼자서 아이들을 키우면 아빠들은 대문 밖에서 논다. 엄마가 아이를 너무 잘 키우면 아빠는 비집고 들어가 봐야 베테랑인 엄마만큼 아이와 관계를 맺을 수 없다. 어렵게 비집고 들어가 봐야 핀잔만 들으니 차라리 안 들어가는 것이 낫다고 생각한다. 밖에 나가서 정치, 주식 얘기를 하면 주위에서 귀를 기울여주고 인정을 해주는 등 심리적 보상을 받기 때문에 아빠들은 밖으로 나가게 된다. 아빠를 육아나 집안일에 끌어들이려면 내가 잘 모르는 척해야 한다. "여보, 나 혼자는 어려워. 아이의 이런 점은 나도 어떻게 해야 할지 모르겠어."라고 남편에게 말한다. "나는 아이한테 이렇게 헌신하는데 당신은 뭐야?" 하는 식으로 말하면 아빠들은 더 집 밖으로 나간다.

그렇다면 남편들을 어떻게 대해야 할까? 무조건 남편에게 "좀 도와줘야 하는 거 아니야?"라고 말하면 안 된다. 뭘 도와주어야 하는지를 모른다. "여보, 내가 설거지 하는 동안 아이를 안고 있어줘."라고 말하면 쉽게 받아들인다. 아내가 남편에게 도와달라고 하면 그 상황을 이해하기 어려워하는 남편들도 있다. 남편들은 낮에 피곤하게 일하고 왔는데 집에 와서도 일을 해야 하나 생각한다. 외벌이의 아내는 남편을 육아나 집안일에 끌어들이려면 남편이 도와줄 수밖에 없다는 당위성을 설명해야 한다. 남편에게 도와달라고 하는 일은 남편 자신도 뿌듯함을 느끼고 칭찬을 받을 수 있는 일을 선택한다. 말을 할 때는 "이 정도만 해줘, 나머지는 내가 알아서 할 테니까." 식으로 한다. 그리고 남편이 해준 일은 뭐든지 칭찬한다. 남편이 한 일이 마음에 들지 않는다고 핀잔을 하면 '기껏 해줬더니 핀잔이나 하고, 다음에는 절대 하지 않을 거야.'라고 맹세한다. 남편이 집안일이나 육아를 도와주면 칭찬은 반드시 해야 한다. 그것이 아내의 지혜다.

아빠들의 의식 때문이 아니라, 집안일이란 것이 평등하게 나누기란 불가능한 것이다. 엄마와 아빠가 잘할 수 있는 일이 다르다. 엄마들은 보살피는 일을 잘하지만, 아빠들은 잘 못한다. 그래서 서로 잘하는 일로 분업을 하는 것이 좋다. 목록을 적어주고 마트에 가서 물건을 사오라고 하면 아빠들도 잘한다. 그동안 엄마는 아이를 보는 것으로 일을 나누면 된다. 반대로 남편이 아이를 보고 아내가 장보기를 하면, 한쪽은 효능감이 떨어져서 다음부터는 그 일을 하기 싫어진다. 간혹 "오늘은 내가 청소할 테니, 내일은 당신이 청소해." 하면서 모든 일을 반으로 나누고 싶은 부부도 있다. 그런 부부들은 마음속 억울함이 있다. 육아나 집안일에 있어서 뭔가 억울할 때 부부갈등이 생긴다. 근본적으로 육아나 집안일은 깔끔하게 반으로 나눠지지 않아서 억울하다. 이런 부부들은 내면에 어떤 억울함이 있는지, 그 억울함의 원인이 무엇인지를 파악하려고 노력해야 한다. 그것이 여의치 않으면 전문가와 상담을 받는 것이 좋다. 그런데 우리나라 문화는 상담 받는 것을 지극히 꺼려한다. 왜 그럴까? 자신의 약점이 노출될까 봐 그럴까? 말 몇 마디 하고 돈을 주는 것이 아까워서 그럴까? 학원비나 비싼 물건을 사주는 것보다 더 중요한 것이 가족들의 성격을 파악하는 것이다. 자신이 부족한 부분이 있다면 빨리 인정하고 나아갈 방향을 찾아야 한다.

💬 **나의 행복 메시지**

- 부모의 불안을 아이에게 표출하지 않도록, 아이와의 대화는 긍정 대화로 시작하기
- 폭력, 폭언 등으로 경계선을 침범하지 않도록 대화하기

불안한 엄마 아빠 행복 레시피

03

불안이 없는 엄마 아빠가 되기

불안을 대물림하지 않으려면 내 불안을 인정하기

부모가 되면 혼자 있을 때보다 더 불안한 사람이 있다. 상담을 하다 보면, 불안의 뿌리는 어린 시절 부모와 함께했던 기억에서 출발한다. 그 기억에는 대개 부모로부터 안정된 사랑을 받아본 경험이 없다.

어떤 엄마는 어린 시절 새엄마가 수시로 자신을 회초리로 때렸다. 어렸을 때는 새엄마의 그런 행동이 너무 싫었지만 커서는 '옛날 새엄마들이 다 그렇지 뭐. 그래도 우리 새엄마는 나를 사랑하셨으니까.' 하고 이해하는 면도 있었다. 그래서 새엄마와 그리 나쁘지 않은 관계로 지내왔다. 그런데 이 엄마 안에도 어린 시절 느낀 감정이 불안으로 숨어 있었다. 아이를 낳자 불안이 나타났다. 이 엄마가 아이와 외출할 때 멀리 뭔가 떨어져서 깨진 것이 있었는데, 아이에게 그 뾰족한 가루가 묻을까 봐 불안했다. 집에 와서 아이 옷을 다시 갈아입

히고, 벗은 옷 속에 뾰족한 가루가 남아 있는지 샅샅이 찾아본다.

왜 어린 시절 몸속에 잔존해 있던 불안이 가만히 숨어 있다가 아이를 낳으면서 밖으로 표출되었을까? 무의식 속에 숨어 있던 엄마들의 보호본능으로 인한, 자신이 가지고 있던 문제를 아이에게 전염시키지 않으려는 과잉 반응이다. 엄마들은 아이를 100% 완벽하게 지키고 싶어 한다. 자신에게 문제가 있는 경우, 그것이 아이에게 전염되어 상처를 줄까 봐 예민하다. 그런데 그 상황은 아이에게 나쁜 영향을 미친다. 새엄마의 불안이 나에게 전염된 것처럼, 엄마의 불안이 아이에게 대물림된다.

뭔가 극단적이고 지나친 것 같은 행동 뒤에는 자신의 어린 시절 간직했던 불안이 숨어 있는 경우가 많다. '그것은 절대 안 돼. 결단코 하지 않을 거야.'라는 말이 붙은 자신의 행동에 브레이크를 걸어야 한다. 내 마음이 편한 대로가 아닌, 내 아이와 배우자가 원하는 방향으로 핸들을 돌리자. 그래야 그들이 내 불안에 영향을 적게 받는다. 자신 스스로가 브레이크를 밟는 것이 어렵다면 전문가의 도움을 받아야 한다. 자신의 근본적인 불안을 들여다보고 해결해야 한다. 그러지 않으면 나의 지나친 불안이 아이에게 대물림된다.

마찬가지로 아빠들의 어린 시절 불안은 대개 '강해야 산다.'를 강요받은 것으로 인해 존재한다. 아이에게 지나치게 "강해야 해! 눈 뜨고 있어도 코 베어 가는 세상이야."라고 말하고 있다면, 자신의 근본적인 불안이 있는지 들여다봐야 한다. 이렇게 말하면 아이가 더 강해질 것이라고 생각할 것 같지만, 아이는 세상에 대한 불신과 불안만 키울 뿐이다. 아이가 감기로 열이 펄펄 나서 학원에 못 갈 것 같다고 말해도 "그 정도 아픈 것은 참고 학원에 가야 돼."라고 말하는 아빠는, 아이가 조금만 아파도 학원을 빠지는 습관을 갖게 될까 봐 하는 말이다. 그런데 아빠가 가진, '무조건 강해야 산다.'라는 식의 불안은 아이에게 그대로 전달된다. 이런 것이 아이의 인생목표가 되고, 아이에게 부적절한 기준을 만들 가능성이 있다. 아이가 자만할까 봐 칭찬을 하지 않는 아빠도 있다. 전 과목이 96점이고 한 과목만 90점을 받아 왔는데, 잘한 과목은 칭찬하지 않고 못한 과목에 대해 "왜 이건 86점밖에 못 받았니?"라고 혼을 낸다. 이렇게 되면 아이는 속상하고 화가 난다. 어른이 되면 부모의 마음을 어느 정도 이해를 하겠지만, 그 순간에는 아이의 마음속에 불안이 싹튼다. 칭찬도 하고, 위로도 하고, 바로잡기도 해야 한다. 그럴 때 아이는 '아, 부모가 나를 사랑하고 있구나!'라는 기준이 생긴다. 기준이 분명한 사람은 불안하지 않다.

지금의 엄마 아빠들의 불안은 어디서부터 시작되었을까? 그 부모로부터 시작되었다. 그 부모들에게 물어보면 그들의 의도는 언제나 선했다. "강해져야 산다."라며 아이에게 잔뜩 겁을 주었던 부모도, "이것도 안 되고, 저것도 안 돼." 하면서 지나치게 간섭하던 부모도, 당신의 아이가 당신 때문에 어린 시절 불안을 키웠고 그 불안이 다양한 형태로 손자 손녀에게 대물림되고 있다고 하면 "내가 아이들을 얼마나 사랑했는데…."라며 무척 억울해한다. 아이들을 사랑하는 마음에 먹을 것 못 먹고, 입을 것 못 입으면서 잘되라는 말만 했는데 그것 때문에 당신의 아이가 불안하다고 하면 쉽게 납득을 하지 못한다.

이런 일이 왜 벌어질까? 많은 부모님이 우리를 사랑했지만 올바른 사랑을 주는 데는 좀 미숙했다. 올바른 사랑은 상대가 원하는 것을 주는 것이다. 그런데 부모들은 자식이 원하는 사랑이 아니라 부모가 원하는 사랑을 했기 때문이다. 그것은 배우자에게도 마찬가지다. 이젠 이런 사랑을 반복해서는 안 된다. 내가 원하는 사랑이 아니라 상대가 원하는 사랑을 해야 한다. 그럼 마음속의 불안과 갈등이 줄어든다.

어느 엄마는 아이가 친구네 집에 놀러가는 것을 싫어한다. 그 친구는 공부도 잘하고 괜찮지만, 그 집 부모가 수시로 싸운다. 그래서 아이에게 여러 차례 그 친구 집에 가지 말라고 했다. 아이가 엄마의 말을 어기고 그 친구 집에 놀러 갔다가 부모가 대판 싸우는 것을 보고 겁에 질려 집으로 왔다. 이런 아이에게 어떤 사랑이 필요할까?

아이는 "엄마, 나 오늘 그 친구 집에 갔는데, 걔네 엄마 아빠가 그릇을 던지면서 싸웠어. 너무 무서웠어."라고 말했다. 그때 엄마는 아이를 안아주면서 "그래, 무서웠구나. 괜찮아."라고 위로해주어야 한다. 그런데 그 순간 엄마들은 뭐라고 할까? 엄마들은 대개 "그러니까 엄마가 그 집 가지 말라고 했지."라며 '엄마 말을 잘 들어야 안전하다.'라는 가르침을 준다. 엄마가 이런 말을 하면 아이에게는 안전이 아니라 죄책감과 불안감이 증폭될 뿐이다. 엄마가 준 것은 사랑이 아니고 집착일 뿐이다. 받는 사람이 원하는 것을 주는 것이 사랑이건만.

내가 선택한 것은 믿고 실천하기

엄마 아빠들의 불안의 원인은 육아 스트레스와 우울증, 아이의 문제행동 등에 의한 경우가 많다. 주변의 다양한 정보들, 즉 '이래야 좋은 아빠, 저래야 좋은 엄마'라는 말을 내 것으로 소화하지 못하고 수많은 정보만 계속 접하다가 오히려 그것이 자기 안에 갈등을 유발하여 불안해진다. 불안하지 않으려면 자기 자신을 먼저 알고 인정하는 훈련이 필요하다. 자신이 정말로 원하는 것을 선택하고 그 길로 가야 한다. 그것은 틀리지도, 나쁘지도 않으니 다른 사람들의 말에 휘둘릴 필요가 없다. 사람마다 중요하게 생각하는 것이 제각기 다르다. 마찬가지로 제각기 다른 정답이 존재한다.

해결되지 않은 갈등 요소가 무의식 속에 꽁꽁 숨어 있다가 올라오기 시작하면 누구나 불안해진다. 갈등 요소를 해결하려면 생각이 정리되어야 한다. 그런데 아무리 생각을 해도 해결이 어렵다면 배우자든, 지인이든, 전문가든 객관적인 제3자와 의논을 해야 한다. 이외 다른 사람들의 말은 참고할 필요가 없다. 그들 역시 그들이 중요하다고 생각하는 것을 이야기할 뿐이다. 그들이 말하는 것은 당신의 갈등에 대한 이해에서 나온 조언이 아니다. 당신에게 도움이 되는 사람은 중립적이고, 당신에게 쓴소리를 할 수 있고, 당신을 이해하는 사람이어야 한다. 아빠들의 경우 존경하는 선생님, 선배나 친구 중 진지하게 대화를 할 수 있는 사람이 좋다. 하지만 술자리에서 호형호제하는 사람들의 조언은 크게 도움이 되지 않는다. 그들 역시 뭔가 본질이 불안하고 공허해서 음주에 몰두해 있는 것이다.

불안하면 생각을 정리해야 한다. 결단할 것은 결단하고 버릴 것은 버려야 한다. 그렇지 않고 모든 것을 다 휘어잡고 있으면 불안은 계속된다. 그 상태에서 아이를 키운다면 아이 또한 불안하다. 엄마가 불안해서 하는 여러 가지 행동은 아이가 그대로 따라 한다. 그러면 아이는 엄마가 느끼는 것보다 더 불안을 느낀다. 엄마의 불안이 아이에게 전염된다. 아이들은 정서가 아직 미숙하여, 부모가 보이는 애매모호하고 감정적인 소통을 불안하게 받아들인다.

아이가 보기에 엄마 표정이 안 좋고 무슨 일이 있는 것 같아 "엄마, 어디 안 좋으세요?"라고 물을 때가 있다. 그때 '아니면 아니다, 그러면 그렇다'고 분명하게 대답해야 한다. 아니라고 대답을 했는데 지금 표정이 안 좋아 보인다고 하면 솔직하게 대답해야 한다. "사실은 아침에 아빠랑 말다툼을 해서 기분이 별로야."라고 말을 한다. 아니면 "정말 아니야, 신경 쓸 것 없어."라고 말하고 표정이 변해야 한다. 엄마가 "신경 쓰지 마."라는 말만 하고 얼굴은 우울해 있으면 아이는 불안해진다. 엄마들은 아이가 걱정할까 봐 대충 넘기려 하지

불안한 엄마 아빠 행복 레시피

만, 그런 행동은 아주 모호한 의사표현으로 아이의 불안을 더 증폭시킨다. 아이도 집안이 망했다는 것을 느끼고, 부모가 싸우는 소리도 듣는다. 그런데 부모가 계속 "아무것도 아니다."라고 하고 구체적인 설명을 해주지 않으면 아이는 상황을 알지 못해 많이 불안하다. 그래서 건강 문제든, 경제적인 문제든 아이에게 어느 정도는 말해주어야 한다.

아빠가 사업에 실패했다. 이 상황을 아이들에게 설명해주고 "엄마 아빠가 이 위기를 극복하려면 2~3년 걸릴 것 같다. 그동안 너희들도 이런 것들을 도와주면 좋겠다."라고 말해준다. 상황을 이해하면 아이들이 덜 불안하다. 인생을 살다 보면 위험한 고비는 존재한다. 위기가 왔을 때 서로를 비난하고 탓하는 사람도 있고, 내일은 태양이 뜬다면서 긍정적으로 극복하는 사람도 있다. 이럴 때 현실에 맞게 생각을 정리해야 한다. 경제적 곤란이 있거나 부모 중 한 명이 아플 때는 부모가 협력해서 버텨야 한다. 그렇게 생각을 정리하면 불안이 줄어든다.

사람은 늘 자신이 어떻게 하면 행복할까 하는 기준의 그림이 있어야 한다. 지금 그런 행복이 내가 지금 살고 있는 행복과 다른가를 생각해야 한다. 똑같을 수는 없지만, 그렇다고 크게 다르지는 않을 것이다. 그 안에서 행복을 찾아야 한다. 그런데 우리는 약간의 다른 점만 부각시켜 불행하다고 생각한다. '그때 다른 사람과 결혼을 했더라면…' '아이에게 공부를 더 시켰더라면…' 물론 가지 않은 길에 대한 아쉬움과 억울함은 누구에게나 있다. 하지만 지난 일을 그리워할 필요가 없는 이유는, 내가 온 길은 내가 선택한 것이며 선택의 순간 내 세포는 하나씩 최선을 다했다. 결혼할 때 선택이 중요하다. 한 사람은 교사이고 또 한 사람은 사업가다. 이때 누구를 선택할 것인가? 만약에 교사를 선택했다면 살면서 돈이 좀 궁핍해도 참아야 한다. 그런데 부부와 돈 문제로 갈등이 생기면, 그 사업가와 결혼을 했어야 하는데 하고 후회를 하면 안 된다.

인생은 선택의 결과다. 또한 선택에 대한 책임을 져야 한다. 그것에 대해 어떤 상황에 의해, 또는 어쩔 수 없었다고 핑계를 대지 말자. 그보다는 '내가 어떻게 해야 행복할까'에 기준을 두고 살아야 한다. 그 기준에 맞춰 더 상위 가치를 두고 우선순위를 정해야 한다. 나는 무슨 일이 있어도 아이를 대학을 보내기로 마음먹었으면, 빚을 지더라도 신세한탄을 해서는 안 된다. 대학에 보내놓고 빚을 갚든, 아이가 사회에 진출해서 빚을 갚든 간에 자신이 최상의 가치를 두는 것에 따라 움직여야 한다. '나는 돈이 부족하더라도 매일 여유롭게 살고 싶다.'라고 생각하면 다른 사람보다 물질이 부족해도 '우리 집은 왜 이리 돈이 없어?'라고 생각하지 말아야 한다. 자신의 가치관이 일관되지 않으면 어떤 모습으로 살아도 언제나 불행하다. 최상의 가치가 튼튼한 사람은 다른 사람이 뭐라고 해도 언제나 행복하다.

전업주부로 아이만 키우면서도 자신의 삶이 행복한 엄마는 아이를 키우는 것이 가장 중요하다는 최상의 가치가 정립된 것이다. 이

불안한 엄마 아빠 행복 레시피

런 엄마는 아이를 키우는 것이 행복하다. '아이를 키우고 나면 나는 뭘 할까? 나도 한때는 잘나가던 사람이었는데…'라는 생각을 하지 않는다. 또 일을 하는 엄마는 '엄마로서의 역할뿐만 아니라 사회적 역할도 중요'하다는 가치관이 정립된 사람이다. 그런 사람들은 좀 안쓰럽고 마음이 아플 때도 있지만 다른 사람에게 아이를 맡기고 자신이 일을 하는 것에 대한 갈등이 적다. 어떤 일이든 한번 결정을 하고 나서 '내가 이래도 될까?'라는 후회를 하지 말자. 어느 누구도 해와 달을 동시에 볼 수 없다. 자신이 어떻게 해야 행복할 것인가의 기준은 그것이 너무 이상적이거나 병적인 것이 아닌 이상 어느 누구도 그 사람의 가치관을 비난할 수 없다. 뭔가 잘못했다고 후회하거나 죄책감을 느낄 필요가 없다. 이것들이 그 순간에서 최선이고, 당신이 가장 옳다고 생각한 방향이고, 당신이 가장 행복한 방향의 선택이었다. 스스로의 선택을 믿어라. 내가 나를 믿지 않으면 누가 나를 믿겠는가.

내 안에 존재하는 불안의 신호를 통찰하기

불안은 언제나 내 안에 존재한다. 불안의 정도를 결정하는 것은 나 자신이다. 내 생활에 도움이 될 정도만 적당히 취하고, 그 정도를 넘는 것은 무의식적인 면이 있지만 그것조차 나 자신이 결정한다. 우리는 부부관계, 부모와 자녀의 관계, 대인관계를 해치는 수준으로 불안해하지 않도록 한다. 자신도 모르게 하는 행동이 많아졌다면, 불안의 경계선을 넘어섰음을 의심해야 한다.

불안은 고집에서 나온다. 고집스러운 사람은 "이것은 이렇게 하면 안 된다." 하고 다른 사람의 행동을 자기가 원하는 대로 따라오게 하거나 그것이 여의치 않으면 튕겨나간다. 자신의 행동을 바꿔야 된다고 하면 아예 관계를 단절한다. 뭔가 처리가 어려울 것 같으면 회피를 하고, 그 회피는 고집스러움의 특성이다. 아무리 좋은 생각을 갖고 있더라도 걱정이 없는 태도, 고집, 회피로 보이는 행동을 하면 상대와의 관계에 나쁜 영향을 준다. 고집은 합리성 부족의 전형적인 모습이다. 내가 상처를 받을까 봐, 내가 불편할까 봐 내 생각만 주장하는 것이다. 고집스러운 사람의 머릿속에는 오직 '나'밖에 없다. 자신에게 물어보라. '내가 고집이 있나?' '내가 평소에 남의 조언을 안 듣는 편인가?' 그렇다면 당신의 생각과는 무관하게 다른 사람들은 오해를 할 수 있다. 반드시 고쳐야 한다. 다른 사람들으로부터 '당신은 걱정이 없는 사람'이라는 말을 종종 듣는다면 가족에게 물어봐라. 아내한테는 "내가 걱정이 없는 같아?" 아이에게는 "아빠가 걱정이 없는 사람 같니?"라고 물어본다. 아내와 아이들이 모두 '걱정이 없는 아빠'라고 대답하면 말할 것도 없고, 그중에 한 사람이라도 '걱정이 없는 아빠'라고 하면 자신을 바꾸어야 한다. 어느 한 사람이라도 불안함을 느끼고 있다면 그 사람과의 관계는 소홀해지므로 바꿔야 한다.

아빠들이 쉽게 보이는 '걱정하지 않는 사람' 신호는 경계해야 한다. 아빠들의 '걱정 없음'을 알려주는 신호가 있다. 아빠들의 고집스러운 신호들, '누구의 말도 듣고 싶지 않다.' '컴퓨터나 TV와 너무 친하다.' '자주 화가 난다.' '강압적인 표현을 자주 쓴다.' '집에서 조용히 혼자 있고 싶다.' '아이나 가사일에 관해 말을 걸면 그냥 싫다.' '아내와 대화가 싫다.' '집에 들어가기 싫다.' '대화할 때 아내와 아이를 폄하한다.' 등이다.

지나친 걱정 또한 불안의 표현이다. 똑같은 말을 반복하거나 상대가 내 생각대로 움직이지 않으면 견디기가 힘든 것도 내 안의 불안이다. 과잉 개입이나 과잉 통제를 하고 싶은 것은 '나'만 존재하는 것이다. 사람은 마음의 여유가 있어야 걱정스러운 것을 그때그때 해결하고 다음 단계로 넘어간다. 걱정은 한번 생기면 하루 종일 다른 일을 못하게 하고 힘들게 만든다. 그러다 보니 항상 지쳐 있고 짜증스럽다. 마음의 여유가 있을 때는 좋게 말할 것도 쏘아붙인다. 자신은 잘 모르지만 주위에서 "너 왜 그렇게 따지고 그래?"라고 말하면 가족이나 지인에게 확인을 해야 한다. "내가 불안하게 보여? 걱정이 많은 사람 같아?"라고 물어본다. 혹 상대가 대답을 꺼려하면 "내가 그렇게 하면 좀 힘들어?"라고 물어야 한다. 특히 엄마들에게 자주 보이는 '지나친 걱정'의 신호들이 있다.

엄마들의 고집스러운 걱정 신호들, '이미 결정된 사항을 또 말한다.' '잔소리가 많아졌다.' '꼭 필요한 것도 아닌데 인터넷 검색을 한다.' '항상 지쳐 있다.' '다른 사람의 말에 귀가 솔깃한다.' '내 뜻대로 안 되면 불안하다.' '내 걱정을 걱정으로 받아주지 않는 남편이 싫다.' '짜증스럽게 말한다.' '혼자 있으면 신세한탄을 한다.' '자주 화를 낸다.' 등이다.

불안은 밖에 있는 것이 아니라 모두 내 안에 있다. 그래서 불안의 초점은 '나'한테서 찾아야 한다. '나는 뭐가 불안하지? 나는 어떨 때 불안하지?'하고 생각해본다. '내가 말을 함부로 하는구나, 내가 성질을 잘 내는구나, 내가 잔소리가 많구나.' 등 불안의 형태를 봐야 한다. 불안의 형태만 제대로 봐도 불안은 많이 낮아진다. 불안을 다룰 때 가장 위험한 것은 '내가 왜 불안한지, 내가 불안하면 어떻게 되는지'를 모른다는 것이다. 내 불안의 정체를 알고 그로 인해 어떻게 행동하는지만 알아도 불안이 적어진다. 불안이 크면 행복이 어렵고, 정말 행복한 순간조차 행복을 의심한다. 부모의 불안이 크면 아이에게 미치는 영향은 치명적이다. 부모의 불안한 습관을 그대로 배워서 행복을 모르고 자랄 수 있다. 아이에게 부모의 행복한 모습을 보여주는 것이 최고의 교육이다. 부모는 모델링이 되어야 한다.

불안한 엄마 아빠 행복 레시피

- 부부는 비난받을까 봐 배우자에게 솔직한 말을 못 한다.
- 남편은 아내가 똑똑하게 지적하는 것이 너무 싫다.
- 불안은 순간순간 행복을 놓치게 한다.
- 부모의 불안은 아이에게 치명적인 상처를 준다.
- 불안하거나 화가 날 때 1, 2 ,3 숫자를 세라.

"

우리는 어떤 사람은 보자마자 끌리고,
어떤 사람은 아무리 애를 써도 거리가 좁혀지지 않는다.
어떤 사람은 그냥 같이 있기만 해도 즐겁고,
어떤 사람은 나에게 해를 끼치는 것도 아닌데 거리를 두고 싶다.

누구나 사람들을 만나다 보면 이런 의문이 종종 생긴다.
기질을 알기 전에는 왜 그런지 이유를 알지 못한다.
하지만 기질을 공부하면서 사람들과의 관계도
기질에 영향을 많이 받는다는 것을 알게 된다.
본성이 다혈질인 사람이 똑같은 다혈질을 만났을 때와
담즙질을 만났을 때는 관계가 달라진다.
똑같은 말과 행동을 해도 상대방의 본성에 따라 받아들이고
반응하는 것이 다르기 때문이다.

결국 나와 상대방의 기질을 알면 서로를 더 많이 이해하여
좋은 관계를 맺고 유지할 수 있다.
또한 상대방의 본성을 이해하지 못해 오해하고 상처받는 일도 줄어든다.
그러니 나와 내 주변 사람의 기질을 사랑관계든 인간관계든
응용하고 적용하여 불안이 해소될 수 있도록 기질과 성격을 재해석한다.

"

제4강

불안을 기질과
성격으로 푸는
사랑의 관계기술

01

'다혈질'과 다른 기질과의 관계

다혈질은 순수하고 열정이 있으나 쉽게 포기를 하여 사랑을 할 때도, 다른 사람과 관계를 풀 때도 상대의 말에 쉽게 넘어간다. 사랑의 관계에서도 담즙질이 주도권을 잡게 되는 경우가 많다. 타고난 본성을 바꾸기는 힘드니 다혈질이 노력한다고 해서 갑자기 주도권을 잡고 풀어나가기란 힘들다. 하지만 다혈질은 자신의 본성을 알고 다른 기질과의 관계가 기본적으로 어떻게 형성되는지만 잘 이해해도 좋은 관계를 만들 수 있다.

'다혈질'과 다혈질

기질이 같은 사람끼리 만나면 대개 서로 편안하다. 다혈질도 같은 다혈질과 있으면 서로 편안하다. 다혈질은 긍정적이어서 문제가 될

만한 사건 사고가 일어나지 않아 일상이 고요하고 평화롭다. 서로 추구하는 가치나 뜻이 비슷하면 신뢰하는 친구가 되어 잘 지낸다. 자주 연락을 하지 않아도 그냥 이해하며 잘 지낸다. 설령 뜻이 안 맞아도 다혈질과 다혈질은 그러려니 하고 무심하게 흘러가기 때문에 큰소리가 날 일이 없다. 순하지만 열정이 있기 때문에 남녀관계에서 사랑에 쉽게 빠질 수 있으나 쉽게 포기할 수도 있다. 경우에 따라서는 열정으로 싸움이 일어날 수도 있다. 어렸을 때부터 한 동네에서 오랫동안 보고 자랐거나 같은 회사에서 오랜 시간 함께하면서 서로 익숙해져 방향이 같다면 재미있게 사랑할 수 있다.

다혈질은 사랑을 느끼면 쉽게 다가가 표현도 하지만 표현을 못하기도 한다. 외모도 멋지고 능력도 출중한데 '모태솔로'인 남자가 있다면 다혈질일 가능성이 높다. 그래서 다혈질 남자는 결혼정보회사를 통해 짝을 찾거나 친척들이 적극적으로 소개팅이나 맞선을 주선해 결혼하는 경우가 많다. 집안끼리 서로 오랫동안 알고 지내다 어른들이 나서서 결혼이 이루어진다. 남자든 여자든 다혈질이 혼자서 연애도 결혼도 못하는 경우가 있으면 주변에서 챙겨주는 것이 좋다.

'다혈질'과 점액질

다혈질에게 있어 점액질은 많이 도와주는 귀인이 될 수 있다. 다혈질에게 점액질은 센스 있고 편안한 사람이다. 유머가 있는 점액질은 다혈질을 감정적으로 편안하게 해주기 때문이다. 다혈질은 칭찬에 마음이 약해져서 가려운 부위를 알아서 적절하게 긁어주는 점액질을 속으로 신뢰한다. 하지만 점액질의 입장에서는 잘해줘도 반응이 없거나 무심한 다혈질에게 어느 순간 삐지거나 기분이 상할 수 있다. 이런 점액질을 이해하지 못하면 다혈질은 '늘 하던 대로 했는데, 그렇게 잘해주던 사람이 왜 변했지?' 하고 이해하지 못할 수도 있다. 좋아했던 점액질이 갑자기 다른 사람에게 관심을 갖고 잘해주면 속으로 많이 서운해서 내색을 하기도 하지만 대개 내색을 못하는 편이다.

다혈질과 점액질은 사랑에서도 점액질의 역할이 중요하다. 남자 다혈질은 눈치가 없기도 하고, 첫눈에 반하기도 하지만 오래 보며 호감을 느끼기도 한다. 자기 마음을 표현하기도 하지만, 자기 마음을 눈치채는 데 시간이 걸리는 편이다. 또한 마음이 있어서 고백을 하기도 하지만 고백하지 못하고 속만 태우는 스타일이어서 여자 점액질이 눈치 있게 다혈질 남자의 고백을 이끌어내야 사랑이 빨리 진행된다. 그런데 점액질 역시 열정적으로 고백하는 스타일이 아니어서 다혈질과 점액질은 재미있게 노는 데는 잘 어울리나 사랑으로 가기에는 좀 시간이 걸리는 편이다.

점액질 여자가 먼저 고백하면 다혈질 남자는 무척 고마워하며 잘 따른다. 물론 점액질 여자에게 호감을 느낄 때에 한해서이다. 다혈질도 호불호가 있어 마음에 없으면 불편해서 피하는 편이다. 다혈질

불안한 엄마 아빠 행복 레시피

남자는 호감을 느낀 점액질 여자가 좀 여유 있게 시간을 두고 계속 만나주면 자연스럽게 사랑을 키우고 발전시킨다.

여자가 다혈질이고 남자가 점액질일 경우에는 결국 점액질 남자가 적극적으로 다혈질 여자에게 대시하여 관계를 이끌어간다. 다혈질 여자는 점액질 남자의 재치와 재미에 끌리고, 점액질 남자는 눈치 있게 다혈질 여자를 잘 이끌어가며 사랑을 키워간다.

'다혈질'과 담즙질

다혈질과 담즙질은 다른 것 같지만 통하는 부분이 많다. 그래서 다혈질은 담즙질과 뜻이 통한다고 생각하면 쉽게 마음을 열고 잘 지낸다. 담즙질 입장에서는 해맑고 순수하고 열정이 있는 다혈질에게 편안함을 느끼고 신뢰한다. 하지만 못된 담즙질은 이런 다혈질을 만만하게 보고 이용할 수도 있다. 다혈질은 착한 담즙질과는 대개 잘 지내지만, 다혈질과 담즙질은 모두 점액질이나 우울질이 부족해서 소통이 잘 안될 수도 있다. 담즙질은 자기 의견을 관철하거나 주장하려는 고집이 강한 편이다. 다혈질은 가치를 추구하려는 본성이 있는데, 어떤 상황에서도 가치를 포기하지 않으려는 고집이 있다. 이런 모습이 담즙질 입장에서는 고집으로 보일 수 있다. 다혈질은 자신의 뜻과 맞지 않는 담즙질을 만나면 소통이 안 돼 갈등이 생긴다. 하지만 뜻이 맞고 착한 담즙질과는 큰 갈등 없이 잘 지낸다.

다혈질과 담즙질은 서로 다른 매력에 이끌려 사랑을 키우는 경우가 많다. 남자 다혈질은 결단력 있고 능력도 있으면서 자기에게 잘해주는 여자 담즙질이 멋있고 좋다. 여자 담즙질은 자신의 강한 성격을 다 받아주고 포용하고 이해해줄 수 있는 남자는 다혈질밖에 없어 다혈질에게 끌린다. 남자 다혈질과 여자 담즙질은 서로 마음이 통하면 대개 적극적인 여자 담즙집이 먼저 대시해 관계를 끌고 가는데, 남자 다혈질 입장에서는 유쾌한 일이다. 다만 다혈질의 성향이 너무 강하면 담즙질 성향도 함께 있기 때문에 이런 다혈질 남자는 여자 담즙질과 부딪칠 수 있다. 그러나 남자 다혈질은 공격성이 있거나 적극적으로 자기의 뜻을 관철시키려는 행동은 별로 하지 않아서, 관계에서 큰 어려움이 나타나지 않을 수도 있다.

여자가 다혈질이라면 남자 담즙질의 구애를 받기 쉽다. 담즙질이 강한 남자일수록 자신을 유일하게 받아주는 여자 다혈질과 만날 수밖에 없다. 남자 담즙질 입장에서는 여자 다혈질이 최고의 상대지만 여자 다혈질은 자기주장이 강한 담즙질을 포용하고 이해하느라 고생할 수도 있다. 포용성이 워낙 크지만 남자 담즙질을 끌어안기가 너무 버거우면 참지 말고 힘들다는 표현을 해야 한다. 그렇지 않으면 담즙질은 힘든 것을 전혀 모를 수도 있다.

불안한 엄마 아빠 행복 레시피

'다혈질'과 우울질

다혈질에게 있어 우울질은 많이 도와주는 사람이 될 수 있는데, 반대로 해를 끼치는 나쁜 사람이 될 수도 있다. 다혈질은 숲을 보는 격이라서 좀 놓치는 것이 많다. 우울질은 나무와 같이 꼼꼼한 면이 있어 다혈질의 부족함을 보완해줄 수 있다.

다혈질과 우울질의 사랑관계에서도 다혈질과 우울질의 역할이 모두 중요하다. 남자 다혈질은 눈치가 없고, 첫눈에 반하고 호감이 가도 표현하는 데는 시간이 걸린다. 여자 우울질도 마음은 있어도 속만 태우는 스타일이라서 서로가 고백을 쉽게 하지 못한다. 여자 우울질이 눈치 있게 생일에 선물을 할 때 남자 다혈질은 센스 있게 고백을 이끌어내야 사랑이 진행되는 경우가 많다.

다혈질 여자, 우울질 남자인 경우에는 결국 다혈질 여자가 적극적으로 우울질 남자에게 대시해서 관계를 이끌어간다. 우울질 남자는 다혈질 여자의 재치와 재미에 끌리고, 우울질 남자는 눈치 있게 다혈질 여자를 잘 이끌어가며 사랑을 키워갈 수 있다.

다혈질과 우울질은 서로 정반대의 기질로, 보완이 좋은 관계를 유지할 수 있다. 그러나 다혈질은 우울질이 지적하고 간섭하는 것을 너무 싫어할 수도 있고, 우울질은 다혈질이 너무 놓치는 것이 많아 싫어할 수도 있다. 다혈질과 우울질의 강도가 너무 차이가 나면 갈등이 생기기 때문에 적당한 강도 차이가 중요하다.

02

'담즙질'과 다른 기질과의 관계

담즙질은 목표가 분명하고 추진력이 있어 인기가 많을 수 있다. 하지만 남의 말을 잘 안 듣는 독불장군 소리를 듣기도 한다. 일을 할 때 고집대로 해서 주위 사람들을 힘들게 할 수도 있다. 담즙질에게는 주위 사람들의 이야기를 경청하려는 노력이 필요하다. 한번 마음먹으면 돌진하는 스타일이어서 일에는 성공할 수 있으나 주변 사람들을 돌아보지 않으면 소중한 사람들과의 관계가 악화될 수 있다.

'담즙질'과 담즙질

담즙질은 자신과 비슷하게 통하는 담즙질을 멋지게 생각한다. 담즙질은 능력적인 면을 가장 중요시하기 때문에 행동력과 추진력이 뛰어난 담즙질과는 불꽃처럼 빠르게 친해진다. 하지만 잘 지내다가 어느 한 부분이 어긋나면 서로 지지 않고 주장을 내세우면서 관계가 완전히 악화될 수 있다.

서로 주장이 다른 담즙질을 설득하기 어렵다. 서로의 주장을 내세우다가 정말 치고받고 싸우는 갈등의 관계가 되기도 한다. 담즙질과 담즙질이 만나서 서로 만족하고 좋으려면 서로가 수용하고 공감하는 능력이 절대로 필요하다. 담즙질들은 결국 자기 하고 싶은 대로 하기 때문에 둘이 뜻이 같으면 아주 좋은 것이고, 다르면 각자 생각대로 행동하게 된다.

서로 목표가 다를 때 둘 중 한 명이 양보를 하면 좋은데 결코 쉽지 않은 일이다. 서로 양보했다고 생각하지만 결국 각각 자기 뜻대로 행동한다. 왜 그럴까? 담즙질은 자신이 밀리거나 약해 보이면 죽을 듯이 자존심이 상하기 때문이다. 그래도 정면으로 부딪치는 것을 피해야 하는데, 각자 자신의 주장을 강요하고 고집을 피우면 관계가 멀어질 수밖에 없다.

담즙질과 담즙질이 끌리는 이유는 강력하고 열정적인 사랑을 하기 때문이다. 그래서 서로 눈이 맞으면 불타오르는 사랑을 할 수 있다. 그런데 뜨거운 만큼 또한 쉽게 식기도 한다. 담즙질과 담즙질이 좀 더 오랜 시간 동안 좋은 관계를 유지하려면 상대가 화가 날 때는 일단 한번 물러서야 한다. 또한 자신이 '갑'인지 '을'인지 분별하는 지혜도 필요하다. 그러면서 실제적인 도움을 주고받는 것이 좋다. 담즙질은 현실적이어서 자신에게 도움을 주는 사람을 가장 소중하게 생각하기 때문이다.

'담즙질'과 다혈질

담즙질의 입장에서 다혈질은 순수하고 편안하고 좋은 사람이다. 물론 가끔은 물건도 잃어버리고 추진력이 약해서 답답하기도 하지만 선하고 착해서 기본적으로 좋아한다. 담즙질은 사람을 쉽게 믿지 않는 경향이 있다. 담즙질은 동물적인 감각이 뛰어나다. 그래서 처음에는 믿었더라도 이내 살면서 몸으로 경험한 감각으로 경계를 한다. 그러나 공격성이 없고 착한 다혈질에게는 경계성을 푼다. 잔머리를 굴리는 사람을 상대했던 담즙질이라도 한결같은 다혈질이 그냥 좋다. 담즙질은 자신이 잘 통하는 다혈질을 만나면 오랫동안 관계를 유지한다. 담즙질과 다혈질이 얘기하는 것을 점액질이나 우울질이 볼 때는 각자 자신의 말만 하는 것처럼 보이기도 하지만, 담즙질과 다혈질은 나름대로 관계를 잘 맺고 있다고 생각한다. 그래서 담즙질과 다혈질은 특별히 고집만 부리지 않으면 큰 문제없이 잘 지내게 된다.

남자 담즙질과 여자 다혈질은 가장 잘 어울리기 쉬운 조합이다. 남자 담즙질은 적극적으로 여자 다혈질을 리드하기 때문에 여자 다혈질 입장에서는 무척 고마운 일이다. 물론 가끔 담즙질의 불같은 성격과 고집스러운 면은 참아야겠지만 그 순간만 지나면 뒤끝은 없기 때문에 다시 또 잘해준다.

남자 담즙질의 강점은 능력과 책임감이다. 담즙질이 강한 남성은 다혈질의 여자를 만나는 것이 좋다. 다혈질 여자는 순하기도 하지만 경쾌하고 긍정적이어서 상대를 기분 좋게 해주는 강점이 있다.

여자 담즙질과 남자 다혈질은 여자 담즙질이 적극적으로 관계를 리드해나간다. 남자 다혈질은 표현을 먼저 할 수 있으나 다가가지 못하기 때문에 여자 담즙질이 적극적이어야 좋은 관계로 발전할 수 있다. 다만 너무 급하게 접근하면 다혈질은 튕겨져 나갈 수 있다. 다혈질은 수용성이 좋은 편이기도 하지만 마음을 여는데 좀 시간이 걸릴 수도 있으므로 다혈질의 속도에 맞추는 것이 좋다.

서두르지 말고 그냥 꾸준히 같이 시간을 보내는 것이 좋다. 굳이 "우리 데이트 하자."가 아니라 일상에서 다혈질 옆에 있어주는 것만으로도 충분하다. 어느 정도 시간이 지나서 여자 담즙질이 적극적으로 표현하거나 또는 충분히 눈치를 줘서 남자 다혈질이 고백하도록 유도한다. 여자 담즙질은 급하게만 굴지 않으면 남자 다혈질을 잘 사로잡을 수 있다. 여자 담즙질의 입장에서 남자 다혈질은 감정적이고 급한 것도 잘 받아주고 한결같이 잘 받아주는 든든한 남자다.

담즙질의 강점은 적극성과 능력과 행동력이다. 담즙질은 자신이 꽂힌 사람에게만 반응하지, 꽂히지 않으면 아무리 구애를 해도 반응을 하지 않는다. 자신의 본능적인 감정이 중요하기 때문이다. 그래서 담즙질은 일단 자신이 선택한 사람과 깊은 관계를 맺고, 오래 사랑하고 소중히 여긴다. 그만큼 헤어진 후에도 잊는 데 시간이 많이 걸린다. 최소한 만난 시간만큼은 지나야 이별의 아픔이 잊힌다.

담즙질은 점액질이나 우울질보다는 다혈질을 만났을 때 관계가 더 편안하고 안정적이다. 점액질은 변화가 가장 느려서 답답하고, 우울질은 지적을 많이 해서 자주 갈등을 유발할 수 있다. 담즙질은 자신이 좋아해서 다혈질을 만났다면, 그 관계는 보통 오래 간다고 봐야 한다.

담즙질은 관계를 맺을 때 한 명에게 집중하는 성향이라서 한 명을 만나면 다른 사람을 만나지 않는 경향이 있다. 물론 바람둥이 담즙질은 만남의 시간이 짧다. 한 명에게 잠시 집중하다가 금세 헤어지고 또 다른 사람을 만난다.

'담즙질'과 점액질

담즙질의 입장에서 점액질은 센스 있고 공감을 잘하지만 모든 면에서 호감을 갖지는 않는다. 담즙질이 좋아하는 점액질은 예의 바르면서 센스 있고 일을 잘하며 대인관계가 좋고, 자신에게 인정과 칭찬을 해주는 사람이다. 반면 윗사람들에게 아부하고, 일은 제대로 안 하면서 말로 때우려 하거나 상사나 다른 사람의 도움을 받아 대충 넘어가려는 사람은 싫어한다. 같은 점액질이라도 담즙질이 처한 입장에 따라 점액질을 다르게 평가하기도 한다. 상사 입장인 담즙질은 자신의 감정을 잘 맞춰주고 작은 선물로 마음을 표현하며 잘 따르는 후배 점액질은 아껴준다. 때로 특혜도 준다. 그런데 동료나 상사인 점액질이 상사에게 잘하고 상사의 감정을 잘 맞춰주고 선물을 한다면 기회주의로 보는 경향이 있다. 다시 말해 자신의 감정을 잘 맞춰주는 상사나 후배는 좋지만 자기는 잘 못하는데 상사의 감정을 잘 맞춰주는 상대(동료)는 평가절하한다. 이것은 자기 자신의 입장과 감정이 무엇보다 중요하기 때문이다.

남자 담즙질과 여자 점액질이 만날 때는 말과 눈빛, 여러 가지 센스 있는 행동으로 자신을 존중해주는 여자 점액질을 좋아한다. 물론 경우에 따라서 행동이 느린 것에 답답함을 느끼기도 한다. 급한 남자 담즙질과 느린 점액질의 관계를 서로 보완하면 좋은 관계를 유지할 수 있다.

여자 담즙질과 남자 점액질의 관계에서도 여자 담즙질이 물꼬를 트는 경우가 많다. 담즙질은 한번 꽂히면 동물적인 감정을 숨기지 못하는 편이라서 남자 점액질이 눈치를 채고 구애하거나 여자 담즙질이 적극적으로 표현하며 관계가 시작된다.

'담즙질'과 우울질

담즙질과 우울질이 관계를 맺을 때 담즙질은 우울질이 분석적이고 센스를 갖춘 것을 높이 평가하고, 우울질은 담즙질의 능력을 높이 평가한다. 둘 다 현실적인 에너지가 있기 때문에 목표가 같으면 서로 의기투합해 각자의 강점을 활용해 일을 잘해나갈 수 있다. 담즙질은 추진력과 행동력을 발휘하고, 우울질은 사소한 것도 잘 챙기는 능력을 발휘한다.

남자 담즙질과 여자 우울질이 만날 땐 남자 담즙질이 적극적으로 관계를 리드한다. 그러면서도 남자 담즙질은 여자 우울질의 눈치를 본다. 자기 마음대로 하는 편인 담즙질이지만 여자 우울질이 선택적으로 수용하기 때문에 여자 우울질의 눈치를 봐야 한다. 경우에 따라서 너무 눈치를 본다는 생각이 들면 자존심이 상하기도 한다. 따라서 감정적 폭발만 잘 통제하면 남자 담즙질과 여자 우울질의 관계는 잘 발전할 수 있다.

하지만 여자 담즙질이 남자 우울질과 관계를 지속하는 것은 쉽지만은 않다. 여자 담즙질은 자신이 제일 중요하고 기준도 자기 마음대로인데, 남자 우울질은 경험이나 부모로부터 교육받으면서 가진 가치관 내지 틀을 중요시하는 사람이다. 그러다 보니 남자 우울질이 자유분방한 여자 담즙질에게 눈치를 주고 가르치려고 잔소리를 하는데, 이런 남자 우울질을 힘들어 한다.

자기주장이 강한 담즙질이 우울질의 틀을 이해하고 요구대로 맞

불안한 엄마 아빠 행복 레시피

취 살기는 쉬운 일이 아니다. 우울질의 성향을 알면 우울질이 자기가 중요하게 여기는 가치를 함께 나누고 싶어 해 이런저런 요구를 한다고 이해할 수도 있지만 한계가 있다. 그래서 남녀관계나 직장에서의 관계가 가장 어려울 수도 있다. 담즙질 여자와 우울질 남자의 관계가 오래가는 경우는 대부분 담즙질 스스로의 기준과 우울질이 가진 틀이 어느 정도 유사해야 한다. 그리고 결국은 우울질이 담즙질에게 맞춰줄 때 그 관계가 오래 유지된다. 또한 담즙질과 우울질 사이에서 상하관계 혹은 갑을관계가 제대로 형성될 때 그 관계가 유지된다. 담즙질이 갑이거나 우울질이 을인 경우, 또는 담즙질이 을이거나 우울질이 갑인 경우를 말한다. 외관상으로는 상하관계나 갑을관계로 보일 뿐이지 결국은 우울질이 알아서 관계를 조율하고 관계가 유지된다. 외관상으로는 담즙질을 상사나 갑의 관계로 두지만, 중요한 것들은 결국 우울질이 자신의 뜻대로 움직이게 한다. 우울질은 본인이 갑이 되어야 할지 을이 되어야 할지 상대방인 담즙질의 성향에 맞춘다.

03

'점액질'과 다른 기질과의 관계

네 기질 중 가장 관계를 잘 푸는 기질이 '점액질'이다. 다른 사람의 감정에 잘 반응해 공감해주는 능력이 뛰어나고 유머가 많아 사람들과 좋은 관계를 유지한다. 점액질 자체가 조화와 소통을 중요시해 모든 사람들을 아우르며 갈등 없이 잘 지내게 하는 역할을 한다. 하지만 중립을 지키다 보니 동작이 느리고 추진력은 약하다.

'점액질'과 점액질

점액질은 각자 살아가면서 어떤 판단과 가치의 기준을 하나씩 만들어간다. 처음부터 틀이 있는 것이 아니고 하나씩 만들어가면서 경험에 따라 계속 변경하고 조율할 수 있다. 그런 과정에서 자기 나름대로의 기준이 생기고, 그 기준에 따라 사람을 판단하게 된다. 점액질은 자신이 생각하기에 괜찮다고 생각하는 점액질과는 잘 지내는 편이다. 서로가 인정해주고 애정 표현을 주고받으면서 균형을 유지하며 무난하게 관계를 해나간다. 하지만 별로라고 생각하는 점액질은 회피를 하거나 무시를 하는 경향이 있다. 점액질은 관계와 사회생활을 중요시해 분란이나 큰 소리가 나는 것을 싫어해서 그냥 적당히 피해버리는 것이다.

점액질이 상대를 인정하는 기준은 각자의 가치 기준에 따라 다르게 나타난다. 하지만 기본적으로 예의와 태도를 중요시하는 편이다. 말할 때의 표정과 말투를 중요시한다. 또한 점액질은 먼저 관찰하고 괜찮다 싶으면 조금씩 마음을 열고 관계를 만들어간다.

점액질과 점액질의 사랑은 비교적 순조롭다. 점액질과 점액질은 살아오면서 만든 틀이 어느 정도 비슷할 때 끌리기 때문에 큰 충돌 없이 사랑할 수 있다. 하지만 서로 배려하고 눈치만 보다가 그냥 끝날 수도 있다. 하지만 서로 마음을 확인하고 사랑을 시작하면 서로 균형 있게 조율하면서 잘 살아갈 수 있다.

점액질과 점액질이 만날 때 가장 경계해야 할 것은 서로 말을 안 하는 것이다. 특히 관계가 안 좋을 때 나타나는 현상이다. 점액질은 늘 눈치껏 자기 마음을 알아주고 있어서 이것이 쌓이면 서운하고 오해가 생길 수 있다. 상대에게 섭섭한 마음이 생길 때 참지 말고 좀 더 적극적으로 감정 표현을 하는 것이 좋은 관계를 유지하는 길이다.

'점액질'과 다혈질

점액질에게 있어 다혈질은 많이 도와주는 귀인이 될 수 있다. 점액질에게 다혈질은 열정도 있고 편안한 사람이다. 따뜻하고 유쾌한 다혈질은 점액질을 감정적으로 편안하게 해주기 때문이다. 점액질은 칭찬에 마음이 약해져서 가려운 부위를 알아서 적절하게 긁어주는 다혈질을 속으로 좋아하고 신뢰한다. 하지만 다혈질의 입장에서는 재미있게 해주어도 반응이 없거나 무심한 점액질에게 어느 순간 삐지거나 기분 상할 수 있다. 이런 다혈질을 이해하지 못하면 '점액질은 늘 하던 대로 했는데, 그렇게 잘해주던 사람이 왜 변했지?' 하며 의아하게 생각한다. 좋아했던 다혈질이 갑자기 다른 사람에게 관심을 갖고 잘해주면 속으로 많이 서운해하지만 역시 내색을 잘 못한다.

점액질과 다혈질은 사랑에서도 다혈질의 역할이 중요하다. 남자 점액질은 눈치가 없기도 하고 첫눈에 반하기도 하는데, 오래 보아 호감을 느끼면 결정적으로 자기 마음을 표현하기도 하지만 대개 자기 마음을 눈치채는 데도 시간이 걸리기 때문에 이래저래 시간이 걸리는 편이다. 또한 마음이 있어서 고백을 하기도 하지만 고백하지 못하고 속만 태우는 스타일이어서 여자 다혈질이 눈치 있게 점액질 남자의 고백을 이끌어내야 사랑이 빨리 진행된다. 그런데 다혈질 역시 열정적으로 고백하는 스타일이 아니어서 점액질과 다혈질은 재미있게 노는 데는 잘 어울리나 사랑으로 가기에는 좀 시간이 걸리

불안한 엄마 아빠 행복 레시피

는 편이다.

다혈질 여자가 먼저 고백하면 점액질 남자는 무척 고마워하며 잘 따른다. 물론 다혈질 여자에게 호감을 느낄 때에 한해서이다. 점액질도 호불호가 있어 마음에 없으면 불편해서 피하는 편이다. 점액질 남자는 호감을 느낀 다혈질 여자가 좀 여유 있게 시간을 두고 계속 만나주면 자연스럽게 사랑을 키우고 발전시킨다.

여자가 점액질이고 남자가 다혈질일 경우에는 결국 다혈질 남자가 적극적으로 점액질 여자에게 대시하여 관계를 이끌어간다. 점액질 여자는 다혈질 남자의 유쾌함에 끌리고, 다혈질 남자는 눈치 있게 점액질 여자를 잘 이끌어가며 사랑을 키워간다.

'점액질'과 담즙질

점액질은 기본적으로 담즙질의 능력과 행동력을 주목하고 인정하기 때문에 능력 있는 담즙질과는 친하게 지내고 싶어 하나 능력이 없는 담즙질에게는 별 관심을 두지 않는다. 하지만 점액질은 애정과 인정과 존중이 중요한 사람이기 때문에 자신을 존중해주고 사랑해주는 담즙질이라면 능력이 없어도 챙겨준다. 담즙질이 능력도 있고 자신을 많이 사랑해준다면 관계가 아주 오랫동안 유지될 수 있다.

점액질과 담즙질의 관계에서는 점액질이 담즙질에 맞추는 편이다.

담즙질도 상대방에게 맞춰준다고 생각할 수 있지만 점액질 입장에서 보면 담즙질이 자신이 편한 방식으로 일방적으로 맞춰주는 것이어서 흡족하지 않을 수 있다. 점액질은 원래 조율하는 것으로 되어 있으니 억울하게 생각하지 않고 담즙질을 이해하고 양보하는 것이 편하다.

점액질과 착한 담즙질은 서로 잘 맞는다. 점액질은 담즙질의 능력과 감정을 잘 맞춰주면서 힘을 북돋워준다. 담즙질은 그런 점액질을 고마워하고 자신에게는 없는 센스를 갖춘 점액질을 좋아한다. 점액질은 착한 담즙질만 만나려고 한다. 착한 담즙질은 돈이든 행동이든 눈에 보이는 것으로 자신의 애정을 표현하고 과시하므로, 그런 착한 담즙질을 인정하고 믿고 따른다.

반면 공격적이고 무례하고 말이 왔다 갔다 하는 못된 담즙질은 점액질이 멀리하고 싶어 한다. 어떤 상황에서도 동일한 원칙을 적용하려는 점액질의 입장에서는 당연하다. 기분파인 담즙질은 자신의 감정에 충실해 그때그때 상황에 따라 기준을 달리하면서 말을 바꾸기도 하는데, 점액질은 이런 담즙질을 이해하기 어렵고 거부감을 느낀다. 점액질은 한결같은 말과 행동을 중요하게 여기고, 관계에서 그동안 했던 말을 대개 기억하기 때문이다.

남자 점액질과 여자 담즙질은 서로 좋아하고 끌린다. 하지만 대개 여자 담즙질이 남자 점액질을 더 좋아하는 경향이 있다. 남자 점액질은 여자 담즙질이 자신에게 돈이든 시간이든 말이든 충분한 애정 표현을 적극적으로 하는 것으로 점액질의 애정욕구를 채운다. 여자 담즙질은 남자 점액질의 센스와 감정적인 욕구를 충족시켜주어 좋아한다. 남자 점액질은 여자 담즙질이 듣고 싶어 하는 말을 해주고, 적절한 이벤트로 감동을 주기도 한다. 그러면서도 손에 잡힐 듯 안 잡히는 남자라서 여자 담즙질은 더 매력을 느낀다.

여자 점액질과 남자 담즙질은 언제나 남자 담즙질의 적극적인 구애로 연애가 시작된다. 사랑에 빠진 남자 담즙질은 돈이든 선물이든 눈에 보이는 것으로 자신의 애정을 표현한다. 남자 담즙질에게 여자 점액질은 센스 있고, 감정을 알아주고, 인정하는 말도 예쁘게 하고, 고집스럽지 않은 매력 덩어리다. 그런데 사실은 점액질이 은근히 고집이 센데, 눈치 빠르게 유머로 넘기기 때문에 잘 모른다.

점액질이 담즙질과 좋은 관계를 유지하고 사랑을 키우려면 담즙질의 변덕스러운 감정에 잘 대처해야 한다. 동물적인 감정기복이 심한 담즙질의 기분을 잘 참아주고, 담즙질이 감정을 컨트롤할 수 있도록 도와주어야 한다. 점액질이 담즙질의 감정을 받아주지 못하면 관계가 깨질 수도 있다.

'점액질'과 우울질

점액질에게는 우울질이 도와주는 사람이 될 수도 있고, 반대로 해를 끼치는 나쁜 사람이 될 수도 있다. 섬세하고 꼼꼼한 우울질이 점액질을 잘 챙겨줄 수도 있다. 사실 점액질은 표현을 잘 못해서 그렇지 자신의 마음을 알아주고 가려운 부위를 적절하게 긁어주면 신뢰하고 좋아한다. 하지만 우울질 입장에서는 잘해줘도 점액질이 반응이 없거나 무심하다고 생각해 어느 순간에 삐지거나 기분이 상할 수 있다. 이런 우울질을 이해하지 못하면 점액질은 왜 늘 하던 대로 했는데 그렇게 잘해주던 우울질이 변했는지 이해하지 못한다. 좋아했던 우울질이 갑자기 다른 사람에게 관심을 갖고 잘해주면 속으로 많이 서운한데 내색은 하지 못한다.

점액질과 우울질의 사랑에도 서로의 역할이 중요하다. 첫눈에 반하기보다는 오래 보며 호감을 느끼고, 결정적으로 눈치를 채는 데도 시간이 걸리기 때문에 이래저래 시간이 걸리는 편이다. 또한 마음이 있어도 고백하지 못하는 스타일이라서 서로 흐지부지 끝날 수도 있다. 누군가 한 사람이 적극성을 보여야 하는데 그것이 쉽지 않다.

점액질 여자가 먼저 고백하면 우울질 남자는 무척 고마워한다. 물론 서로 호감을 느낄 때에 한해서이다. 우울질 남자는 호불호가 있어 마음이 없으면 불편해서 피하는 편이다. 우울질 남자는 호감을 느낀 점액질 여자가 좀 여유 있게 시간을 두고 계속 만나주면 자연스럽게 사랑을 키우고 발전시킨다.

여자가 우울질이고 남자가 점액질일 경우에는 결국 점액질 남자가 적극적으로 우울질 여자에게 대시해서 관계를 이끌어간다. 우울질 여자는 점액질 남자의 재치와 재미에 끌리고 점액질 남자는 눈치 있게 우울질 여자를 잘 이끌어가며 사랑을 키워간다.

불안한 엄마 아빠 행복 레시피

04

'우울질'과 다른 기질과의 관계

우울질은 분석적이고 책임감이 강하여 자신의 마음에 들지 않으면 지적하는 경향이 있어 관계가 쉽지만은 않다. 마찬가지로 사랑을 할 때도 상대방이 마음에 들지 않으면 지적을 할 수 있는데, 지적을 당해서 좋아할 사람은 별로 없다. 그래서 관계나 사랑이 쉽지 않다. 타고난 본성을 바꾸는 것은 힘드니 우울질은 노력을 해서 풀어나가야 한다. 하지만 우울질은 자신의 본성을 알고 다른 기질과의 관계가 기본적으로 어떻게 형성되는지만 잘 이해해도 상처를 덜 받고 좋은 관계를 만들 수 있다.

'우울질'과 우울질

우울질과 우울질은 서로 다른 면이 많지만 통하는 부분도 많다.

우울질과 우울질은 뜻이 통한다고 생각하면 쉽게 마음을 열고 잘 지낸다. 서로 분석적이고 책임이 강하고 헌신적이기 때문이다. 그래서 목표가 같으면 서로 의기투합해 각자의 강점을 활용해 일을 잘 해나갈 수 있다. 그런데 서로 눈치를 많이 보기 때문에 한쪽이 적극적으로 리드를 하지 못한다. 그래서 적극적으로 관계를 하기가 쉽지 않다.

남자 우울질과 여자 우울질이 만나면 서로 눈치를 본다. 우울질은 선택적으로 수용하기 때문에 서로가 눈치를 봐야 한다. 경우에 따라서 너무 눈치를 본다는 생각이 들면 자존심이 상하기도 한다. 따라서 자신의 생각을 솔직하게 표현한다면 남자 우울질과 여자 우울질의 관계는 잘 발전할 수 있다.

하지만 여자 우울질이 남자 우울질과 관계를 지속하는 것이 쉽지만은 않다. 우울질은 경험이나 부모로부터 교육받으면서 가진 가치관 내지 틀을 중요시하는 사람이다. 남자 우울질과 여자 우울질은 서로 눈치를 주고 가르치려고 잔소리를 하기 때문에 남자 우울질과 여자 우울질은 관계 맺기를 힘들어 한다.

우울질이 서로의 강한 틀을 이해하고 요구대로 맞춰 살기는 쉬운 일이 아니다. 우울질의 성향을 알면 우울질이 자기가 중요하게 여기는 가치를 함께 나누고 싶어 해 이런저런 요구를 한다고 이해할 수도 있지만 한계가 있다. 그래서 남녀관계나 직장에서의 관계가 가장 어려울 수도 있다. 우울질 여자와 우울질 남자의 관계가 오래가려면 우울질이 가진 틀이 어느 정도 유사해야 한다. 그리고 결국 우울질은 서로가 맞춰줄 때 그 관계가 오래 유지된다. 또한 우울질과 우울질 사이의 상하관계 혹은 갑을관계가 제대로 형성될 때 그 관계가 유지된다. 우울질이 갑이거나 우울질이 을인 경우, 또는 우울질이 을이거나 우울질이 갑인 경우를 말한다. 외관상으로는 상하관계나 갑을관계로 보일 뿐이지 결국은 강한 우울질이 알아서 더 적극적으로 조율하고 관계가 유지된다. 외관상으로는 우울질이 상사나 갑의 관계로 두고, 강한 우울질이 중요한 것들은 결국 자신의 뜻대로 움직이게 한다. 강한 우울질은 본인이 갑이 되어야 할지 을이 되어야 할지 상대방 우울질의 성향에 맞추어야 한다.

'우울질'과 다혈질

우울질이 볼 때 다혈질은 착하고 해맑으며 열정은 있으나 약간은 눈치가 없어 뭔가 챙겨줘야 할 것 같은 사람이다. 그래서 우울질은 뭔가 잘 빠뜨리는 다혈질을 도와주고 싶은 것이다. 물론 이상적인 가치를 추구하고 도덕적으로 훌륭한 다혈질이나, 자신의 분야에서 전문성으로 두각을 나타내는 다혈질은 우울질에게 멋지게 보이기도 한다.

우울질은 기본적으로 에너지 균형을 맞추는 편이라서 서로 주고받는 것을 적절하게 하려고 한다. 또한 주고받는 것을 기억하고 내 것과 남의 것이 명확한 편이다. 이런 우울질에게 다혈질은 눈에 거슬리는 점이 많다. 다혈질은 내 것과 남의 것에 대한 개념이 불분명하다. 여유가 있으면 시간이든 돈이든 쓰지만, 그렇지 못하면 다른 사람에게 의존한다. 그것이 문제라고 생각조차 못 하기 때문에 분명해야 하는 우울질은 답답해할 수 있다.

우울질이 다혈질과 잘 지내려면 다혈질에게 원하는 것을 얘기해주어야 한다. 다혈질은 우울질이 원하는 것을 알아서 해주지 못하기 때문이다. 잘해주어도 돌아오는 것이 없어 다혈질에게 짜증을 내면 다혈질은 우울질이 왜 그러지를 몰라 어리둥절할 뿐이다. 다혈질이 상대의 마음을 잘 읽지 못하는 것을 인정하고, 섭섭한 감정을 참거나 드러내기 전에 잘 얘기하고 조율하면 좋은 관계가 유지된다.

사실 우울질에게 다혈질은 편안한 존재다. 공격성이 없고 자신의 이야기를 편안하게 받아주기 때문이다. 다혈질이 우울질의 마음을 흡족하게 받아주지는 못하지만 자신의 말에 귀를 기울여주는 사람을 좋아하는 우울질로서 다혈질에게 끌리는 것이다.

사랑관계에서 우울질과 다혈질은 서로 반대의 성향을 가지고 있어 처음에 확 끌릴 수 있으나 자주 만나면서 한계가 있음을 느낄 수 있다. 우울질 남자는 자신의 말을 잘 받아주고 순수한 다혈질에게 끌리고, 다혈질 여자는 자신이 놓치는 것이 많은데 그것을 보완해주고 챙겨주는 우울질 남자에게 끌린다.

우울질과 다혈질이 가진, 서로 반대인 기질에 확 끌릴 수 있다. 우울질 남자는 꼼꼼한 성격이라서, 잘했으면 하는 의미에서 많이 놓치

불안한 엄마 아빠 행복 레시피

는 다혈질 여자를 지적하고 간섭할 수 있다. 다혈질 여자는 그것에 대해 짜증스럽게 반응할 수 있다. 우울질과 다혈질이 사랑을 할 때는 생각 차이의 정도를 꼭 확인해야 한다. 생각의 차이가 적절하면 좋은 관계를 유지할 수 있다. 그런데 생각의 차이가 너무 클 때는 갈등의 요소가 된다.

'우울질'과 담즙질

우울질과 담즙질이 관계를 맺을 때 우울질은 담즙질의 능력을 높이 평가한다. 둘 다 현실적인 에너지를 가지고 있기 때문에 목표가 같으면 서로 의기투합해 각자의 강점을 활용해 일을 잘해나갈 수 있다. 담즙질은 추진력과 행동력을 발휘하고, 우울질은 사소한 것도 잘 챙기면서 분석력을 발휘한다.

남자 우울질이 여자 담즙질을 만날 땐 여자 담즙질이 적극적으로 관계를 리드한다. 그러면서도 여자 담즙질은 남자 우울질의 눈치를 본다. 자기 마음대로 하는 편인 담즙질이지만 남자 우울질이 선택적으로 수용하기 때문에 남자 우울질의 눈치를 봐야 한다. 경우에 따라서 너무 눈치를 본다는 생각이 들면 자존심이 상하기도 한다. 따라서 감정적 폭발만 잘 통제하면 여자 담즙질과 남자 우울질의 관계는 잘 발전할 수 있다.

하지만 여자 담즙질이 남자 우울질과 관계를 지속하는 것이 쉽지만은 않다. 여자 담즙질에게는 자신이 제일 중요하고 기준도 자기 마음대로인데, 남자 우울질은 경험이나 부모로부터 교육받으면서 가진 가치관 내지 틀을 중요시하는 사람이다. 그러다 보니 남자 우울질이 자유분방한 여자 담즙질에게 눈치를 주고 가르치려고 잔소리를 하는데, 이런 여자 담즙질을 힘들어 한다.

자기주장이 강한 담즙질이 우울질의 틀을 이해하고 요구대로 맞춰 살기는 쉬운 일이 아니다. 우울질의 성향을 알면 우울질이 자기가 중요하게 여기는 가치를 함께 나누고 싶어 해 이런저런 요구를 한다고 이해할 수도 있지만 한계가 있다. 그래서 남녀관계나 직장에서의 관계가 가장 어려울 수도 있다. 담즙질 여자와 우울질 남자의 관계가 오래가는 경우는 대개 담즙질 스스로의 기준과 우울질이 가진 틀이 어느 정도 유사해야 한다. 그리고 결국은 우울질이 담즙질에게 맞춰줄 때 그 관계가 오래 유지된다. 또한 담즙질과 우울질 사이의 상하관계 혹은 갑을관계가 제대로 형성될 때 그 관계가 유지된다. 담즙질이 갑이거나 우울질이 을인 경우, 또는 담즙질이 을이거나 우울질이 갑인 경우를 말한다. 외관상으로는 상하관계나 갑을관계로 보일 뿐이지 결국은 우울질이 알아서 관계를 조율하고 관계가 유지된다. 외관상으로는 담즙질을 상사나 갑의 관계로 두고, 중요한 것들은 우울질이 결국 자신의 뜻대로 움직이게 한다. 우울질은 본인이 갑이 되어야 할지 을이 되어야 할지 상대방인 담즙질의 성향에 맞추려고 한다.

'우울질'과 점액질

우울질에게 점액질은 우울질을 도와주는 사람이 될 수도 있고 반대로 해를 끼치는 나쁜 사람이 될 수도 있다. 유머가 있고 재치가 있는 점액질은 우울질에게 기쁨을 줄 수 있다. 사실 우울질은 생각이 많아 표현을 잘 못해서 그렇지 자신의 마음을 알아주고 가려운 부위를 적절하게 긁어주면 신뢰하고 좋아한다. 하지만 점액질 입장에서는 잘해줘도 우울질이 반응이 없거나 무심하다고 생각해 어느 순간에 삐지거나 기분이 상할 수 있다. 이런 점액질을 이해하지 못하면 우울질은 왜 늘 하던 대로 했는데, 그렇게 잘해주던 점액질이 변했는지 이해하지 못한다. 좋아했던 점액질이 갑자기 다른 사람에게 관심을 갖고 잘해주면 속으로 많이 서운한데 내색은 하지 못한다.

점액질과 우울질의 사랑에도 서로의 역할이 중요하다. 첫눈에 반하기보다는 오래 보며 호감을 느끼고, 결정적으로 눈치를 채는 데도 시간이 걸리기 때문에 이래저래 시간이 걸리는 편이다. 또한 마음이 있어도 고백하지 못하는 스타일이라서 서로 흐지부지 끝날 수도 있다. 누군가 한 사람이 적극성을 보여야 하는데, 그것이 쉽지 않다.

여자가 우울질이고 남자가 점액질일 경우에는 결국 점액질 남자가 적극적으로 우울질 여자에게 대시해서 관계를 이끌어간다. 우울질 여자는 점액질 남자의 재치와 재미에 끌리고 점액질 남자는 눈치 있게 우울질 여자를 잘 이끌어가며 사랑을 키워간다.

점액질 여자가 먼저 고백하면 우울질 남자는 무척 고마워한다. 물론 서로 호감을 느낄 때에 한해서이다. 우울질 남자는 호불호가 있어 마음이 없으면 불편해서 피하는 편이다. 우울질 남자는 호감을 느낀 점액질 여자가 좀 여유 있게 시간을 두고 계속 만나주면 자연스럽게 사랑을 키우고 발전시킨다.

💬 **나의 행복 메시지**

- 나의 기질과 가까운 사람의 기질을 파악하기
- 엄마, 아빠, 자녀 각각의 기질 이해하기
- 특히 사랑 중에 있는 연인이나 예비 부부들에게 더욱 중요

불안한 엄마 아빠 행복 레시피

불안을 명상법과
커들링으로 풀기

01

행동화 명상법

몸 안에 불안이 쌓여 있으면 부정적인 에너지가 몸을 지배해 마음이 텅 빈 것처럼 공허해지면서 쇠약해진다. 아픈 몸과 마음을 치유하려면 불안을 밖으로 내보는 것보다는 불안이 있는 자리에 긍정의 에너지를 채워야 한다.

내 몸에 긍정의 에너지를 채우는 방법은 다양하지만, 일상에서 가장 쉽게 할 수 있는 방법은 '행동화 명상'이다. 대개 명상이라고 하면 한적한 곳에서 눈을 감고 몸을 움직이지 않고 생각에 집중하는 모습을 생각한다. 그런 명상도 좋지만 내 몸에 적극적으로 에너지를 끌어당기는 데는 행동화 명상이 더 효과적이다. 그럼 에너지란 무엇인가?

한마디로 말하면 기(氣)이다. 기는 눈에 보이지 않기 때문에 많은 사람들이 그 존재에 대해 반신반의하지만 기는 반드시 존재한다. 토니 로빈스가 진행하는 프로그램 중 기에 대한 과정이 진행되었다. 아무런 사전 지식 없이 바로 왼손과 오른손에 각각 '사랑해' '미워해'

를 번갈아 가며 말하도록 했다. 프로그램에 참여한 약 2만 명의 사람 중 대부분이 미워한 손에 힘이 떨어지는 경험을 했다. 직접 경험한 사람들이 기가 존재하게 된다고 믿게 되는 것은 당연하다. 이런 체험을 통해서 토니는 음식만이 아니라 공간에도 에너지가 있다는 것을 체험하게 해준다.

물론 공간에는 좋은 에너지만 있는 것이 아니라 나쁜 에너지도 존재한다. 좋은 에너지를 내 안에 끌어오려면 일단 내 안에 있는 부정적인 에너지를 밖으로 내보내야 한다. 에너지는 같은 성질끼리 끌어당기는 성향이 있다. 내 몸에 부정적인 에너지가 많으면 빈 공간에 부정적인 에너지가 먼저 들어온다.

내 몸의 부정적인 에너지를 정화하고 긍정적인 에너지를 끌어들여야 한다. 긍정적인 생각만 해도 긍정적 에너지를 어느 정도 끌어당길 수 있지만, 행동과 함께하면 보다 많은 긍정의 에너지를 효과적으로 끌어당길 수 있다.

기에는 위로 올라가는 것과 아래로 내려오는 기가 있다. 기가 위로 올라가는 것은 화나거나 기쁠 때다. 기분이 우울하거나 불안할 때는 기가 아래로 내려간다. 기는 너무 위로 올라가도 안 되고 내려가도 안 되며, 조화를 이루면서 위아래로 자연스럽게 순환될 때 우리 몸이 건강하다. 기의 흐름을 어느 한쪽으로 치우치지 않도록 하면서 공간에 존재하는 긍정의 에너지를 끌어당기는 것이 행동화 명상이다. 행동화 명상은 양손을 동시에 들었다 내렸다 해도 되고, 한 손씩 번갈아 가며 해도 된다. 천인지 한의원의 박우회 원장이 소개한 행동화 명상법을 재해석한다.

① 숨을 들이마시면서 손을 머리 위로 올린다 - 손을 위로 올릴 때는 손바닥을 펴서 몸 안쪽을 향하게 한다. 손바닥을 펴는 것은 에너지를 받아들이는 통로인 혈자리가 있기 때문이다.

② 폈던 손바닥을 주먹을 쥐며 아래로 내린다 - 주먹을 쥐는 것에는 두 가지 의미가 있다. 첫째는 위로 올라가는 기운을 아래로 끌고 오는 것이다. 둘째는 공간에 존재하는 에너지를 움켜잡아 내 안으로 당기는 것이다. 주먹을 쥐는 것은 내 안에 들어온 에너지를 놓치지 않기 위한 것이다.

③ "아사" 하면 에너지가 극대화된다 - 손을 올리면서 쥐었던 주먹을 다시 내리면서 "아사"라고 하면 더 효과적이다. "아사"는 긍정의 언어 에너지다. 긍정의 "아사"로 행동화 명상을 하면 더 많은 에너지를 내 것으로 만들 수 있다. "아사"가 아닌 다른 원하는 것을 말해도 된다. 내가 원하는 것을 마음속에서 이미지로 그리고, 소리를 내서 공간에 있는 에너지를 당기는 것이다. "사랑" "건강" "성공" "취업" 등 원하는 것을 말해도 좋다. 이런 모습으로 공간의 에너지를 계속 받아서 잡아당기면 손에 열감이 느껴진다.

아침에 잠에서 깨면 침대에서 잠시 조용히 명상하고 하루를 시작해도 좋다. 그런데 '걸으면서 하늘을 보고 명상'할 때 더 많은 에너

불안한 엄마 아빠 행복 레시피

지를 내 안에 끌어당길 수 있다.

아침에는 긍정의 에너지가 가득하다. 아침에 걸을 때는 밝고 신나는 음악을 듣는 것이 좋다. 리듬도 경쾌한 것이 좋다. 흥겨운 노래를 들으면서 걸으면 기분도 좋아지고, 몸에도 활력이 생긴다. 걷기 명상으로 에너지를 가득 채우면 다혈질, 담즙질, 점액질, 우울질이 자연스럽게 활성화된다. 하루를 어떻게 보낼지, 어떻게 실천할 것인지의 에너지가 제공되었기 때문이다.

행동화 명상은 불안을 완화시켜준다. 내 몸에 있는 강한 불안을 내보내고, 긍정 에너지를 끌어당겨 긍정적인 변화를 얻도록 도와준다. 행동화 명상은 아침에 할 때 효과적이나, 기분이 다운될 때 언제든 수시로 해도 좋다.

우리가 하는 일상의 행동은 감정에 영향을 받는다. 몸을 잔뜩 움츠리고 있으면 감정도 위축되어 우울해진다. 손뼉을 치거나 만세를 부르면 왠지 활력이 생기고 감정도 살아난다. 이처럼 기쁘고 행복한 동작을 하면 긍정의 감정이 생기고, 우울한 동작을 하면 우울한 감정이 생긴다. 경락이 오장육부의 감정에 배속되어 있어서 그러하다. 손뼉을 치면 손바닥에서 기쁨을 담당하며 심장과 연결되는 경락이 자극을 받는다.

행동화 명상의 효과를 극대화하려면 기쁨 및 행복과 연결되는 동작을 해야 한다. 행동화 명상을 할 때 힘없이 걷지 말고, 의식적으로라도 경쾌하게 걸으면 더 기분이 좋아지고 긍정 에너지를 잡아당길 수 있다.

02

힐링 명상법

행동화 명상은 아침에 활기차게 하는 것이라면, 힐링 명상은 자기 전에 하루를 돌아보고 잘 마무리할 수 있도록 도와주는 것이다. 지친 몸과 마음을 치유하면서 내일을 상상할 수 있게 도와주는 '마음챙김' 명상을 재해석한 것이다. 힐링 명상은 오늘 하루를 돌아보면서 싫었던 것은 내보내고, 좋았던 것은 증가시키는 데 도움이 된다. 또한 싫었던 일에 대한 것도 어떻게 반응을 해야 할지 생각하게 함으로서 마음을 평온하게 해준다.

천인지 한의원 박우희 원장이 소개한 힐링 명상법 4단계에 심리학의 행동치료에서 체계적 둔감을 응용하여 재해석한다. 첫 단계부터 막혀 잘되지 않을 수 있다. 4단계는 순차적으로 진행되는 것이어서 앞의 단계가 막히면 다음 단계로 넘어갈 수가 없다. 그렇다고 실망을 할 필요는 없고 첫 단계부터 천천히 진행하다 보면 금세 4단계를 모두 마무리할 수 있다.

① 1단계: 온몸의 힘을 빼고 긴장을 푼다 - 힐링 명상을 하려면 몸의 긴장부터 풀어야 한다. 1단계는 앉아서 해도 되고, 누워서 해도 괜찮지만 가능한 누워서 하는 것이 좋다. 누워 있는 것만으로도 마음이 편하기 때문이다. 눈을 감고 편안하게 누워 천천히 호흡하면서 긴장을 푼다. 호흡으로 어느 정도 몸 안의 탁기가 빠져나갔다고 느껴지면 발끝부터 긴장을 풀기 시작한다. 그런 다음에 발가락, 발등, 뒤꿈치 등 내 몸을 하나도 빼놓지 말고 느끼면서 긴장을 푼다. 발이 편안해졌다면 발목, 종아리, 허벅지 순으로 차근차근 올라오면서 긴장을 풀어준다. 한쪽 다리를 풀어주었으면 반대쪽 다리도 같은 방식으로 풀어주고 배, 가슴, 어깨, 목, 머리 등 순차적으로 내 몸을 느끼며 긴장을 풀어준다. 1단계는 내 몸과 대화하는 단계다. 낮에 바쁘게 활동할 때는 내 몸이 나에게 하는 이야기를 듣기가 어렵다. 또한 들으려고 해도 워낙 오랫동안 내 몸을 방치하면 감각이 둔해져 몸이 굳어 있는지, 아픈지조차 잘 느끼지 못한다. 내 몸과 대화하지 않았던 사람들은 1단계에 익숙해지기까지 꽤 많은 시간이 걸릴 수 있다. 그런데 천천히 호흡을 하다 보면 긴장이 풀릴 것이다.

② 2단계: 모든 생각을 비운다 - 몸의 긴장을 다 풀었다면 복잡한 머리를 비울 차례다. 머릿속을 가득 채우고 있는 생각들을 모두 비우고 고요한 침묵 상태를 만드는 단계다. 물론 생각을 비우기란 쉽지 않다. 생각을 하지 않으려고 애쓰면 애쓸수록

더 선명해지는 것이 생각이다. 1단계보다도 2단계에 익숙해지는 데 더 많은 시간이 걸린다. 생각을 비우기 위해서는 오로지 호흡에만 집중하는 것도 좋은 방법이다. 천천히 코로 공기가 들어오는 것을 느끼며 숨을 들이마시고, 천천히 숨을 내쉰다. 코로 내쉬어도 좋고, 입으로 내보내도 괜찮다. 호흡에 집중을 하다 보면 생각을 비우는 데 도움이 된다. 아무리 호흡에 집중을 해도, 어느 순간 자기도 모르는 사이에 또 다시 생각이 비집고 들어올 수 있다. 생각을 멈추고 다시 호흡에 집중하면 된다. 어떤 단어나 문장을 반복해서 외우는 것도 방법이다. 단어나 문장은 어떤 것이든 상관없지만 '사랑' '좋아' 등과 같이 긍정적인 것을 선택하는 것이 좋다. 긍정적인 말은 긍정적인 생각이나 감정으로 이어지기 쉽기 때문이다. 어떤 사물을 집중해서 보는 것도 생각을 비우는 데 도움이 된다. 시계, 액자, 전화 등 어떤 것이든 좋다. 사람마다 자신에게 맞는 방법을 택하면 된다. 조급해하지 말고 하루에 20~30분 정도 연습하다 보면 생각을 비우고 평온한 마음을 갖게 될 것이다.

③ 3단계: 내 몸을 애기(愛氣)로 채운다 - 1단계와 2단계를 통해 몸과 마음을 편안하게 하고 머릿속을 비웠다면 그 다음에는 본격적으로 내 몸을 애기로 채워야 한다. 불안, 화, 분노 같은 부정적인 에너지를 없애고 내 몸을 애기로 채우면 내 몸과 마음은 자연스럽게 치유된다. 우선 내 몸의 마음을 활짝 열어야 한다. 우리는 나 자신은 물론이고 가족 및 다른 사람들을 있

불안한 엄마 아빠 행복 레시피

는 그대로 보지 못하고 심지어 오해하고 왜곡해 마음의 상처를 더 키운다. 주변을 돌아보면 나에게 아낌없이 사랑을 준 사람들이 많다. 부모님일 수도 있고, 할아버지일 수도 있고, 배우자일 수도 있고, 친구일 수도 있다. 누구든지 좋다. 사랑받을 때의 행복한 감정을 느껴보자. 소중한 사람들을 떠올리며 사랑의 감정을 전해보자. 사랑은 받을 때도 행복한 감정을 느끼게 하지만 줄 때도 행복하다. 사랑의 감정을 느끼고 다른 사람에게 전할수록 애기는 점점 더 커질 것이다. 나를 화나게 했던 미운 사람에게도 사랑 에너지를 보내보자. 미운 사람까지 사랑하기란 쉽지 않다. 어쩌면 미운 사람까지 사랑하려다 울화가 치밀어 애써 키운 사랑의 에너지를 소진할 수도 있다. 하지만 미운 사람도 수용하고 용서하는 과정이 필요하다. 그 사람을 위해서 아니라 나를 위해서다.

④ 4단계: 내가 원하는 것을 생생하게 상상한다 - 마지막 단계로 자기 전에 내가 원하는 것을 상상하면 더 효과적이다. 시간도 4개의 기질로 구분할 수 있는데, 밤에 수면을 취하는 시간이 다혈질(21시~5시), 아침에 일어나서 활동하는 시간이 담즙질(5시 ~13시), 천천히 일하면서 마무리를 준비하는 시간이 점액질(13시~17시), 하루를 잘 보냈는지 반성하고 내일은 어떻게 해야지 생각하는 시간이 우울질(17시~21시)에 해당한다. 시공간의 논리로 보았을 때 다혈질의 시간은 대략 오후 9시부터지만, 편히 자는 시간이 곧 다혈질의 시간이라고 봐도 된다. 잠자리에 들

기 전의 시간은 다혈질과 우울질의 경계, 의식과 무의식의 경계가 풀리는 시간이어서 다혈질의 영역인 상상이 잘 되는 시간이다. 상상은 구체적인 영화처럼 생생할수록 좋다. 아침에 하는 행동화 명상은 아주 가까운 미래를 상상하지만, 힐링 명상은 좀 먼 미래를 상상하는 것이 더 효과적이다. 적어도 1주일, 한 달, 6개월, 1년, 5년 후 등 점점 더 먼 미래의 나를 상상하도록 한다. 현재 건강이 좋지 않은데 건강하게 살고 싶다고 가정해보자. 뒷동산도 올라가기가 힘든 사람이 매일 가벼운 등산을 시작한다. 1년 후에 설악산 대청봉에 오른 모습을 상상한다. 꿈에 그리던 대청봉을 정복했을 때의 기분까지도 느끼면서 행복한 상상에 젖어본다. 내가 원하는 것을 영화처럼 생생하게 상상하면 그 상상은 반드시 현실이 된다. 상상하는 것은 다혈질의 영역이지만, 이성을 담당하는 점액질과 우울질에게 강력한 동기부여를 한다. 생생하게 상상하면 점액질과 우울질은 어떻게 그 상상을 현실로 만들 수 있을지 생각하고, 생각은 담즙질의 영역인 실천을 끌어낸다. 그렇게 상상(다혈질) → 감성(점액질) → 이성(우울질) → 실천(담즙질)이 선순환되면서 원하는 것이 이루어진다.

불안한 엄마 아빠 행복 레시피

03

커들링

최근에 몸과 마음에 불안, 화, 분노들이 쌓여서 부정적인 에너지가 몸을 지배하여 힘들어 하는 사람들이 많다. 자살하고 싶다든지, 고층 아파트에서 창문을 바라보고 있으면 우울하고 슬프다든지, 혼자 있고 싶다든지, 갑자기 직장을 그만두고 싶다든지, 모든 사람들이 싫어졌다든지, 사귀던 친구와 헤어지고 싶다든지, 상처가 많든지 등 그 원인은 부지기수다. 이들의 몸 안에 갖고 있는 부정적인 에너지를 끌어내고 긍정적인 에너지로 채워주는 것이 커들링(Cuddling)이다. 행동화 명상과 힐링 명상법은 자신이 직접 긍정적인 에너지를 받는 것이라면, 커들링은 나 자신보다는 다른 사람에게 긍정적인 에너지를 불어넣어준다는 점에서 차이가 있다.

서인천 가정폭력상담소 정미희 소장이 소개하는 커들링을 재해석한다. 커들링은 포옹하든, 토닥토닥 해주든, 껴안아주든, 타인을 마음으로 품어주든 신체적 접촉을 해서 답답한 마음을 풀어주는 것으로 프리허그(free hug)보다 조금 더 친밀하게 상대방을 안아주는 것이다.

커들링의 효과는 동물의 세계에서도 여실히 나타난다. 펭귄이 영하 30도의 남극 추위를 견디기 위해 서로 몸을 밀착한 뒤 차가운 바람을 막아주며 버티는 모습이다. 추위에 강하다는 펭귄도 동그란 구조의 바깥쪽에 더 큰 원형을 만들어 바깥쪽 원형에 있는 펭귄이 안쪽에 있는 원형의 펭귄을 보호한다. 이런 모습의 펭귄을 독일의 사진작가가 촬영하여 감동을 불러일으켰다. 접촉의 힘이 생존의 문제까지 해결할 수 있을 정도로 놀라운 힘을 갖고 있다는 것을 시사하고 있다.

많은 연구에서 커들링은 그 자체가 치료적 효과나 인간관계의 의사소통에 많은 도움을 주고 있다고 보고되고 있다. 사랑의 호르몬 신경전달물질인 옥시토신의 분비량이 늘어나 유대관계에 도움을 주고, 신뢰와 행복, 기쁨을 주는 도파민 호르몬을 증가시키고, 스트레스 호르몬인 코르티솔을 감소시켜 감정의 의사소통을 강화시키고, 두려움, 불안, 수면감소 등에 도움을 주는 면역력을 강화시키고, 혈압을 낮추는 진정 효과가 있다. 신체접촉이 없어도 같이 앉아서 눈을 마주치거나 공감적인 대화를 나누는 것만으로도 커들링 효과가 있는 소울 커들링도 있다.

커들링은 다른 사람과의 관계에서만 되는 것이 아니라, 나 혼자 자신을 위해서 할 수도 있다. 내 자신이 내 몸을 만지면서 오늘 하루도 고생했다, 사랑한다, 감사하다, 고맙다 등 다양한 방법으로 자신을 격려하고 위로하고 사랑하는 것이다.

불안한 엄마 아빠 행복 레시피

물론 커들링에 대한 오해도 있다. 신체접촉으로 성매매를 조장한다든지, 불륜을 조장한다든지, 강제추행 등이 있을 수 있어 합의가 없는 무분별한 접촉은 삼가야 한다. 그렇다 치더라도 커들링은 나자신과 타인에게 위로, 행복, 기쁨, 신뢰를 주는 것으로 적극 장려할 수 있으며 불안하고 우울하고 상처가 있는 사람들에게 용기와 힘이 되어 행복하게 살아가게 하는 데 큰 도움이 될 것이다.

"이 책에서 불안은 이런 것이구나." 하는 것을 느낄 수는 있다. 그렇다면 이제 당신은 변했을까? 아마도 책장을 넘길 때마다 "내가 이래서 그랬구나." 하며 공감은 하겠지만, 변화는 쉽지 않다. 부모가 아이를 위해 '반드시 변해야겠다고' 생각을 한 것이 있다면, 6개월 동안 서로 비난하지 않는 의사소통 하나만 잘해도 된다. 그것 하나만 고치기도 정말 어렵다. 그래서 부모로서 가지고 있는 문제를 해결하려면 꾸준한 노력이 필요하다.

이 책을 읽은 여러분은, 자신이 불안이 있다고 생각한다면 '단 한 가지라도 실천하는 계획'을 세워야 한다. ① 식사할 때 눈 한 번 마주치기 ② 밥상머리에서 훈계하는 것을 자제하기 ③ 자주 인상을 찌푸리는지 생각해보기 ④ 사랑으로 포장된 집착인지 돌아보기 ⑤ 어떤 말을 해도 일단 들어주기 ⑥ 대화할 때 긍정의 말로 시작하기 ⑦ 경계선을 넘지 않는 대화하기 ⑧ 7분 경청 후에 말하기 ⑨ 비난하고 싶을 때 내 불안 돌아보기 ⑩ 화가 날 때 마음속으로 1, 2, 3 숫자 세기 ⑪ 분노할 때 '왜, 왜, 왜, 왜, 왜' 다섯 번 생각하기.

그 외에도 할 수 있는 무엇이든 좋다. 너무 많은 것을 일시에 완벽하게 변화시키려고 하면 오히려 스트레스만 받는다. 아주 작은 것 하나부터 시작하라. 여섯 달만 지나도 자신의 변화된 모습에 놀라고, 아이의 변화와 배우자의 변화에 또 한 번 놀라게 될 것을 확신하라. 만약 목표가 지켜지지 않았더라도 실망할 필요가 없다. 다시 시작하면 된다. 삶은 시작의 연속이다. 이 책은 큰 틀에서 방향만 제시할 뿐이고 실천은 각자의 몫이다. 불안, 화, 분노, 우울 등 무의식 속에 있는 상처를 기질과 성격 이해, 행동화 명상법과 힐링 명상법으로 치유한다. 그래도 부족하면 수용하고 용서하면서 끌어안아 (Cuddling) 행복한 삶을 기대하며….

단계	회기	프로그램 회기별 내용
제1단계 관계 형성	1회	• 프로그램 이해하기 • 행복한 부모의 특성 이해하기
제2단계 불안 이해와 변화	2회	• 내가 불안이 많은 성격인지 들여다보기 • 기질 + MBTI + 무의식
	3회	• 기질 간의 궁합 보기 • "엄마 어디 안 좋으세요?" 숨기는 엄마, 아이는 불안
	4회	• 문제가 생기면 어떻게 해결할지 걱정하는 엄마 • 어떻게 되겠지 긍정하는 척하는 아빠의 숨은 불안
	5회	• 아이에게 화내도 용서할 것이라고 착각하는 엄마 • "너 아빠 빼다 닮아가지고." 뿌리까지 무시하는 엄마
	6회	• 아이에게 문제가 생기면 미안하고 죄책감 드는 엄마 • 부끄럽고 창피하게 생각하는 아빠
	7회	• 친구가 많아 통제가 어려워서 불안한 엄마 • 아빠와 의논하지 않고 엄마 혼자 키운 아이의 친구관계
	8회	• 시댁 이야기는 무조건 싫어하는 아빠 • 육아 문제로 시댁, 처가와 갈등이 있을 때 대처법
	9회	• 듣기만 하면 수동적 공격으로 무시당하는 경청의 이해 • 학력, 돈, 치명적 약점 등 경계선을 넘지 않는 대화기법
제3단계 종결과 실천하기	10회	• 수용과 용서, 명상과 커들링, 화가 날 때 1, 2, 3 숫자 세기 • 공부한 것, 느낀 점, 실천 방법 나누기

부록 2 교사 교육(집단상담)

단계	회기	프로그램 회기별 내용
제1단계 관계 형성	1회	• 프로그램 이해하기 • 행복한 교사의 특성 이해하기
제2단계 불안 이해와 변화	2회	• 내가 불안이 많은 성격인지 알아보기 • 기질 + MBTI + 무의식
	3회	• 기질 간의 궁합 보기 • "선생님 어디 안 좋으세요?" 숨기는 교사, 아이는 불안
	4회	• 문제가 생기면 어떻게 해결할지 걱정하는 교사 • 어떻게 되겠지 긍정하는 척하는 교사의 숨은 불안
	5회	• 아이에게 화내도 용서할 것이라고 착각하는 교사 • 아이의 어떤 말도 긍정으로 시작하는 교사
	6회	• 아이에게 문제가 생기면 미안하고 죄책감 드는 교사 • 부끄럽고 창피하게 생각하는 교사
	7회	• 학생이 많아 통제가 어려워 불안이 많은 교사 • 아빠와 의논하지 않고 엄마 혼자 키운 아이는 친구관계 이해
	8회	• 학부모가 항의하면 무조건 싫어하는 교사 • 학생 문제로 교사와 학부모 간 갈등이 있을 때 대처법
	9회	• 듣기만 하면 수동적 공격으로 무시당하는 경청의 이해 • 학력, 돈, 치명적 약점 등 경계선을 넘지 않는 대화기법
제3단계 종결과 실천하기	10회	• 수용과 용서, 명상과 커들링, 화가 날 때 1, 2, 3 숫자 세기 • 공부한 것, 느낀 점, 실천 방법 나누기